基础设施 PPP 项目管理论丛
李启明 主编

BOT/PPP 公路项目风险和可变合同条件研究

李 洁 成 虎 Patrick X. W. Zou(澳) 著

东南大学出版社
·南京·

内 容 提 要

BOT(Build Operation Transfer)是民间资本参与公路建设的一种主要形式。BOT公路曾为我国引入了外资，促进了我国公路建设的发展。然而，BOT公路也存在收费高、收费期长、服务水平不高等公众反应比较强烈的问题。此外，由于BOT公路在全寿命各个阶段都面临很多风险，BOT特许合同不完善、缺乏灵活性的问题也日益暴露。在对各国公路项目BOT合同条件和对我国失败的BOT公路项目进行分析的基础之上，本书提出及论证，应根据项目内外部的条件变化，在特许合同中设置可变合同条款来应对和解决各阶段出现的风险，以体现合同设计的公正性，保证各利益相关者的利益。本书在合同管理理论和柔性管理理论的指导下，提出了工程项目BOT柔性合同设计模型，该模型基于风险管理理论，对BOT公路项目运营过程中出现的问题进行柔性应对，通过建立系统动力学模型对公路项目BOT合同条件进行定量调整。本书考虑的合同调整条件包括通行费率和特许期限。

本书可作为高校相关专业（如工程管理、项目管理、管理科学与工程、工商管理等）教师、研究生和本科生进行研究和学习的参考书，又可以作为建筑业相关部门（如政府、投资公司、工程公司）项目管理人员的实务参考书。

图书在版编目(CIP)数据

BOT/PPP公路项目风险和可变合同条件研究/李洁等著.—南京：东南大学出版社，2015.8
（基础设施PPP项目管理论丛/李启明主编）
ISBN 978-7-5641-5576-6

Ⅰ.①B… Ⅱ.①李… Ⅲ.①道路工程—基础设施建设—项目管理—风险管理—研究—中国 ②道路工程—基础设施建设—承包工程—经济合同—研究—中国 Ⅳ.①U415.1

中国版本图书馆CIP数据核字(2015)第042985号

BOT/PPP公路项目风险和可变合同条件研究

著　者	李　洁　成　虎　Patrick X. W. Zou
责任编辑	丁　丁
编辑邮箱	d.d.00@163.com
出版发行	东南大学出版社
出 版 人	江建中
社　　址	南京市四牌楼2号(邮编：210096)
经　　销	全国各地新华书店
发行热线	025—83790519　83791830
印　　刷	江苏凤凰扬州鑫华印刷有限公司
网　　址	http://www.seupress.com
电子邮箱	press@seupress.com
开　　本	787 mm×1 092 mm　1/16
印　　张	12.75
字　　数	317千
版　　次	2015年8月第1版　2015年8月第1次印刷
书　　号	ISBN 978-7-5641-5576-6
定　　价	52.00元

(本社图书若有印装质量问题，请直接与营销部联系，电话：025-83791830)

丛书前言

基础设施在国民经济和社会发展中起着重要的作用，不论是发达国家，还是发展中国家，都积极加速公共设施建设，以期增加国家竞争力。基于公共设施的外部性，传统上，公共部门义无反顾地承担起直接提供公共设施的责任。然而，面对日趋增长的公共服务需求，政府部门由于资金紧缺，缺乏长期而有效的经营管理，各国政府转而重新思考由私营机构参与提供基础设施建设和运营的合理性和可行性。基础设施由传统上政府提供转向市场供应，BOT、BOO、BOOT、TOT、PFI等多种融资模式在城市基础设施建设中发挥出越来越重要的作用。公私合作模式（Public Private Partnership，PPP）通过政府与私营部门的合作共同发展基础设施，实现参与各方的预期利益，同时共同承担责任和融资风险。由于PPP模式能够提供更高质量、更高效益的公共服务，从而引起了理论界和产业界的高度重视。

PPP模式在全世界的应用已经成为一种趋势，许多国家已经建立了中央机构来管理和协调这些项目。世界银行估计在发展中国家的基础设施总投资中有10%～20%是由私营机构提供的。以PPP模式推动公共建设的政策，遂成了各国竞相尝试的新途径。

我国从1984年在深圳沙角B电厂最早尝试采用PPP模式开始，迄今已近30年，积累了不少经验和教训，各项法律、规章和制度也在完善中。2004年住房和城乡建设部颁布了《市政公用事业特许经营管理办法》，在2003—2006年间，各地相应出台了公用事业特许经营管理办法。2005年《国务院关于鼓励支持和引导个体私营等非公有制经济发展的若干意见》更是强调允许非公有资本进入电力、电信、铁路、民航、石油等垄断行业，不断完善政府特许经营制度，支持非公有资本参与各类公用事业和基础设施的投资、建设和运营。如今，我国民间资本数量巨大，如何利用好如此庞大的民间资本，为广大人民群众提供高质量的公共设施与服务，满足不断提高的公众需求，创造可观的社会、经济效益，是个值得深思的问题。

PPP模式亦是一把双刃剑。它能解决政府发展公用事业资金不足的瓶颈，通过市场机制可以更加灵活地运作，对社会资源进行优化配置，是一个更具社会效益的基础设施建设方式；但是如果应用不当，亦会给政府、公众及私人机构造成损害，导致公私两败俱伤的局面。如何有效率地提供普遍服务，既能保障公共产品的公共性质，又能够促使企业通过改善管理提高效率和服务质量，是各国在公用事业部门制度改革过程中面临的困境。如何促使PPP项目顺利实施是一个值得研究的课题。

本丛书从PPP项目的价格、绩效、风险、合同、融资等方面对PPP模式及其应用进行了全面的阐释，汇集了东南大学、南京林业大学、华中农业大学建设与房地产系、南京林业大学工程管理系、华中农业大学公共管理学院、澳大利亚斯维本科技大学建筑工程与管理系(Construction Engineering and Management, Swinburne University of Technology)多年来在该领域的研究成果。本丛书著者李启明教授、李洁教授、杜静副教授、汪文雄副教授、邓小鹏副教授、袁竞峰副教授等长期从事PPP模式的研究工作。由于本丛书的内容涉及PPP模式的多个方面，限于作者们的水平和经验，书中不妥之处在所难免，欢迎读者批评指正。

李启明
2013年11月

前　言

　　政府和社会资本合作模式（Public Private Partnership，PPP）自上个世纪80年代提出后，引起了世界各国尤其是发展中国家的广泛关注和应用，它一方面解决了政府财政紧张，没有充足资金投入基础设施建设的难题，另一方面也为社会资本开阔了新的投资渠道。公路项目是我国最早采用这一模式的基础设施项目之一。

　　社会资本参与我国公路建设始于上世纪80年代，早期通常由国外或香港的投资者和各级地方政府的公路管理部门联合建立合资公司来运作，其中外方的股份通常不超过50%，收费收入由政府方和外方投资商共同分成。这一方式十分符合我国目前对于PPP项目的定义，但早期的这些PPP项目在上世纪90年代都被称作BOT项目，即"建造—经营—转让"项目，广深高速、京沈高速、成绵高速等高速公路项目都以这种BOT的方式运作，北京地铁4号线等项目起初也沿袭了BOT的叫法，现已列为PPP项目。本书在构思之初，沿用了BOT项目的称呼，因此在书中BOT的概念可视为等同于PPP概念。

　　BOT/PPP项目投资的第一次高潮出现在1996年，但由于盲目引进外资和缺乏经验，很多项目缺乏风险评估，合同条件不公平，反而使政府背上了沉重的财政包袱。2000年，国家清理了一大批固定回报率的BOT项目，第一次BOT/PPP项目归于沉寂。随着我国经济的快速增长，基础设施对经济发展的瓶颈作用再一次显现，在政府的力推下，我国社会资本参与公路建设在2006年达到了又一个高潮，与上世纪90年代中期第一次高潮不同的是，这一次参与公路投资的以国营企业为主，但合同不完善的情况依然没有得到改善，依然缺乏对风险的评估，风险责任分担不合理，合同条件模糊不清，缺乏灵活性，很多特许合同只有35页左右，最短的合同甚至只有3页。与此同时，公众对包括BOT/PPP公路在内的收费公路意见越来越多，通行费高、收费期不合理、服务水平低等是公众抱怨的焦点，而这些都是特许合同的重要内容。2010年以来，国务院连续发文，号召鼓励和引导社会资本进入基础设施、市政公用事业、社会事业、政策性住房建设等领域。2014年，国家财政部和发改委又先后出台了PPP项目的操作指南和合同指南，PPP项目又成为了政府和企业关注的焦点。

　　我国公路建设经过30多年的发展，公路设施已得到了很大的提高，路网不断完善，高速公路总里程数已居世界第二，但我国公路建设发展不均衡，高等级公路主要集中在东部,相邻省、市、区之间还普遍存在高速公路的"断头路",广大农村地区至今甚至还不通公路。因此,今后很长时间内,公路建设仍然需要大量资金。目前,虽然政府推行PPP项目的热情很高,但社会资本参与PPP项目的态度仍然非常谨慎。究其原因,主要是由于BOT/PPP项目投资大,合同期长,风险多,而有关BOT/PPP项目的法制不健全,合同内容不完善,使得社会投资商担心权益得不到保障。此外,公众对BOT/PPP项目的付费意愿一向不高,他们对BOT/PPP项目的服务水平、要求和参与决策与监管的意愿也不可小觑。

与其他工程项目合同相比,BOT/PPP项目的最大特点在于它的长期性,在漫长的合同期内,不可避免会出现许多合同设计时难以预料到的变动。合同设计时,唯有通盘考虑到长期的服务要求,并且在合同制定时留有足够的灵活性,才可以对风险发生的频次和后果进行限制和管理。此外,BOT/PPP项目的特许协议虽然是政府和投资人两方签订的,但在合同内的运营期中,代表投资商的运营公司和公众是合同的直接参与者,BOT/PPP合同实际影响到了政府、投资者和公众三方的利益,因此,合同设计时必须同时考虑三方的利益。

为了保证BOT公路项目各方的利益,体现合同的公正性,本书在合同管理和柔性管理理论的指导下,基于风险管理理论对BOT公路项目运营过程中出现的问题进行柔性应对,通过建立系统动力学模型对公路项目BOT合同条件进行定量调整。

全书共九章:第一章介绍了我国社会资本参与公路建设的现状,并分析了我国BOT公路运营过程中的问题,同时介绍了本书的研究内容和研究方法;第二章从多个方面介绍了国内外近年来围绕BOT/PPP公路项目的研究结果,总结了有关BOT合同调整条件研究方面存在的问题;第三章介绍了本书的理论基础,在借鉴柔性管理理论的基础上,结合合同管理理论,提出了BOT柔性合同管理的概念和BOT柔性合同的调整模型;第四章主要在分析BOT公路项目失败案例和已有公路项目BOT特许合同基础上,进一步细化公路项目BOT可变合同条件的调整模型;第五章在分析BOT合同实施特点的基础上,明确了BOT公路项目的主要利益相关者为政府、投资人和使用者,进而从投资人和使用者的角度识别了公路项目BOT合同全寿命期的风险和运营期的风险,通过风险责任的分配,分析了投资商和公路使用者之间的利益平衡因素,作为建立公路项目BOT可变合同定量调整模型的基础;第六章根据BOT公路运营机理分析,影响利益平衡的主要风险因素和主要合同条件的相互影响机理分析,建立了BOT公路项目运营系统的定性系统动力学模型,即因果回路图和反馈—结构模型;第七章选取BOT公路案例,利用国家相关的微观和宏观的经济数据、案例公路已运营年份的数据,建立各变量间的Vensim规范方程式,依托此案例公路完成了BOT公路项目定量系统动力学模型,利用案例公路已有的运营数据和模拟运营数据的对比，验证了系统动力学模型的可靠性；第八章利用案例公路建立的BOT公路项目运营期的定量系统动力学模型，对不同的合同条件调整方案，进行运营模拟，通过检查模拟结果是否实现了合同调整原则，来确定合同的最终调整方案，实现了BOT公路可变合同条件的定量调整；第九章总结了本书主要的研究成果和创新之处。

本书特色在于：

（1）本书的BOT可变合同条件注重对各利益相关者利益的保护，主张可变合同条件的设计，在强调效率的基础上，要注重公平，既保护投资商的利益，又注重公路使用者的利益，并在合同条件的调整因素选择上，将这些利益落在实处。

（2）本书的合同条件定量调整模型中，对交通分配率的计算，既考虑到了价格弹性，又考虑了公路使用者的付费意愿对公路交通量的影响，最大限度模拟了BOT公路的实际运营状况。

（3）本书采用系统动力学，实现了对可变合同条件系统和定量的调整。本书在BOT公路项目风险评估基础上，分析关键风险间的相互作用机理，在此基础上建立BOT公路项目运营期的系统动力学模型，可实现合同条件对多个风险的同时应对，使合同调整和风险分析结果高度契合。

全书融合了BOT公路项目的实践，吸收了各国BOT合同设计政策和研究成果，反映了BOT合同设计新的理念，是理论界和项目管理人员的实务参考书。

感谢东南大学出版社对本书出版的支持，感谢为本书出版付出辛勤劳动的编辑丁丁女士。由于本书的内容涉及BOT/PPP公路项目的整个合同管理过程，与管理科学与工程、系统工程、经济学、合同管理、风险管理、交通工程等领域有多方位的交叉，限于作者的水平和经验，书中难免有不妥之处，甚至错误，欢迎读者批评指正。

李　洁　成　虎　Patrick X. W. Zou
2015年1月于南京

目　录

1 绪论 ……………………………………………………………………（1）
　1.1 BOT 公路项目的发展现状 …………………………………………（1）
　　1.1.1 世界各国社会资本参与公路建设的情况 …………………………（1）
　　1.1.2 我国 BOT 公路建设的情况 ………………………………………（2）
　1.2 我国 BOT 公路项目存在的问题 ……………………………………（5）
　　1.2.1 公路通行费高 ………………………………………………………（5）
　　1.2.2 收费期不合理 ………………………………………………………（6）
　　1.2.3 投资回报率不合理 …………………………………………………（6）
　　1.2.4 使用者不愿意支付通行费用 ………………………………………（7）
　　1.2.5 服务水平低 …………………………………………………………（7）
　1.3 本书的研究意义 ………………………………………………………（8）
　　1.3.1 柔性合同管理是促进新一轮 BOT 公路项目发展的关键 …………（8）
　　1.3.2 柔性合同管理可丰富合同管理理论和方法 ………………………（8）
　　1.3.3 柔性合同管理可解决社会冲突，缓和矛盾 ………………………（8）
　1.4 本书的研究目标和主要研究内容 ……………………………………（8）
　　1.4.1 研究目标 ……………………………………………………………（8）
　　1.4.2 主要研究内容 ………………………………………………………（9）
　1.5 研究设计与方法 ………………………………………………………（10）
　　1.5.1 研究设计 ……………………………………………………………（10）
　　1.5.2 研究方法 ……………………………………………………………（11）
　　1.5.3 技术路线 ……………………………………………………………（12）
2 文献综述 ………………………………………………………………（13）
　2.1 国外文献及研究现状 …………………………………………………（13）
　　2.1.1 合同条件调整的必要性 ……………………………………………（13）
　　2.1.2 PPP/BOT 合同指南及其合同目标 …………………………………（14）
　　2.1.3 风险管理 ……………………………………………………………（15）
　　2.1.4 使用者的付费意愿 …………………………………………………（16）
　　2.1.5 交通量预测 …………………………………………………………（17）
　　2.1.6 可变合同条件 ………………………………………………………（18）

2.2 国内文献及研究现状 …………………………………………（21）
2.2.1 政策指南 ……………………………………………（21）
2.2.2 合同管理 ……………………………………………（22）
2.2.3 风险管理 ……………………………………………（23）
2.2.4 使用者利益 …………………………………………（24）
2.2.5 公路项目 BOT 合同主要合同条件 …………………（25）
2.2.6 可变合同条件 ………………………………………（26）
2.3 文献总结 …………………………………………………（28）
2.3.1 国外文献总结 ………………………………………（28）
2.3.2 国内文献总结 ………………………………………（29）
2.3.3 国内外研究不足之处归纳 …………………………（30）

3 研究的理论基础 ……………………………………………………（32）
3.1 柔性合同管理 ……………………………………………（32）
3.1.1 柔性和柔性管理 ……………………………………（32）
3.1.2 工程项目柔性合同管理 ……………………………（33）
3.2 基于柔性合同管理的工程项目 BOT 可变合同调整模型 …（36）
3.3 工程项目 BOT 可变合同条件设计原则 …………………（37）
3.3.1 效率 ……………………………………………………（38）
3.3.2 公平 ……………………………………………………（38）
3.3.3 利益相关者满意 ………………………………………（39）
3.4 工程项目 BOT 项目的风险管理 …………………………（39）
3.4.1 风险管理在 BOT 可变合同设计中的作用 …………（39）
3.4.2 风险管理的过程 ………………………………………（40）
3.4.3 柔性风险评价方法——模糊层次分析法 ……………（40）
3.4.4 BOT 特许合同的柔性风险分配原则 …………………（45）
3.5 工程项目 BOT 可变合同条件的系统调整方法 …………（46）
3.5.1 系统动力学用于可变合同条件调整的适用性分析 …（46）
3.5.2 系统的一般描述 ………………………………………（47）
3.5.3 系统的数学描述 ………………………………………（48）
3.5.4 系统动力学建模步骤 …………………………………（50）

4 公路项目 BOT 可变合同条件设计原则 ……………………………（53）
4.1 世界各国 BOT 特许合同条件分析 ………………………（53）
4.1.1 BOT 特许合同的主要内容 ……………………………（53）
4.1.2 公路项目 BOT 合同中可调整合同条件分析 …………（56）
4.2 我国现有公路项目 BOT 特许合同中的合同调整条件分析 …（57）
4.2.1 已有公路项目 BOT 案例描述 …………………………（57）
4.2.2 基于我国已有 BOT 公路的应调整合同条件分析 ……（62）

4.2.3　公路项目 BOT 特许合同中的调整条款…………………………（65）
　　4.2.4　我国公路项目 BOT 合同调整条件的问题分析……………………（68）
4.3　公路项目 BOT 可变合同条件设计原则和调整边界…………………………（69）
　　4.3.1　公路项目 BOT 可变合同条件的设计原则…………………………（69）
　　4.3.2　公路项目 BOT 可变合同调整边界…………………………………（71）
4.4　公路项目 BOT 合同可变合同条件的设计内容………………………………（71）
　　4.4.1　通行费率调整条款……………………………………………………（72）
　　4.4.2　特许期限调整条款……………………………………………………（72）
　　4.4.3　服务水平………………………………………………………………（72）

5　公路项目 BOT 风险识别和分析……………………………………………………（73）
5.1　可变合同条件与风险管理的关系………………………………………………（73）
5.2　公路项目 BOT 合同风险管理目标分析…………………………………………（74）
　　5.2.1　主要利益相关者及其利益目标分析…………………………………（74）
　　5.2.2　公路项目 BOT 合同风险管理目标……………………………………（74）
　　5.2.3　公路项目 BOT 合同风险识别框架……………………………………（75）
5.3　投资商角度风险识别与评价……………………………………………………（76）
　　5.3.1　公路项目 BOT 合同全寿命期风险类别划分…………………………（76）
　　5.3.2　BOT 公路项目全寿命期风险识别……………………………………（77）
　　5.3.3　BOT 公路项目全寿命期风险评价……………………………………（81）
　　5.3.4　BOT 公路项目全寿命期风险因素排序………………………………（85）
5.4　使用者角度的 BOT 公路项目使用质量风险识别与评价………………………（86）
　　5.4.1　BOT 公路项目使用质量风险识别……………………………………（86）
　　5.4.2　BOT 公路项目使用质量风险问卷调查………………………………（87）
　　5.4.3　BOT 公路项目使用质量风险评价……………………………………（88）
　　5.4.4　BOT 公路项目使用质量风险评价结果………………………………（89）
5.5　BOT 公路项目风险分配…………………………………………………………（90）
　　5.5.1　公路项目 BOT 合同全寿命期风险分配………………………………（91）
　　5.5.2　BOT 公路项目各方风险分析…………………………………………（92）
5.6　BOT 公路项目可变合同条件的主要风险因素分析……………………………（96）

6　BOT 公路项目运营系统反馈和结构模型…………………………………………（98）
6.1　柔性交通分配模型——基于出行者需求行为的 MNL 模型……………………（98）
　　6.1.1　出行者动态路线选择行为的经济学特点……………………………（98）
　　6.1.2　出行路线选择分配模型………………………………………………（99）
　　6.1.3　基于出行者社会经济心理的交通出行选择概率模型——MNL 模型…（100）
　　6.1.4　MNL 模型的数学表达式………………………………………………（101）
6.2　交通收益率模型…………………………………………………………………（101）

6.3 交通量增长预测 ……………………………………………………………… (102)
   6.3.1 自然交通增长量 …………………………………………………… (102)
   6.3.2 转移交通增长量 …………………………………………………… (104)

6.4 BOT 公路运营系统动力学模型建立 …………………………………… (106)
   6.4.1 BOT 公路项目运营机理分析 ……………………………………… (106)
   6.4.2 BOT 运营系统变量确定 …………………………………………… (107)
   6.4.3 BOT 公路运营系统行为的参考模式 ……………………………… (107)
   6.4.4 BOT 公路项目运营过程的动态假设 ……………………………… (110)
   6.4.5 BOT 公路动力学反馈和结构模型——系统流图 ………………… (112)
   6.4.6 BOT 公路运营系统动力学规范模型 ……………………………… (113)
   6.4.7 BOT 公路项目系统动力学检验 …………………………………… (113)

6.5 汽车量增长子系统 Vensim 规范模型及检验 ………………………… (115)
   6.5.1 汽车量增长系统流图分析 ………………………………………… (115)
   6.5.2 汽车增长量子系统参数 …………………………………………… (116)
   6.5.3 私人汽车增长反馈回路中的主要变量和方程式 ………………… (117)
   6.5.4 其他车辆增长反馈回路中主要状态变量与速率 ………………… (118)
   6.5.5 汽车量增长子系统规范模型模拟 ………………………………… (119)
   6.5.6 汽车量增长子系统规范模型检验 ………………………………… (120)

7 BOT 公路项目运营系统动力学规范模型 ……………………………… (122)

7.1 案例公路简介 …………………………………………………………… (122)

7.2 案例高速公路交通量子系统规范模型 ………………………………… (123)
   7.2.1 案例高速公路年交通量子系统研究假定和分析 ………………… (123)
   7.2.2 案例高速公路小汽车年交通量子系统 Vensim 规范模型 ……… (124)
   7.2.3 案例高速公路营运车辆年交通量子系统规范模型 ……………… (134)
   7.2.4 案例高速公路年交通增长量子系统规范模型计算机模拟 ……… (141)
   7.2.5 案例高速公路年交通增长量子系统规范模型检验和测试 ……… (142)

7.3 案例高速公路交通量供需关系子系统 Vensim 规范模型 …………… (142)
   7.3.1 案例高速公路交通量供需关系子系统流图分析 ………………… (142)
   7.3.2 交通量供需关系子系统的主要状态变量、速率和主要 Vensim 方程式 … (143)
   7.3.3 案例高速公路主要参数(辅助变量)及其 Vensim 方程 ………… (144)
   7.3.4 案例高速公路交通量供需关系子系统的模拟运营 ……………… (147)
   7.3.5 案例高速公路交通量供需关系子系统规范模型的检测 ………… (148)

7.4 案例高速公路特许年限子系统的 Vensim 规范模型 ………………… (149)

7.5 BOT 公路项目运营系统动力学规范模型整体评价 …………………… (149)
   7.5.1 评价标准 …………………………………………………………… (149)
   7.5.2 BOT 公路项目运营系统动力学规范模型的正确性评价 ………… (149)

8 基于系统动力学的公路项目 BOT 可变合同条件调整模拟 ……………… (151)
8.1 公路项目 BOT 关键可变合同条件调整框架 ……………………… (151)
8.2 目前通行费率与特许期限不变的动力学模拟实验 ………………… (152)
8.2.1 参数选择 …………………………………………………… (152)
8.2.2 案例高速公路关键变量模拟结果列表 …………………… (152)
8.2.3 关键合同条件变化趋势图 ………………………………… (153)
8.2.4 目前通行费率或/和特许期限不变情况下的合同条件调整建议 …… (155)
8.3 通行费率或/和特许期限依投资回报率实时调整的动力学模拟实验 …… (155)
8.3.1 参数选择 …………………………………………………… (155)
8.3.2 案例高速公路关键变量列表 ……………………………… (156)
8.3.3 关键合同条件变化趋势图 ………………………………… (157)
8.3.4 收费费率随投资回报率调整政策下的关键合同条件的调整建议 …… (159)
8.4 通行费率或/和特许期限在固定间隔期依投资回报率调整的动力学模拟实验 …… (159)
8.4.1 参数选择 …………………………………………………… (159)
8.4.2 案例高速公路关键变量列表 ……………………………… (160)
8.4.3 关键合同条件变化趋势图 ………………………………… (161)
8.4.4 方案调整建议 ……………………………………………… (163)
8.5 关键合同条件不同调整方案的分析与讨论 ………………………… (165)

9 结论 ………………………………………………………………………… (167)
9.1 本书主要研究成果 …………………………………………………… (167)
9.2 本书创新之处 ………………………………………………………… (168)
9.3 研究展望 ……………………………………………………………… (169)

附件 A:BOT 公路项目访谈记录 …………………………………………… (170)

附件 B:BOT 公路全寿命期风险调查问卷 ………………………………… (172)

附件 C:BOT 公路驾车人调查表 …………………………………………… (176)

参考文献 ……………………………………………………………………… (177)

1 绪 论

本章导读：本章是全书的导论。在介绍世界各国社会资本参与公路建设的大背景下，介绍了中国社会资本参与公路建设的现状，并分析了中国BOT公路运营过程中的问题。这些问题，大多数与特许协议中的合同条件相关，如通行费率、特许期限、投资回报率等，有些与使用者相关，如公路使用者的付费意愿、公路服务水平等。这些问题，大多是由于在漫长的公路运营过程中，项目内外因素发生变化后，造成合同条件与运营环境不符而形成。本书将在柔性管理理论的指导下，探讨柔性合同管理理论，并在此理论指导下，建立一套包括公路项目BOT可变合同设计原则，BOT公路项目风险分析与评价和BOT公路项目运营系统动力学模型在内的公路项目BOT可变合同调整模型。该调整模型旨在，当项目内外条件发生变化时，依此模型对合同条件进行调整后，合同条件能够平衡各方利益，不仅应该能保护投资者的经济利益，还应保护社会效益和使用者的利益，使利益相关者满意。

1.1 BOT公路项目的发展现状

1.1.1 世界各国社会资本参与公路建设的情况

传统上，BOT项目偏重于有收益的经济型项目，尤其是基础设施项目。公路作为一项有稳定现金流的基础设施项目，是BOT项目最早涉足的领域之一[1-2]。公路建设中引入社会资本始于上世纪90年代初期。90年代中期，社会资本参与公路建设达到了前所未有的高潮，每年约有50~60个项目完成融资，年投资额达到了100~120亿美元(1997年为125亿美元)。90年代后期，由于受经济危机的影响，公路领域的社会资本参与份额急剧下降，社会资本在基础设施领域的发展前景曾十分迷茫。但是，到了2005年，如同其他领域，社会资本在公路领域的投资强劲回升，并在2006年达到了高峰。此后，投资势头有所减弱，2008年后，受美国次贷金融危机的影响，投资总额持续下滑，但2009年后，投资势头再一次反弹并持续稳步增长，2010年，已回升到2008年金融危机前的水平，2012年，投资额达到482亿美元(图1.1)[3]。

世界银行1990—2012年的统计资料显示，社会资本参与公路建设，可分为两个阶段，第一个阶段为1990—2004年，这一阶段的投资总额较少，但数目较大，意味着这个阶段的公路规模都较小，这一阶段的高峰出现在1997年；第二个阶段为2005年至2012年，这一阶段的投资虽有起伏，但公路投资额大幅上升且持续升高。1990—2007年，这些投资有90%集中在吸引资本最多的前10个国家，包括巴西、智利、中国、印度尼西亚、马来西亚、墨西哥等[4]。

但2010—2012年,印度成为公路建设引入社会资本最多的国家,其中,2010年达到51%,2011年为53%,2012年,比例有所回落,为35%,仍居世界第一[5]。随着BOT项目的广泛应用,社会项目,如学校、医院和监狱等项目也加入了BOT项目的行列,但这些项目的运营收入往往不足以弥补项目的投资,所以政府也参与一部分项目投资[6]。由于社会资本投资的多样化,对于有社会资本参与的项目,世界各组织机构和国家对其有不同的称呼,一个最广泛的称呼为PPP(Public Private Partnership),强调政府方(即Public)与民营方(Private)的合伙/合营关系。另外一个常见的称呼为PFI(Private Finance Initiative),该模式起源于英国,强调社会资本主动参与基础设施和公共事业的建设,并提供相应项目的服务。不论称呼如何改变,这些项目的本质相同,即都具备社会资本参与,通过项目自身运营收回投资并获取利润[7]。由于BOT项目与这些项目在概念和应用上的交叉点很多,在以后各章的研究中,本书将同时参考与BOT/PPP/PFI相关的理论和文献。

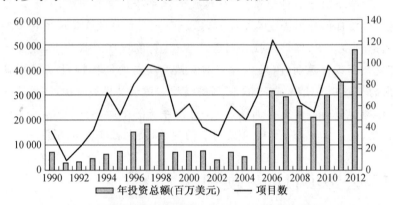

图1.1 1990—2012年发展中国家社会资本参与公路项目年投资额和项目数统计图

注:(1) 左轴表示投资额,右轴表示项目数
(2) 数据来源:http://ppi.worldbank.org[3]

世界各国有社会资本参与的公路项目,其经营实体可以是国有企业、民营企业或公私合作企业。交通收费的方式有两种,向公路使用者直接收费和由政府定期(通常为一年)按交通量和服务水平向公路经营者付费,即影子费率[8]。本书研究的是第一种类型。

1.1.2 我国BOT公路建设的情况

1) 我国公路发展概况

改革开放以来,我国的经济取得了长足的发展,其中很重要的原因归功于基础设施,尤其是交通设施的完善。公路是发展最快的交通设施,改革开放以来,我国公路里程持续增长,高速公路、一级和二级等高等级公路的发展速度尤其突出,以高速公路为例,从1988年第一条高速公路沪嘉高速公路建成通车[9],到2012年底,全国高速公路达9.62万公里,居世界第二位,仅次于排名第一的美国的高速公路里程数。公路网规模也不断扩大,2012年底,全国公路总里程达423.75万公里,其中等级公路里程360.96万公里[10]。

2) 我国BOT公路建设投资现状

我国公路建设的资金来源主要有四部分(表1.1),包括国家预算内资金(来源于国家税收、交通部分规费收入等)、国内贷款、外国投资和贷款(主要来自于国际金融机构,如世界银行、亚洲发展银行等)、各级政府自筹资金(以银行贷款为主)与其他资金来源等。

表1.1 我国2001—2012年公路建设资金投资来源

年份		2001	2002	2003	2004	2005	2006	2007	2008	2009	2010	2011	2012
投资(亿元)		2 670	3 212	3 715	4 702	5 485	6 231	6 490	6 881	9 669	11 482	12 596	12 714
国家预算	百分比(%)	15.40	19.30	15.50	14.30	12.70	10.50	13.50	14.30	14.90	14.90	20.20	18.80
国内贷款	百分比(%)	38.40	41.00	41.30	40.40	38.20	40.70	38.00	36.40	38.50	39.90	35.50	36.40
外国投资(主要为国际金融机构)	百分比(%)	3.10	2.70	2.60	1.30	1.30	0.90	0.80	1.00	0.60	0.40	0.50	0.40
自筹资金及其他	百分比(%)	43.10	37.00	40.60	44.00	47.80	47.90	47.70	48.30	46.00	44.70	43.80	44.40

资料来源:2001—2012年公路水路交通运输行业发展统计公报[10]

这些投资中,国家预算内资金大部分流向部分二级及二级以下的中低级别公路的修建,这些公路建成后不收车辆通行费。高速公路、一级公路和部分二级公路,主要采用各级地方财政和交通部门自筹、银行贷款、外国投资和其他方式。这里其他方式指吸引民营投资和发行股票进行融资。

由于各级地方政府和交通部门的财政资金有限,高等级公路和部分二级公路的融资渠道为银行贷款。为推进公路建设,1984年国务院批准实施"贷款修路、收费还贷"政策,即在各级政府财政性资金或企业资本金投入之外,利用银行贷款或社会集资建设公路(含桥梁、隧道),建成后收取合理的车辆通行费(以下简称通行费),偿还贷款或集资[11]。按此类方式修建的公路,实行收费运营,称作收费公路。

此外,国家也积极鼓励其他融资渠道,BOT项目就是其中主要的其他融资方式之一。1990年到2000年间,来自香港行政区的投资商,向内地公路建设投入了约600亿人民币[12],他们和内地政府公路部门组成合资公司(Joint Venture,JV),参与公路建设和经营。这些资金约80%投向了东部沿海地区的高等级公路,这些公路都通过向使用者直接收费回收投资。随着公路交通量的增加,这些投资绝大多数已为投资商带来了丰厚的回报。从资本绝对值来看,2007年前,我国吸引到的公路建设的资金在世界上可能排位第一[13]。但是,从整个公路建设的投资来看,社会资本参与公路建设有限,1990—2000年间不足10%。近些年来,由于采用"收费还贷"模式修建的公路项目增多,社会资本参与的公路项目已减少到5%以下[12]。

图1.2显示了1990—2012年间我国社会资本参与公路建设的投资额和项目数。从图中可以看出,我国社会资本参与公路建设的阶段也可划分为两个阶段。第一个阶段约从1990年开始到2001年结束,这个阶段高潮出现在1996年,投资达到了64.08亿美元,项目数达到了29个。由于亚洲金融危机,中央政府清理整顿违规BOT项目,以及政府积极拉动内需的财政政策,社会资本的投资额和投资项目数都大幅下降了,相比世界范围内社会资本参与公路建设的第一阶段高潮,我国的第一轮投资高潮结束得较早。随着各地鼓励社会资本进入基础设施领域的政策出台,以及2004年《收费公路管理条例》的颁布,社会资本参

与公路项目投资,在2003年又达到一个小高潮,这一次的投资以国内的国有企业参与为主。第二次投资高潮出现在2006年,投资额度达到了65.87亿美元,项目数为18,相比10年前,2006年总投资额加大了,但项目数量变少了,这表明社会资本投资项目的规模提高了。2007年的项目投资有所下降,项目数也少,所以单个项目投资规模变化不大。2008年后,社会资本参与公路项目建设进入了低潮,其中,除2009年有所上升外,其他年份社会资本参与的比例很低,2010年,甚至没有社会资本投入公路建设中。随着中央政府对民资投入基础设施建设的政策鼓励,2011—2012年又有民资投入公路建设,但项目数与投资额仍保持着较低的状态。

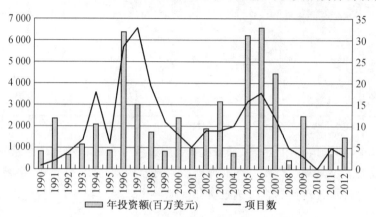

图1.2 1990—2012年我国社会资本参与公路项目年投资额和项目数统计图

注:(1) 左轴表示投资额,右轴表示项目数
　　(2) 数据来源:http://ppi.worldbank.org

3) 我国BOT公路的发展前景

随着我国经济发展速度的加快,基础设施对经济发展的瓶颈作用再一次显现。目前建成通车的高速公路分布在全国三十个省市区,但相邻省、市、区之间普遍存在高速公路的"断头路",急需贯通。广大农村地区至今甚至还不通公路,严重制约了农村地区的发展。为此,我国交通部于2005年推出了"国家高速公路网"计划,该路网规划采用放射线与纵横网格相结合的布局方案,形成由中心城市向外放射以及横连东西、纵贯南北的大通道,由7条首都放射线、9条南北纵向线和18条东西横向线组成,简称为"7918网"。该路网的目的在于提高东部发达地区与经济落后的中西部地区的交流,促进中部和东南省份的经济增长[7]。自从交通部出台政策取消二级公路的收费后,广大农村地区的公路修建也将主要由国家投资解决。

与此同时,我国社会大量的资本缺乏合适的投资渠道,这种情况下,政府对社会资本参与基础设施项目表现了相当积极的态度。2004年5月,原建设部出台了《市政公用事业特许经营管理办法》[14],2004年9月,国务院发布了第417号令《收费公路管理条例》[15],2005年"两会"前,国务院《关于鼓励支持和引导个体私营等非公有制经济发展的若干意见》("非公经济36条")[16]明确表示,我国将在铁路、电力、民航、石油等行业和领域,引入竞争机制,支持非公资本参与各类公用事业和基础设施的投资、建设和运营。2010年5月国务院再次发布《国务院关于鼓励和引导社会投资健康发展的若干意见》("新36条"),进一步拓宽了社会投资的领域和范围,鼓励和引导民间资本进入基础设施、市政公用事业、社会事业、政策性住房建设等领域[17]。2013年9月国务院印发《关于加强城市基础设施建设的意见》,指出吸引包括民间资本在内的社会资金,参与投资、建设和运营有合理回报或一定投资回收能力的可经营性城市基础设施项目,在市场准入和扶持政策方面对各类投资主体同等对待[18]。2014年6月,国家发改委召开专家座谈会,讨论了特许经营立法面临的问题以及具体制度设计等问题,从与现行制度的衔接、法律关系的定位、特许经营项目的选择标准、公开透明和公众参与、特许经营的期限和价格调整及特许经营权的转让、权利救济六个方面对立法草案作进一步修改完善[19]。

1.2 我国BOT公路项目存在的问题

BOT公路依靠收费偿还投资并获得合理利润,《收费公路管理条例》将其定义为经营性公路,它与"收费还贷"性质的公路同属于收费公路。收费公路的出现促进了我国公路建设的快速发展。目前,现有公路网中95%的高速公路、61%的一级公路、42%的二级公路都是依靠收费公路集资建设的[20]。与此同时,我国收费公路(高速公路和其他公路)占高等级公路的比例最高,总里程已超过10万公里,全球有收费公路14万公里,其中70%以上在我国[21]。

收费公路虽然分为收费还贷公路与经营性公路,但它们执行的收费价格相同,经营方式相似,在公路使用者的眼里,并无区别。但高比例的收费公路,给公路运营带来了诸多问题,这些问题也广泛存在于BOT类型的经营性公路中。这些问题,大多数与特许协议中的合同条件相关,如通行费率、特许期限、投资回报率等,有些与使用者相关,如公路使用者的付费意愿、公路服务水平等。

1.2.1 公路通行费高

收费公路通行费过高一直是公路使用者反映非常强烈的问题。2006年,根据我国交通部和世界银行的统计,我国收费公路的收费绝对值不是最高,但其和GDP之比却是全世界最高[22](图1.3)。据国内媒体报道,高物流成本是高物价背后的重要原因之一,全国人大代表黄细花引述全国物流公司协会公布的数据,称从广州到北京运输成本,高于从广州到美国。有记者随机跟随一辆从成都到北京的物流大货车,实时追踪费用,发现从成都到北京的高速公路收费5 000元,占物品出售成本一半[23]。

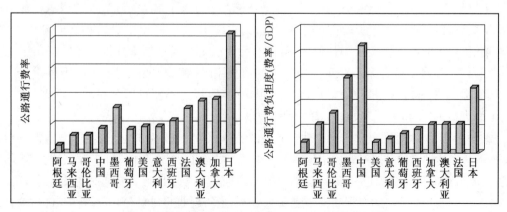

图1.3 部分国家公路通行费率与公路通行费负担度

资料来源:世界银行(2006),连接公众与市场,实现公平发展——中国高速公路报告(草稿)

在交通量持续走高的东部地区,高收费公路在经济收入上的负面效应似乎不太明显,但收费公路上逃费车辆的不断出现,司机和收费人员之间不时出现的肢体冲突则是这种高收费造成的恶劣的社会后果之一。对于交通量不足的中东部地区,过高的收费价格则会引发项目的收入持续下滑,并导致项目的失败。

1.2.2 收费期不合理

收费公路最突出的问题是收费期限不合理。早期BOT公路的特许期为18~30年,《收费公路管理条例》规定,收费还贷公路在没还清贷款之前,收费期最高可达25年,经营性公路最高期限可达30年。但由于近十多年来交通量持续攀升,大多数早期BOT公路的投资回收期大大短于特许收费期。据国家审计署于2008年对18个省(市)收费公路进行的审计调查,其中16个省(市)截至2005年底违规收取通行费150亿元,一些公路获取的通行费收入高出投资成本10倍以上……我国的收费公路甚至已沦为公路私用、恶化民生的推手[24]。

此外,一些公路项目收费期满之后,还人为延长收费期限。根据2008年审计署对18个省市的收费公路的审计报告,抽查山东、北京等12个省(市)35条经营性公路,原定收费期为25~30年,但期满后,经营者利用各种违规手段延长收费期,把收费公路作为融资平台或作为维持臃肿的公路管理人员的工资来源,例如,至2005年底,广东省经营性公路批准的收费期限大于30年的有28个,最长的为55年[11]。

但是也有一部分公路由于交通量偏少,收费期限内无法收回投资。一些公路项目在可行性研究阶段,为争取立项,通常夸大预测交通量,实际运营后,由于收费过高,需求不足或存在竞争道路等原因,交通量大大低于当初的预测,如江苏省交通控股有限公司管理的17条高速公路中,8条的实际车流量平均为可预测值的60%,其中南京至高淳高速公路车流量仅为可研预测值的9%。2005年,辽宁省锦朝、锦阜高速公路实际车流量分别为可研预测值的28%和18%,陕西省西安至宝鸡、勉县至宁强等8条高速公路的通行费收入仅为可研预测值的39%[11]。这种情况下,收费期限内的收入不能弥补投资,更谈不上利润。

1.2.3 投资回报率不合理

上世纪90年代,许多地方政府为了"引进外资",在不进行市场分析,不考虑承受能力的情况下与外商签订了大量的固定回报率项目,回报率平均为15%[25]。这种合同条件下,外商可谓"旱涝保收",不需要承担任何市场风险,一时引来了大量的境外投资者。但由于忽略了市场研究,很多项目实际达不到合同承诺的回报率,这种情况下,地方政府不堪重负。为此,国家强制终止了一大批政府承诺固定回报率的项目,这类项目以公路项目居多(包括广东、上海大量的"三桥一隧"项目),基本上都被清理了[25]。

2000年以后,固定回报率的不合理合同条件虽然不再允许发生,但随着我国交通量的持续攀升,一些发达地区的公路投资回报率惊人。据德意志银行2008年测算,广深高速2006年的息税折旧摊销前利润持续位于80%左右,宁沪高速的息税折旧摊销前利润历史上一直位于70%左右,全国收费公路的净利润曾一度高达70%,虽然近期的利润有下降,缩至40%左右,但仍然持续高于其他行业和欧洲同类行业[26]。据《中国日报》报道,2009年上市公司年报暴露的三大暴利行业,除了并不让人意外的金融保险和房地产业外,路桥收费业意外荣登榜首[27]。

1.2.4 使用者不愿意支付通行费用

使用者不愿意支付通行费用,是收费公路存在的普遍问题。阿根廷的收费公路在收费之初,就遭到了大部分使用者的抵触,后降低费用,并且在向使用者解释清楚公路特许的目的后,才得到公众的接受[4]。巴西公路在上世纪 70 年代引入社会资本并开始收费后,也曾遭到公众的抵触,收费曾于 1988 年终止,后来随着世界范围内社会资本参与公路项目的浪潮出现,于 1993 年重新引入社会资本并开始收费,在改进公路服务水平并维持收费低标准的基础上,才得到了使用者的认可[28]。

在我国,这些情况也大量存在。公路使用者不愿意缴纳费用的原因,起初是因为使用者不能接受公路收费,因为公路作为基础设施,过去一直免费使用,突然要收费了,使用者的观念一时没有转变。后来,收费公路逐渐被使用者认可,但是因为收费过高而遭到使用者的抵触,例如为了逃避收费,河南禹州市农民时建峰利用假军车偷逃巨额过路费,被判无期徒刑。此事一出,引发了全国范围内对公路收费的大讨论,大家一致认为因为收费太高才导致了很多驾驶员甘愿冒险也要设法逃避缴费[29]。再例如 2010 年建成通车的南京长江隧道,采用 BOT 方式修建,收费早在规划之列,但媒体和民意几乎是同仇敌忾地反对收费,政府为顺应民意,也为将来南京城市环线的发展考虑,在项目运营之前就花巨资进行了回购,但由于没有取消收费,很多使用者仍然宁愿绕道拥堵的南京长江大桥,也不愿走快捷的长江隧道[30,31]。

1.2.5 服务水平低

我国一些收费高速公路存在服务水平低的问题,这主要表现在两个方面。其一,收费站点过密造成频繁停车收费、缴费,大大降低了公路实际通行速度。其二,高速公路由于拥堵、维修或扩建,引起的高速公路实际运营速度达不到设计速度的问题,高速路其实没有起到高速的作用。有的使用者就此问题起诉了高速公路运营公司,他们认为"如果 70 公里的路走了近两个小时还照交高速费,就如同掏了买名牌货的钱,得到了一个地摊货一样"。诉求"不高速的高速路就不应该认作高速路! 那么其收费也就不能按高速标准收费[32]"。记者在广深高速随机调查也发现,不少经常往返广深的车主反映,在广深高速上遭遇堵塞是"家常便饭",车主王先生说,有一次周末下午 6 点,他从广州出发,结果一进入广深高速,"一路堵塞,时速最高是 30 公里,真是气死了。"王先生称那次他足足花了近 5 个小时才回到深圳,比正常情况下多出 3 个小时[33]。

2002 年以来,随着我国经济的快速发展,基础设施对经济发展的制约再一次显现,社会资本参与基础设施建设的高潮再一次出现。与以往不同的是,这一轮投资主体转以国内的企业为主[34]。但是,进军的号角虽然已经吹响,困扰过 BOT 项目的风险因素却依然存在,招标不透明,缺乏合理的风险分配机制和完备的合同条件依然是发展 BOT 项目之路上的拦路虎。从目前的一些合同文本(见本书特许合同条件文本分析)来看,合同过于简单、风险分配不均、合同条件不明、无明确的收费费率调整条件等问题依然突出[34]。

1.3 本书的研究意义

1.3.1 柔性合同管理是促进新一轮 BOT 公路项目发展的关键

我国第一轮 BOT 高潮的教训表明,缺乏合理的、有弹性的合同条件是 BOT 公路失败的主要原因[34]。在以国内企业为投资主体的第二次 BOT 公路投资浪潮中,企业的投资已达到 50% 以上,很多达到了 100% 投资。这无疑对缓解政府财政压力是个好消息,但出于对投资回收期长,合同期长,风险不确定,还有早期 BOT 项目经受过的政策多变等因素的顾虑,很多企业在 BOT 项目之前,都显得顾虑重重,驻足不前。这种情况下,如在合同条件当中设置调整机制,使合同条件能随着风险变化而调整,平衡政府方和投资方的利益,无疑为有投资意向的企业提供了解除顾虑的定心丸,有利于吸引更多的企业向西部地区和农村地区的公路投资,也有利于 BOT 项目健康、顺利地运营。

1.3.2 柔性合同管理可丰富合同管理理论和方法

现代工程项目中大型、特大型的项目日益增多,技术和功能复杂,投资大,工期长,业主要求多变,环境变化频繁,使得工程面临的风险愈来愈多[35-36]。为了有效应对风险,提高业主的满意度和工程的实施效率,人们已开始将制造业的柔性制造理论引入到工程管理领域[37-39],工程合同也向着柔性化发展,但目前针对柔性合同管理的研究很少。可变合同条件本质上属于柔性合同条件,属柔性合同管理的一部分,本书的研究,可促进柔性合同管理理论的发展。

此外,BOT 特许合同是随着新融资方法的出现而发展起来的新型合同。和以往的合同类型相比,BOT 合同依靠项目自身收入偿还投资,获取利润,包含项目运营期的管理,因此合同关注的风险与传统合同条件相比,具有特殊性,BOT 可变合同条件的研究,可完善和充实 BOT 特许合同的合同设计内容。

1.3.3 柔性合同管理可解决社会冲突,缓和矛盾

BOT 公路属收费公路,以往的合同条件注重投资方的收益,出现了收费偏高、收费期过长、服务水平缺乏监督等问题,这些问题的后果是加大了公路使用者的负担,对使用者的利益造成了伤害,使用者和投资方、政府部门之间矛盾冲突日益严重,社会问题频出[25,26,29]。BOT 可变合同条件将考虑各利益相关者的利益,以既考虑效率,又平衡各方利益为调整目的。可以预见,可变合同条件的应用,将缓和由收费不公而引起的社会矛盾,促进社会和谐。

1.4 本书的研究目标和主要研究内容

1.4.1 研究目标

本书的研究目标是建立 BOT 公路项目的特许协议的可变合同条件的调整模型。可变合同条件是在较长的合同期内,当外在不确定因素(风险)发生时,有一套明确的调整机制的合同条件。这样的合同条件应该不仅能保护投资者的经济利益,还能保护社会效益和使用

者的利益,能够平衡各方利益,使利益相关者满意。

1.4.2 主要研究内容

(1) 探讨柔性合同管理理论

现代工程项目具有高度动态的特点。传统的合同重视合同语言在法律上的严谨性和严密性,合同制定的首要目的立足于解决合同争执,具有很大的刚性。但在实际工程管理过程中,由于不能适应工程的高度动态变化,引发了新的合同纠纷。柔性管理强调以顾客需求为导向,加快产品的快速适应能力,可以达到生产者和顾客的双赢结果。为了使合同能更贴近工程实践,更高效地解决工程管理问题,将柔性管理引入合同管理就成为目前合同管理的发展新动向。本书将在相关理论的基础上,结合已有的研究成果,探讨柔性合同管理的定义和理论,并应用其指导公路项目 BOT 可变合同条件设计。

(2) 建立公路项目 BOT 特许可变合同条件调整模型

现有的 BOT 特许合同的合同调整条件方法简单,考虑因素单一,主要偏重于对投资商利益的保护,而忽视对使用者利益的保护。本书提出,BOT 公路,既是投资项目,又是基础设施项目,既具有商业性,又具有公益性,必须保证政府、投资商、使用者等多方利益。BOT 特许合同期限长,合同期内,项目的运营受很多风险因素的影响,这些风险因素的影响机理复杂,不仅影响项目目标的实现,而且互相之间也有影响。要达到使利益相关者满意的目标,就要既全面考虑项目的风险因素,又要考虑风险因素之间的相互影响关系,对它们进行系统调节。本书针对上述问题和目标,在柔性合同管理理论的指导下,建立了公路项目 BOT 可变合同条件的调整模型。

① 明确公路项目 BOT 可变合同条件的设计原则。在 BOT 可变合同条件设计原则的指导下,首先总结世界各国 BOT 特许合同条件的内容和可变合同条件设计过程中的经验和教训,然后以我国 BOT 公路项目为研究重点,通过案例分析我国现有 BOT 公路运营现状和存在的问题及现有公路项目 BOT 特许合同中的可变条款的不足之处,最后结合 BOT 特许合同可变合同条件的设计原则,提出公路项目 BOT 可变合同条件的设计原则和框架。

② 进行 BOT 公路项目风险识别与分析。BOT 项目在漫长的合同期内,面临很多风险,这些风险的发生,是引起合同适用条件变化的根源。为了体现合同公正性的原则,本书从 BOT 公路项目主要利益方、投资者和公路使用者的角度,分别识别和评价 BOT 公路项目的风险,具体来说,先从投资商角度关注事关项目顺利实施和运营的全过程风险,又从公路使用者角度管理使用者风险,使保护使用者利益的目标落在实处。

③ 建立 BOT 公路项目运营系统动力学模型。公路项目 BOT 可变合同条件要达到调节和平衡合同各方利益的目的,必须考虑到外界条件变化时,合同条件一旦变化,对各方利益带来的影响,这种影响是同步的、复杂的、交互的,这种影响只有站在系统的高度,考虑各方的利益冲突点、各主要风险因素对冲突点的影响机理,才能得到接近真实的模拟。为此,本书借助交通工程学和交通经济学理论,对此作用机理进行深入分析,然后基于此机理,建立 BOT 公路项目运营阶段系统动力学模型。

(3) 基于案例,进行关键可变合同条件的系统动力学模拟与调整政策确定

BOT 公路项目运营阶段动力学系统模型在数据输入之前,只是一个描述各风险因素之间

反馈关系的结构模型。要想实现其模拟功能,必须在相关数据的支持下,编写相关变量间的规范方程,以建立其规范模型,然后,在相关软件的支持下,完成模拟。本书将选取案例公路,利用其历史运营数据,提炼参数,建立 BOT 公路项目系统动力学 Vensim 规范模型,利用 Vensim 软件,对案例公路长期运营状况进行系统动力学模拟。在验证该项目系统动力学模型可靠之后,设计关键合同条件的不同调整方案,利用其系统动力学规范模型作为虚拟实验室,观察不同方案下案例公路的长期运营状况,根据长期运营结果,确定满足调整目标的合同条件调整方案。

1.5　研究设计与方法

1.5.1　研究设计

Wallace(1971)[40]论述科学研究遵从两种研究方法:一种方法从理论开始,通过逻辑演绎的方法,理论被转变成假设,接着,假设将指导研究设计,接下来,通过实证研究方法,检验假设的一致性,即通过逻辑推断对理论进行证实、修改或反对,这种方法被称为演绎的方法;当研究者不能找到或形成一种理论来解释疑难或研究问题时,研究也可以从观察开始,通过测量、样本归纳、参数估计等实证方法来收集观察资料、进行分析,并且将其转换成实证概况,最后,通过实证概况形成概念、形成命题和命题排列转化为理论,这种方法被称为观察法,是归纳法在科学研究中的应用。

可变合同条件设计虽然一直是 BOT/PPP/PFI 研究和实践中的热点话题,但目前的可变合同设计研究普遍存在缺乏理论指导、调整因素有限、调整方法简单的问题(见第二章文献综述)。公路项目 BOT 特许合同设计属于合同管理理论研究的范畴,近年来随着工程管理实践的丰富和新技术的出现,合同管理理论中不断融合新方法和新理论,使得合同管理理论不断发展,及时适应工程项目管理的新需求。近年来兴起的柔性管理,强调重视顾客需要,对变化进行快速和经济的应对[41,42,43],这些观点可用于解决合同中的变化问题,也可用来充实到合同管理理论,用来指导可变合同的设计。基于此,本书采用实证研究法,针对 BOT 可变合同条件的调整模型,进行实证分析,对假设模型进行检验和修改,研究成果反过来又可以拓展和丰富合同管理理论。

本书的研究思路设计如图 1.4 所示:

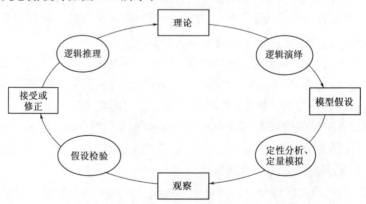

图 1.4　本研究采用的实证研究过程示意图

1.5.2 研究方法

实证科学研究过程中,数据、证据或观察是支持理论的必要组成部分[44]。研究者的数据一般有三种来源:首先,研究者将外界可直接观察的事件作为数据来源,在不需要任何辅助工具的情况下,将外界信息转化为数字,与之相对应的研究方法有实验法、准实验设计、二手数据、访谈和案例研究等;其次,在研究者面对无法直接观察的对象(如投资商对风险的认知、感受,使用者对收费公路的态度)时,需要借助一定的测量工具(如调查表),请被调查者填写测量表来实现对认知或态度等的数字化表达;最后,也可以将测量工具用于可以观察的行为,用于行为的评价或事物相对重要性的评价[45]。与后两种数据来源相对应的方法最常用的是问卷调查法。本书在研究过程中,将根据每部分研究内容特点,选用相应的实证方法进行研究。

1) 案例观察法

应用此法将实现两个目的:(1) 收集正在运营/已终止的 BOT 公路项目案例,进行分析并归纳其风险因素,用于与公路 BOT 特许合同中的调整条款进行对比,用以归纳现有条款在调整原则、内容和方法上的不足;(2) 作为 BOT 公路项目风险识别的组合方法中的一部分,归纳实际案例中突出的风险因素。

BOT 公路案例主要选自学术文章中的案例资料和网上相关案例的报道内容;有关公路项目 BOT 合同的调整条款文献,来自世界银行、欧洲、亚洲等相关组织对世界各国 BOT 公路项目的调研报告和作者收集的我国实际 BOT 公路项目的合同文件。

2) 访谈法

通过对 BOT 公路项目管理者的访谈,了解目前正在运营的 BOT 公路项目的可变合同条款的设计和执行情况,目的在于多角度地分析 BOT 合同调整条款的不足。

访谈资料来自作者对 BOT 公路项目的相关负责人的电子邮件采访。

3) 问卷调查法

风险的识别和评价取决于被调查者对风险的感受,属于不可直接观察的数据,因此主要采取问卷调查的方式,获得 BOT 公路项目投资商和使用者对 BOT 公路项目的风险的认知和评价数据。调查问卷数据获得的具体过程,可见第五章的相关内容。

4) 案例研究法

系统动力学模型建模过程高度依赖建模对象。必须结合特定对象,分析模拟对象运营机理和历史运营数据,获取符合对象特点的特定参数,之后才能建立 Vensim 规范方程式进行模拟。因此,本书将选取案例,深入分析案例条件,用于模拟。系统动力学具体建模过程将在第六章和第七章详述。

5) 二手数据法

系统动力学模型在进行方案/政策模拟过程中,高度依赖于国家/地区的经济运营数据和项目历史运营数据。本书将在完成 BOT 公路运营系统反馈和结构模型后,利用国家统计局网站数据库和网上相关资源获得经济层面的数据;选择合适案例公路,利用其上市公司定期报告获得案例公路的经营数据,作为建立 BOT 公路运营系统 Vensim 规范模型的数据,然后对 BOT 公路长期运营状态进行模拟。

1.5.3 技术路线

结合本书的实证研究过程和研究方法,本书的技术路线归纳如图 1.5。

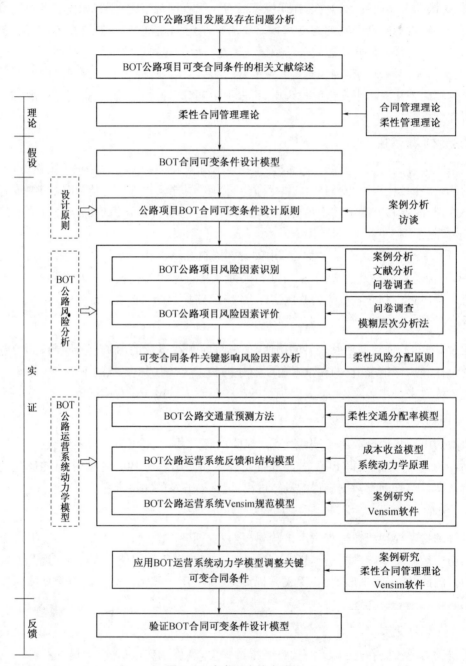

图 1.5　本书研究技术路线

2 文献综述

本章导读:公路项目 BOT 合同期限长,投资巨大,风险多,利益相关者目标各异。对特许合同条件进行设计和调整,既要保证项目顺利运营,又要使主要利益相关者满意,是一项复杂的系统工程。本书从特许合同设计理论,BOT 公路风险管理,公路使用者费付费意愿,BOT 公路交通量预测,BOT 特许可变合同等各个层面,对国内外的文献作了分析、综述和总结。分析结果表明,目前 BOT 公路项目合同条件调整主要存在三个问题:(1)价格调整条款过于考虑投资商的利益,很少提及使用者的利益保护;(2)合同调整条件过于片面和单一,不能反映真实的风险环境;(3)缺乏对风险因素的系统考虑和调整,目前的合同调整条件大多围绕单风险因素调整,谈不上对多风险因素之间相互影响关系的考虑。

2.1 国外文献及研究现状

2.1.1 合同条件调整的必要性

世界银行《基础设施特许项目合同设计指南》[46]中认为,制定特许合同的一个主要难题是如何在合同条件的确定和灵活之间保持平衡,例如,履约要求可以在特定的、预先确定的程序下进行重新谈判。通常,为了保证被特许者运营上的灵活性,这些条件应着重强调最终结果,而非过程和手段。

英国财政部出台的《PFI/PPP 标准合同》(第 4 版)[47]第 13 章为"服务变动",该章说明 PFI 合同一般都为长期合同,合同期通常为 20~30 年。在如此长的合同期内,不可避免会出现期初难以预料到的变动。如果在设计合同时通盘考虑到长期的服务要求,并且在合同制定时留有足够的灵活性,人们就可以对不可预知变动的频次和后果进行限制和管理。所有的 PFI 合同能够也应该有效处理一定数额之内的不可预知变动,这些可通过在合同中设置完善的合同变动机制来实现。该章还讨论了良好的变动的特征、变动的种类、变动管理的框架、定价的透明性和投资价值问题。

澳大利亚维多利亚州的维州合作伙伴项目(以下简称维州合作伙伴项目)《风险分配与合同事项》[48]中声明,在由最终消费者而非政府付费的情况下,私营方也许能通过将增加的成本转嫁给最终消费者的方式来减轻他们的实质风险。但是,任何风险转移都应遵循适当的合同限制或调整模式,以保证转移的幅度的公正。当风险最终超出任何一方的控制,例如通常的价格水平(如通货膨胀)和汇率的升高,对此进行处置的最恰当的方式就是在合同中设置快速调整条款。这种变动也许是显著的,但不一定是重大的,除非财务安排上出现严重赤字。对于私营方不时地调整价格以反映总体价格的改变(基于预先同意的增加成本),长期的合同不应抱有偏见。

Carlos Oliveira Cruz 等(2013)[49]提出要将 PPP 项目的不确定性看作机会,采用柔性管理的方法应对这种不确定。

Franck Bousquet(2001)[8]在分析了欧洲公路特许合同后认为,在长达 20～30 年的特许期内,很多条件都会改变:从主要投入物品的成本,到某些服务要求,再到特许经营者们经营所处的法律环境的细节。在实际工程中,很多这类因素都不能准确预报。相应地,特许合同在制定时,也不知道会采取什么具体的调整措施,什么情况下会引发这些调整,所以,特许合同价格在运营过程中应允许调整。

Tischer 和 Charpentier(1999)[50]在归纳世界各国 PPP 项目的实践后,写出了《PPP 项目融资指南》一书,指出特许合同中收费水平和费率至少应包括收费结构、收费费率的灵活性指数(包括可能的各种变量)、需求管理标价、收费减免等要素,此外特许期内,合同条件很有可能发生改变,这要求合同应具有一定的灵活性以适应改变的发生或项目融资、组织以及其他发展条件的改变。

Kuranami 等(1999)[4]在调查了亚洲和其他一些国家的特许公路项目的应用情况后,归纳的结论之一为,在理想情况下,特许合同应规定,至少在一个可接受的时期内,不会批准其他的特许合同,与即将或已经建成的特许项目竞争。除非合同中提供了这样一个保证,否则其他的竞争公路可能会获批,交通量也随之会减少。收费公路的调整是由政府部门判断决定还是根据公式调整,都和通货膨胀相关。不管采用何种方式,一旦设立了调整程序,就应遵照一定的调整程序进行调整;调整过程如不确定,只会为公路经营者制造困难。

2.1.2　PPP/BOT 合同指南及其合同目标

BOT 公路属社会资本参与的项目,对于社会资本参与的项目,世界多个国家及多个国际组织都成立了专门的机构为社会投资商和政府部门之间提供信息,为项目提供合同设计和管理指南。

世界银行《基础设施特许项目合同设计指南》[46]指出,政府方和私营方怀着不同目标,心存不同顾虑,商签特许协议。私营方及其投资商希望在稳定的经济环境中获得经济回报,政府方则希望提高投资效率、配置效率(确保产品/服务质量,保护环境,保证人员健康),同时,在一定条件下(与收费、覆盖率等相关)取得社会效益。很明显,要想达到这些目标,不同目标之间必须权衡,例如,在鼓励投资效率和为投资者提供充分的担保(确保投资者获得一个值得投资的项目)的目标之间必须妥协。同样,在配置效率和使用者获得有政府补助的服务之间也必须妥协。在很大程度上,减轻项目涉及各方的顾虑,保持目标间的合理平衡,是特许合同设计的最终目的。

维州合作伙伴项目(Partnership Victoria)出台的 PPP 指南之一《风险分配与合同事项》[48]指出,维州合作伙伴项目寻求在不牺牲重要的社会价值(包括知情权、参与权和平等使用公共设施的权利)的前提下,与社会参与方共同取得财务和经济效益。所以,投资价值和公共利益的标准是紧密相关的,对于一个项目来说,投资价值和公共利益共同决定了这个项目是否适当,怎样做到适当。维州合作伙伴项目追求的关键特征包括,政府有责任为公众提供核心价值服务,投资价值和优化的合同分配,强调公共利益,更多元化的合作模式(相比从前)。维州合作伙伴采用 PSC(Public Sector Comparator,一种定量化的测算工具)来评价项目的投资价值,公共利益则采用调查的形式进行。

英国财政部出台了《PFI/PPP 标准合同》(第 4 版)[47],该标准合同旨在为 PFI/PPP 合同中的一些关键问题提供指导,以便促进制定平衡各方商业利益的合同,使得政府方达到他们的要求并且取得最大的投资价值。该合同指南的三个基本目标是:(1) 增进人们对在标准的 PFI 项目中所出现的主要风险的了解;(2) 允许一系列类似的项目保持管理和价格制定方法的一致性;(3) 使各方在就一系列问题谈判时,不需加大谈判时间,直接遵循合同中的标准方法达成一致,从而减少谈判的时间和成本。

欧洲委员会(European Commission)出台了《成功的 PPP 项目指南》[51],不同于前面所述的指南,它不是为 PPP 从业者提供一整套操作方法,指导制定当前和未来的 PPP 政策的指南,它旨在为政府方在制定潜在的 PPP 项目策略和整合特许融资时提供指导,识别和应对影响 PPP 项目成功的关键事项,主要是:(1) 保证市场公开和公平竞争;(2) 保护公众利益,力争资金价值最大化;(3) 定义财务上可行并且有持续发展能力的项目的最佳特许融资水平,同时也避免形成从特许合同中获取过多利润的机会;(4) 为项目比选最有效的 PPP 形式。

此外,Crampes 和 Estache 在世界银行政策研究报告《设计基础设施网的特许合同的法规权衡》[52]中认为,自由化交易的过程中,效率不是唯一要考虑的因素。社会和财务的可行性才是解决纯经济问题的第一考虑要素。该报告讨论了当政府采用特许经营的策略解决多目标问题时,如何设计特许合同才能分配和监测基础设施网的服务,以及如何在多目标之间做出权衡。该文在回顾政府针对私营垄断实体时面临的法规制定的多目标性,以及政府和企业间的信息不对称性的基础上,着重讨论了与广义服务相关价格制定的问题,并且着力分析了立法部门对风险的掌握程度。

2.1.3 风险管理

除了投资价值,风险管理历来是国外关于 PPP/BOT 项目关注的重点。有关风险管理的过程的管理方法的讨论不仅见于各个重要的 PPP 项目指南中,并且占据了学术期刊中关于社会资本参与项目的文章的半数。

Kerf 等人在《世界银行基础设施特许合同设计和授予指南》[46]中认为,在特许合同的设计过程中,虽然有成熟的风险分配理论,但在实际操作中,却由于各种各样的原因,很难明确决定各方应承担的风险责任,因此他们推荐了 6 条合同分配原则。

英国财政部在《PFI:加强长期合作伙伴关系》[53]中指出,一个大型 PFI 项目投资计划中内生的风险,如果由最有能力控制的一方来控制的话,该 PFI 项目就会带来很多的效益。政府不以将风险全部转移给社会投资商为终极目的,当风险被转移时,它应为社会投资商带来正确的约束和动机,这样才能通过更加有效的风险管理促进投资效率(Value for Money)。社会投资方承担的风险上限应为项目引发的全部债务及投资商和第三方提供的股票资产。成功的 PFI 项目应着眼于在公共方和私营方之间划分一个优化的风险分担界限,一些由政府方更能控制的风险应由政府方承担,PFI 合同中也应包含减轻这些风险的措施。

维州合作伙伴项目风险管理指南[48]表述,在商业项目类型选择中,风险分析和管理是评价 PPP 方案潜在的投资价值的重要因素。如果决定采用 PPP 类型并且也签订了合同,则风险管理在整个合同期的项目管理中都将持续发挥重要的作用。合同管理指南则强调,有效的合同管理的要求是,必须识别、检测和管理项目生命期内所有风险,从而实现项目目标和投资效率,风险管理必须管理合同生命期中必须管理的风险,合同中必须量化实际的和潜在的风险以及它们的关联损失(或收益),制定管理策略来假设、控制、减轻或消除这些风险或损失。

Hwang 等(2012)[54]通过文献查阅和问卷调查识别出对新加坡 PPP 项目有影响的关键风险因素、积极因素、消极因素和 23 个重要风险因素。其中缺乏政府支持、融资能力弱、完工时间延迟、缺乏 PPP 经验、不稳定的政治体制为最重要的五大风险因素。在此基础上,文章根据承包商的风险偏好讨论了针对新加坡的 PPP 项目最佳风险分配方式。

为了建立 BOT 项目评价模型,用以评价对 BOT 项目可行性影响最显著的决策因素,Salman 等(2007)[55]通过对建筑业业内专家的调查,归纳了 21 个对 BOT 项目可行性有显著影响的风险因素,这些因素被划分为三类,分别为法律/环境风险、融资/商业风险和技术风险,在此基础上,建立了 BOT 项目存活(Viability)模型。该模型采用层次分析法为基础,从可行性的角度,评价了各因素之间的两两关系,进而对整体可行性进行评价,旨在提高决策者的相关决策能力。

Gremsey 和 Lewis(2002)[56]认为 PPP 项目的合同各方对项目的顾虑各不相同。对于政府部门来说,他们担心项目是否有投资价值(Value for Money),对于项目发起人(投资商)来说,因为项目对特许公司的股本收益要求低,主要是依赖项目收益来偿还投资成本及银行和金融公司的融资费用,因而 PPP 项目的风险评价是复杂的,需要从不同角度来分析风险。该文分析了 PPP 项目的原理,从实际工程案例中归纳和提出了评价这类工程风险的评价框架,政府方采用敏感性分析法,而银行和金融公司通常采用下行敏感性分析法,并以苏格兰一个 PPP 水厂的案例例证了该评价框架。

Akintoye A., Taylor C. 和 Fitzgerald E. (1998)[57]提出对于 PFI 项目来说,在批准项目时需要考虑两个重要因素,一是投资价值,另外一个是社会方应承担足够多的风险,基于这一点,作者通过问卷调查,调查了政府方、私营方和金融机构对 PFI 项目相关风险的看法以及这些风险对他们参与 PFI 项目决策的影响。分析结果表明,对 PFI 采购计划的相关各方来说,设计更改,有关功能、履约和产品要求信息水平都是最关键的事项。

2.1.4 使用者的付费意愿

Odeck 和 Brathen(2008)[58]调查了挪威 19 个公路项目与收费有关的交通需求弹性和使用者态度。调查结果发现这些公路平均短期弹性系数为 0.45,而平均长期弹性系数为 0.82。此外,弹性系数似乎随项目类型的不同而不一致,如公路类型、项目所在地等都有影响。使用者对把收费作为基础设施融资的手段通常都持反对意见,不满的程度与收费政策执行前给使用者提供的公路收费目的信息多少紧密相关。

Holguln-Veras, Cetin 和 Xia(2006)[59]分析美国不同地区的各种类型公路的收费定价依据和收费数据,认为美国各地收费定价依据合理,调整程序也公开透明,但为了获取深层次影响收费价格的因素和评价按照车辆类型收费的做法是否恰当和符合经济学原理,他们对收费费率、道路空间和路面破损的大致参数之间的关系作了评价。

为有助于规划和有效引导公共信息,Podgorski 和 Kockelman(2006)[60]对德克萨斯州 2 111 个居民进行了一次电话调查,测算在收费事宜上的公众态度。调查结果发现,有些调查事项达到了很高的一致性。超过 70% 的被调查者同意应首先加强对老路的养护,老路继续免费使用,公路建成后减少收费,收费收入用于同一地区公路的建设,对卡车收取更高的费用,不指定 SOV 费用,在高峰期保持收费费率不变。有些观点在不同地区不一致,如奥斯汀地区的被调查者更支持增加额外的交通支出,但里奥格兰德河谷的居民更不支持增加燃油税和 PPP 项目。调查结果还显示调查设计不同,观点也会有变化。

Hensher 和 Goodwin(2004)[61]指出在估计时间节约价值(VTTS)时,主要都基于这样的观测,即出行者都做好为节约时间付钱的准备。当利用公共资金投资公路时,依此假设计算的时间价值被用来预测行为随速度改变的效果和估计这项节约带来的社会效益,进而计算投资价值。这种假设是不符合实际情况的,因为出行的目的和道路的条件不同,时间价值也不一样。为了纠正这一偏差,应建立与出行目的相关的时间节约价值范围,这个范围应考虑出行时间长度,出行者个人条件,还有将不同出行成本转化为广义的出行价值等。另一个值得注意的问题是时间节约价值随出行者收入和可能面临的其他条件增加而加大。

2.1.5 交通量预测

Xiao,Yang 和 Han(2007)[62]发现因为公路的供给越来越受市场的驱使,出现了许多有趣的事情,例如公路成网状时,私营公司在投资公路和公路收费之间的互相影响的战略性问题,更重要的是,当竞争代替政府规制时,会导致低效率问题。该文研究了在具有平行公路的路网中,出现拥堵现象时,私营公路的收费和通行能力取舍问题。研究发现相对于社会效益高的公路,具有市场垄断性的公路收费高,但公路的通行能力低,交通拥堵的水平不会降低。基于一些通用假设条件,作者发现在市场垄断的公路市场上,私营公司控制的公路的使用率或拥堵水平(以流量-运能比 v/c 表示)与每家私营公司所选择的收费价格和通行能力无关。为了量化高价格和低交通使用率带来的垄断公路的低效率,作者还建立了社会福利上限和下限值。

Yang 和 Meng(2000)[1]认为是否选择修建 BOT 公路,应该考虑不同市场条件下,公路的通行能力,通行价格,公路为投资者、使用者和社会带来的相关利益。对于一个具有弹性需求的公路网,本文提出了数学模型来调查备选公路的可行性,确定其最优的能力和新公路的收费水平。使用者对 BOT 项目的反应,也做了清楚的考虑。

Gwilliam(1999)[63]总结对大多数的交通项目来说,最主要的经济效益是以车辆运营成本节约的形式表现的,其效益大小主要取决于交通量的大小。对于世界银行资助的项目,用来预测交通量的程序随项目不同差异很大。有些项目,如近来巴西的城市项目,当地有完善的数据库和交通量预测模型。但人们越来越关注交通量预测的准确性,这一点对于城市项目尤甚。

Kuranami 等(1999)[4]认为交通预测远不是一门精确的科学,它涉及了大量的不确定数据,结果易受输入数据质量的影响,使得预测错误或不完整。很多因素,如沿线的土地使用和人口增长,公众对公路的接受和使用程度,还有预测模型中使用的不同的经济指数,都会对交通预测量产生内在的影响。因为项目的生存能力(预计的收费收入)和期望的交通量直接相关,收费公路的运营者、特许者、特许经营人、金融家和投资者都必须十分关注这些估计量。很多项目,分析人员使用了参数进行模型的校正,但另一方面,没有评价这些参数在项目所在国家的可转化性。在另一些项目中,特许者使用了支持项目的人员作出的交通量预测,而没有在谈判期间重新对这些数字进行重新检查。造成这些情况的部分原因是技术专家的缺乏和预算的限制,更进一步地反映了制度上的缺陷。

2.1.6 可变合同条件

1) 价格调整条件

BOT 项目的产品/服务价格是 BOT 项目的一个重要合同条件,也是决定各方利益的一个重要因素,因而,历来是合同调整时考虑的重点对象。

AIPCR/PIARC(世界公路协会)(1999)[64]将公路的服务水平和价格调整联系在一起。样本合同中包括 DBFO 特许经营方向使用者提供高质量和安全的服务的合同条款。这些条例,一部分通过在样本合同中设置的监测和修补程序进行,另一部分则通过调整两类服务指标——车辆封闭收费和安全服务付费进行。

世界银行和日本建设部在《亚洲收费公路发展项目》(1999)[4]中提出特许合同必须提供收费费率设置和调整的清晰框架,这个框架覆盖的因素包括运营成本波动、货币贬值和最小贷款服务比率。这些事项在没有设置收入保障和特许经营者承担建设、交通和收费风险的时候尤其重要。收费公路项目的盈利性,特别是在通货膨胀的环境下,将很大程度上依靠收费水平或运营者可获得的收费期增长。不断积累的各国的经验提出了很多设置和调整费率的一般指南。相关的事项包括一般指南和收费调整过程。一份为越南编制的世界银行的报告提出了灵敏的一般性原则,这份报告表明:(1) 只有最小车流量到达 4 000~5 000 辆/天时,收费才是可行的。(2) 收费水平不应导致过多的交通分流,能接受的分流上限一般考虑为在 10%~15%之间。(3) 在一定条件下,如果没有其他的替代交通,收费费率可定得高一些。一旦设置了收费调节,就必须同时设置收费调节过程,否则就会为收费公路的管理者造成困难。

BOUSQUET F. 在为 DERD/WERD(欧洲公路副总裁/西欧公路总裁)(1999)[8]所作的欧洲特许公路项目调查报告中提及,欧洲的特许公路的收费方式有两种,一种是向公路使用者收费(Toll Road),一种是影子费率。采用传统的使用者付费形式的国家如法国、西班牙、奥地利、希腊等,在特许协议中有时会制定最大的收费额,但如果需要的话,特许经营公司有权下调价格,这种情况在葡萄牙和西班牙曾有发生。在法国,合同 5 年为一实施周期,收费也随之调整。事实上,收费无定势可循,我们可以认为收费的总体评定,通常是基于零售价格(烟草除外)的一般升幅。收费通常一年一定,大致升幅在 15%以内。

世界上大多数国家采用的是向公路使用者直接收费。费率的调整方法不尽相同,表 2.1 列出了欧洲和亚洲一些国家公路收费费率调整方法。在欧洲,在有社会资本参与的公路特许合同中,项目公司被认为既要承担一定的风险,又要留有一定的利润,要实现这一目的,很重要的一点是要限制项目公司的年收入。有两种收费方法可以采用,一种是规定项目公司的收费总收入的上限,另一种是规定项目公司的资金回报率的上限(这种方法也用于英国的国营特许公司)。

表 2.1 不同国家/地区 BOT 公路收费费率调整方法

国家/地区	收费费率调整方法
葡萄牙、西班牙等	在特许合同中规定收费公路的最高通行费率,特许公司有下调通行价格的自由
法国	每五年重新审核和制定通行费率一次,费率的调整与总的零售价格(烟草除外)指数的上升相联系,收费可以按年调整,调整幅度应在 15% 的范围内
中国香港特别行政区	如果交通量下降到预先设定的最低量,导致交通收入也随之下滑,则项目公司可将规定的价格上涨的日期提前。反之,如果项目公司的交通收入大于预期,并且投资回报率超过了一定的范围,则费率调整的日期推迟。作为调价机制的一部分,项目公司要建立费率稳定基金,当交通收入大于最大允许值时,多出的收费应存入这一基金,用来缓冲将来可能的费率上涨
意大利	设立与通货膨胀率联动的费率自动调整机制,该机制在评估受通货膨胀所影响的运营和维修费用的基础上决定调价与否
菲律宾	费率调整依调价公式而定,该调价公式考虑了很多经济参数,如当地和国外的现行利率,消费者指数,当地货币与美元的汇率,建筑材料价格指数等,该调价公式由政府担保执行
印度尼西亚	费率每 2~3 年按消费指数进行调整,但政府不保证该调整一定被批准

资料来源:欧洲特许公路项目实践(2001)[8],《亚洲收费公路发展项目》(1999)[4]

以英国为代表的一些国家对 BOT/PPP 公路项目采用影子费率,针对这种费率,英国财政部出台的 PFI 标准合同条件(第四版)给出了通用调整方法,规定影子费率的调整条件为:(1)只有提供了服务,才能获得支付;(2)支付的数量应该和服务的水平相对应;(3)任何情况下,集中支付不能早于与它相对应的规定的支付时间;(4)支付机制中应包含与履约水平相适应的支付调整机制,折扣额应能反映服务降低的程度;(5)支付机制中不应只考虑对投资商修正服务水平进行激励,也应该考虑服务水准降低对政府带来的伤害的严重程度;(6)任何情况下,支付机制中都不能出现与投资商的履约能力无关的、固定不变的支付因素。该方法主要依据项目的服务水平决定价格,进行支付。采用影子价格的 DBFO 公路项目,其特许合同还采用了"交通量梯度"付费法,即政府主要依据记载的交通量水平向特许公司支付费用。以英国为例,交通量被划分为四个"交通量梯度",每一个梯度都对应着一个支付率,如 0~7 千万辆为 9 便士/(辆·公里),7 千万~1 亿辆为 6 便士/(辆·公里),1 亿~1.3 亿辆为 3 便士/(辆·公里),大于 1.3 亿辆为 0 便士/(辆·公里)。通过这种方法,对特许公司的收入做了限制。此外,有的国家除了考虑交通量,也同时考虑交通服务水平,如车道的开放率(或维修占用的时间),或特许公司提高交通安全的措施等,进行付费[8]。

Ashuri 等(2013)[65]基于实物期权理论,提出了最低收益保障下 BOT 高速公路项目的风险中性定价方法。该方法考虑了未来交通量变化的风险,克服了传统经济方法(尤其是 NPV 法)的局限性。模拟结果表明,随着交通量波动的增加,低估未来交通需求增长的风险增加,项目未来收益的不确定性增加,如果政府在项目评估时不予充分考虑,就会因最低收益限制而付费给社会方。该模型为政府确定最低收益率水平提供了参考,社会方可以此权衡政府提供的最低收益支持,考虑是否加入该项目。

Yin 和 Lou(2009)[66]提出了两个有潜在实施可能性的敏感性分析方法,用以决定经营收费车道的价格策略。为了为使用者提供高速流畅的出行服务,同时也为了最大化高速公路的通行能力,该论文提出通行费率应针对交通的实时状况进行动态改变。该文还通过模拟实验,进一步验证了调整结果,并对提出的方法进行了对比分析。

Subprasom 和 Chen(2007)[67]提出了分析 BOT 公路价格和通行能力的模型,来例证如何平衡社会投资方的利益和政府方要求的社会福利。政府方通常建立法规来确保 BOT 项目满足一定的要求。作者分析了 BOT 公路网络设计的 5 种情况:(1) 无规制的 BOT 项目;(2) 有积极绩效测量的 BOT 项目;(3) 最高收费水平的 BOT 项目;(4) 最小道路通行量的 BOT 公路;(5) 收费水平最高和通行量最小的 BOT 项目。该论文采用我国珠江三角洲地区的一个城际高速公路网作为案例,进行了数字模拟,来研究 BOT 项目不同的规制效果。

Sullivan 和 Burris(2006)[68]确定了一种研究可变收费公路的社会成本和效益增加量的方法,并且将其用于位于加利福尼亚州的 SR-91 公路。SR-91 公路没有公共资金的投入,但是肩负缓解交通拥堵的重任。为调节交通量,其收费可随一天的不同时段,一周内的不同天或不同运行方向调节。作者采用该路的历史数据估算社会效益和成本,以及它们的趋势,分析结果表明在分析时段内,SR-91 高速公路的社会效益增长超过了成本增长。该论文的平行论文研究了 Quickride 收费公路,结果发现了同样的效果。但是,这两项项目的社会效益和成本差异很大,具体表现在它们的相对规模和受影响的出行人数。对于 SR-91 项目,千人当中有几十个人受到了按日调节的收费的影响,Quickride 的影响人数在 400 人/天。有意思的是,这两条公路的效益/成本率是近似的,都在 1.5~1.7 之间。

Burris(2003)[69]研究了采用可变费率(一天内分时段调整)的收费公路,不同的价格弹性(相对于交通需求)对交通量的影响。价格弹性的数据是从目前正在运营的两个分时段调整费率的桥梁收集。在决定可能的价格弹性系列时,作者采用了集中收集的交通数据和分散的驾驶员数据。作者采用集中方法将从运营中的大桥收集来的短期价格数据应用到假定的收费公路。同时采用离散选择模型来选择驾驶员根据不同的费率更改他(她)出行时间的意愿,该模型通过调查问卷采集,用以决定非集中的价格弹性率。根据这些模型,以及假设公路上的驾驶员不同的社会经济与通勤特点,就能决定不同的价格弹性对交通流量的影响。分析数据表明,弹性系数在 $-0.076 \sim -0.15$ 之间就会导致出行时间提高 8.8% 到 13.3%。

2) 特许期限

基础设施项目的特许合同期限一般较长,英国、葡萄牙、意大利和荷兰的公路特许合同的期限平均为 30 年,西班牙较长,为 75 年(依 30/12/1996 法),芬兰最短,为 15 年。民间资本参与的特许合同期限会更长。值得注意的是,虽然合同期长有利于项目公司,但也会带来年度付费风险。为寻求一个合理的解决方案,很多国家建议合同内应设置"重新谈判"合同条件,即在特定阶段,安排政府部门和特许部门之间的"重新谈判"[8]。

在很多有收费特许经营的欧洲国家,为了扩充已有的机动道路网,使用了支持或支持-延长的方法。例如在法国,为了使新的混合道路网络取得财物上的平衡,提供支持的方法为延长某一新道路区域内已有特许经营的机动车道全程的特许期。在西班牙,通过延长已有特许道路的特许期的方法,获取新的机动道路的修建,或者抵消通行费率降低带来的损失(偶尔)。根据 30/12/1996 法律,为降低通行费率,最长的特许期已从 50 年延长到了 75 年,通行费率降低到了约 0.4 法郎(FF)/(公里·车)(欧洲平均水平)[8]。

还有一种特许期计算法,曾经在拉丁美洲的公路特许合同中使用过,即"外生特许期限法"。这种方法的做法是,特许合同中不规定特许期长短,其长短依据后验概率法(Posteriori

Profitability)确定。其原理是,政府部门设定通行费率,每个投标公司依照这一费率,按估算收入额报价。公司中标后,向使用者收取通行费用,当收取的费用达到了项目公司在投标文件中报的估算收入额后,特许期终止。智利5号公路的Talca-Chillan延长线采用的就是这种方法,该项目评标条件之一就是投标人所报的合同期限,招标人设定了最小的通行费率,2~3家投标人采用此费率,中标者为合同期限报得最短的公司(Engel, Fischer, and Galetovic,1996a)。这种做法的好处在于特许公司无须承担交通量风险,因为这一风险太难以预测。这种做法也可以鼓励特许公司降低其成本,因为他们没有提高通行费率的权利,要想获取更高的利润,只有降低成本。但是对政府方而言,这种做法使得政府无法提前预知合同终止期限[4]。

Yu等(2013)[70]通过问卷调查的方式研究了BOT隧道项目特许经营期长度的影响因素和相应的潜在影响因素。结果表明,服务水平和通行费率排在前两位,归为内部变量;紧接着是两个外部变量:竞争(替代)项目、外汇风险。

Khanzadi等(2012)[71]提出了一种综合系统动力学(SD)和模糊理论的BOT特许权期限决策方法。他采用系统动力学方法对BOT项目特许期影响因素间的复杂关联结构建模,如NPV值、交通流量、维修成本和运营成本的SD模型。对模型中的不确定因素引入模糊理论,由参与项目的不同专家衡量风险和不确定后得出这些参数的模糊值,最后采用仿真模拟技术得到特许期限。

Zhang(2011)[72]应用项目进度计划工具、财务分析工具和蒙特卡罗模拟法提出了PPP项目特许期限的确定方法,并依据该法设计了基于网络的特许期限分析系统。该系统可提供自动数据输入,并可应用结构化模块计算项目建设成本、建设工期、运营期限和特许期限。

Ng S. T.等(2007)[73]提出了基于蒙特卡罗法的特许期限模拟模型,用以帮助公共方决定优化的特许期限。该文利用假设案例例证了该模拟模型,模拟结果显示,对特许期限有重要影响的风险有通货膨胀率、交通流量和运营成本,在该模拟模型的帮助下,这些风险因素的影响作用也可以考虑到特许期限的长短中。

2.2 国内文献及研究现状

2.2.1 政策指南

2004年,国务院"为了加强对收费公路的管理,规范公路收费行为,维护收费公路的经营管理者和使用者的合法权益,促进公路事业的发展",制定了《收费公路管理条例》,是目前收费公路唯一的国家级的法令[15]。

根据《收费公路管理条例》,我国的收费公路分两种,一种是县级以上地方人民政府交通主管部门利用贷款或者向企业、个人有偿集资建设的公路,简称政府还贷公路,另一种是国内外经济组织投资建设或者依照公路法的规定受让政府还贷公路收费权的公路,简称经营性公路[15]。本书中所指的BOT公路属经营性公路。政府还贷公路和经营型公路都属于向公路使用者直接收费的公路(Toll Road)。

1) 通行费率

上述公路的收费价格,按照《收费公路管理条例》第十五条的规定,政府还贷公路和经营性公路的收费价格都必须由政府部门决定:

"第十五条　车辆通行费的收费标准,应当依照价格法律、行政法规的规定进行听证,并按照下列程序审查批准:

(一)政府还贷公路的收费标准,由省、自治区、直辖市人民政府交通主管部门会同同级价格主管部门、财政部门审核后,报本级人民政府审查批准。

(二)经营性公路的收费标准,由省、自治区、直辖市人民政府交通主管部门会同同级价格主管部门审核后,报本级人民政府审查批准。"

关于上述收费公路的收费调整,第十六条规定,"车辆通行费的收费标准需要调整的,应当依照本条例第十五条规定的程序办理",即也须报政府交通主管部门和价格主管部门审批后,由本级政府审查批准,但该条例没有给出具体的调整政策。

2) 特许期限(收费期限)

对政府还贷公路的调整政策在第十四条做了规定:

"第十四条　收费公路的收费期限,由省、自治区、直辖市人民政府按照下列标准审查批准:

(一)政府还贷公路的收费期限,按照用收费偿还贷款、偿还有偿集资款的原则确定,最长不得超过15年。国家确定的中西部省、自治区、直辖市的政府还贷公路收费期限,最长不得超过20年。

(二)经营性公路的收费期限,按照收回投资并有合理回报的原则确定,最长不得超过25年。国家确定的中西部省、自治区、直辖市的经营性公路收费期限,最长不得超过30年。"

关于收费公路的收费期限调整,依《收费公路管理条例》第三十七条,"政府还贷公路在批准的收费期限届满前已经还清贷款、还清有偿集资款的,必须终止收费"。对经营性公路,则没有收费终止规定,但两种公路"收费公路的收费期限届满,必须终止收费"。

2.2.2　合同管理

国内目前关于BOT项目合同管理的文献主要讨论了BOT特许协议的合同条款设置,探讨了BOT特许协议的合同属性,还有为数较多的文章讨论了BOT合同的法律问题。

张水波等(2011)[74]分析了PPP合同网络的关系链以及各个合同之间的相互作用,并以国际PPP电力项目为例进行了具体分析。

Yuan等(2010)[75]认为,PPP项目应该追求效率,为了达到这一要求,人们越来越关注PPP项目的绩效表现。为了实施全面有效的绩效管理,该论文基于利益相关者的角度,提出了15条PPP项目绩效指标,然后采用问卷调查的形式,调查PPP四类利益相关者,政府方、投资商、使用者和研究群体对15项绩效指标的看法,在采用模糊熵和模糊TOPSIS对调查结果进行分析之后,发现15条绩效都很重要,对于PPP项目来说,由于利益相关者的利益偏好不同,全面考虑各利益相关者的利益目标和合理量化绩效指标是影响PPP项目效率的两个关键事项。

Li(2007)[76]指出 BOT 项目具有投资大、合同期长的特点,合同期内,面临很多风险因素,使得政府和投资商对参与 BOT 项目心存顾虑。该论文主张,为了应对这些风险,应在 BOT 特许合同中设置可变条款。该论文在分析失败 BOT 项目案例的基础上,根据合同设计原则,提出应将特许期限、产品/服务价格和竞争条件设置为可变条件,以达到快速应对风险的目的。

路晶晶和成虎(2007)[77]认为 BOT 项目的特许权协议是整个项目合同结构中的核心,特许权协议的内容反映了政府对特许项目授权内容的基本原则和立场,项目的其他合同都是在遵循特许权协议确定原则的基础上派生的,是对特许权协议具体条款的细化。基于这一基调,该文讨论了特许权期限、项目扩建与改建、项目的移交和不可抗力等问题,提出各个问题的制定原则。

赵国富等人(2007)[78]在分析我国企业在南亚某国进行 BOT 项目面临主要风险的基础上,按照风险分配和管理框架对特许权协议的关键条款进行了仔细的设计和详尽的分析,并分别列出了最低的、可退让的和应争取的要求,最后对各条款的不同情况进行组合并提出了选择的模型。

邓小鹏等人(2007)[79]从合约精神及行政法学的角度对 PPP 合同的合同性和行政性进行了研究和探讨,并以台湾 BOT 项目、深圳梧桐山、香港东区海底隧道为例进行了剖析,探讨了 PPP 合同应该遵循的原则,分别是行政优益权适度原则、比例原则、信赖利益原则和行政救济原则,并提出了相应的操作措施。

毛青松(2007)[80]从协议固有的属性出发,分析了 BOT 特许协议既具有民商事合同的特征,同时又具有行政合同的特征,所以将其界定为一种具有综合属性的混合合同。作者认为这样的界定对于准确把握 BOT 特许协议的内涵、有效解决协议纠纷及促进 BOT 项目的建设都具有重要的意义。

赵立力、谭德庆、黄庆(2006)[81]在委托-代理理论框架下,建立了 BOT 项目中政府和项目公司双方的传统收益模型。对该模型的分析表明,代理人(项目公司)在特许权期内运营项目时不会选择对委托人(政府)最有利的行动,原因是在传统的收益模型中委托人向代理人支付报酬的合同不满足参与约束。对原收益模型进行帕累托改进后,使参与约束得到满足,进而在代理人的收益不受影响的同时,使代理人选择能增加委托人收益的行动。

2.2.3 风险管理

亓霞等(2009)[82]通过对中国 PPP 项目失败或出现问题案例的汇总分析,从中找出导致这些项目失败或出现问题的主要风险因素,对其产生原因和内在规律进行深入分析。Li(2007)[83]从全寿命期的角度分析和评价了 PPP 工程的风险,主张 PPP 项目风险可划分为七个阶段的风险,包括可研阶段、招标阶段、融资阶段、设计阶段、施工阶段、运营阶段和移交阶段的风险。宋宏镇(2007)[84]对路桥项目建造、运营、移交全过程进行风险分析,以期利于投资人对项目进行风险控制管理。欧显涛等人(2004)[85]通过对一个具体的 BOT 项目的经济和风险分析,从多方面阐述了开发商在 BOT 项目的投资、建设和运营阶段可能会遇到大风险,并从合同、保险和融资三方面提出了相应的转移风险的方法和手段。王辉和何伯森(1999)[86]主要从项目公司的角度来讨论在 BOT 项目中的风险问题,为了便于风险的控制和管理,该文把 BOT 项目的风险分为可控制和不可控制两类,然后分别对它们进行分析、评价和分配。可控制风险主要包括完工风险、生产风险、技术风险和部分市场风险。不可控制风险主要包括金融风险、政治风险和不可抗力风险。

Li 和 Zou(2011)[87]提出采用 Fuzzy AHP 评价 PPP 项目的风险,AHP 可对 PPP 风险进行全面和系统评价,但评价结果易受专家的主观影响。为提高评价准确性,该文引入了三角模糊数来模拟人脑的模糊判断特性,对风险因素经过模糊评价后,引入专家的经验系数和风险态度系数对模糊判断结果进行解模糊,以方便风险间的比较。富宁(2006)[88]运用贝叶斯推断理论对交通量预测的风险进行评价,并采用将 Fuzzy(模糊)集合论与 AHP(层次分析法)结合的模糊综合评判法对我国高速公路建设采取 BOT 融资方式的市场风险、经济风险、财务风险、政治风险及综合风险进行了评价。戴大双等人(2005)[89]在项目风险综合评价法的基础上,将 BOT 项目的需求风险、原材料供应风险、利率风险、汇率风险、通货膨胀风险进行量化,并将这种量化方法应用于大连某污水处理厂的 BOT 项目中。马力和常相全(2001)[90]分析 BOT 项目的风险来源及构成,建立 BOT 项目风险评价指标体系,给出基于模糊综合评判的 BOT 项目风险评价模型。

柯永建等人(2008)[91]通过分析英法海峡隧道项目的风险分担发现,项目公司破产的主要原因在于过多承担了无法控制的风险,如成本超支风险、项目唯一性风险等。分析还表明,对于基础设施 PPP 项目而言,风险应该由对该风险最有控制力的一方承担,即政府应承担公共政策、法律变更等风险,项目公司应承担项目融资、建设、采购、经营和维护等风险(项目公司应再将相关风险分别转移给投资商、供应商、运营商或银行等)。

刘新平和王守清(2006)[92]分析了影响 PPP 项目风险分配的因素,提出进行风险分配时,不仅应该遵从对风险最有控制力的一方承担相应的风险的原则,还应该遵从承担的风险程度与所得回报相匹配和承担的风险要有上限的原则,为保证公共部门和私人部门权利和义务的平衡,在合同中还应该设置调整条款。当出现对项目有利的变化时,要进行对称性风险分配。

刘先涛等人(2006)[93]试图建立一种以风险期望收益最大化为出发点,以风险分担合理、科学化为效率标准的新型项目风险分担模式,为 BOT 项目风险分担提供一条新的思路,促使 BOT 项目的顺利实施。孙淑云等(2006)[94]通过实证研究方法,得到了高速公路 BOT 项目特许定价中关键风险的分担格局。

陈国容(2005)[95]从项目公司的角度出发,通过分析项目公司和政府签订的广西岑溪至梧州高速公路 BOT 合同中主要的风险性合同条款,讨论如何通过设立 BOT 合同条款这一手段认识、管理项目风险。结论认为,项目公司不可能通过设立相应的 BOT 合同条款去规避或减免风险造成的损失和影响,实际上也不会为甲方(政府)所接受。比较合理的认识应是:正确评估内外环境,科学识别项目风险,对于系统外风险或者影响很大的系统风险,应争取政府的理解和同情,通过如上方式进行风险防范;这样也符合"风险分担和能力大小相适应"的风险分配原则。

2.2.4 使用者利益

国内以往的文献没有直接讨论使用者利益的文献,一些文献对社会效益进行了讨论。

孙慧等(2011)[96]应用了博弈论分析方法,研究了公路建设中的排他性条件和出行者的不同时间价值对道路定价和社会效益的影响问题,研究表明,私营财团在追求自身收益最大化目标下的收费价格决策,能带来正的社会效益,但是,理论分析的结果证实排他性条件会随着高收入类出行者数量的不同而对私营财团收费价格以及社会效益产生不同影响。

赵国富和王守清(2007)[97]在详尽汇总已有文献的指标体系的基础上,结合 BOT/PPP 项目的特点,建立了一套适合 BOT/PPP 项目社会效益评价的指标体系,共有一级指标 4 个、二级指标 20 个,以方便评价人员依据项目的特点选择指标体系进行社会效益评价。

杨宏伟等(2003)[98]采用博弈论的思想和方法,研究了私营财团在 BOT 模式下建造并经营收费道路的收益和社会效益问题,该文讨论了在 BOT 模式下政府如何控制收费道路的建设和经营,认为收费道路既为私营财团带来收益,又可以创造社会效益。

2.2.5 公路项目 BOT 合同主要合同条件

国内关于 BOT 公路项目特许协议的关键条款的研究,主要集中在通行费率和特许期限的制定。

1) 通行费率

杨卫华(2007)[99]以高速公路项目为研究对象,围绕特许定价,提出三个需要解决的关键问题,包括影响特许定价的关键风险识别问题,关键风险分担程度的确定问题,基础特许价格的确定和价格调整方法的设计问题。

杨宏伟等人(2003)[100]研究在两地之间已有一条免费道路的情况下,私营财团在 BOT 模式下再建造一条平行的收费道路,从而进行选择道路收费价格和道路建设投资的决策问题。通过对交通 BOT 项目中私营财团和出行者之间的博弈分析,该文建立了道路收费价格的决策模型和道路建设投资的决策模型,对博弈的纳什均衡解的性质进行了讨论。

杨兆升等人(2003)[101]以长平高速公路为例,分析了收费标准的影响因素,根据收费标准和交通量的关系,提出了建立科学收费标准应满足的三个条件:① 在不超过高速公路通行能力的前提下,尽量吸收更多的车辆使用高速公路,满足社会效益最大化;② 在收费还贷期间内,支付各种税金和贷款本息后,通行费收入能保证养护费、管理费和大修费支出;③ 充分考虑道路使用者的经济承受力,保证道路使用者交纳通行费后,仍有一定的经济效益。

袁剑波和张起森(2001)[102]从收费公路的交通需求分析出发,通过科学假定,建立了收费公路的交通需求函数。在此基础上研究并提出了一系列制定公路收费标准的基本方法和不同车型收费比例的确定方法。论述了收费标准制定的基本原则,并对提出的收费标准进行了经济比较。

2) 特许期限

刘伟等(2012)[103]以交通 BOT 项目为研究对象,以政府和社会投资者双方各自的项目价值最大化为决策目标,运用实物期权和最优停时理论构建了收益不确定下的特许期决策模型,并求解出 BOT 项目特许期的可行区间;运用期权博弈理论构建了完全信息动态博弈模型,并求解出模型的 Stackelberg 均衡解。

王东波等(2011)[104]以交通 BOT 项目为研究对象,以实现政府社会消费者总剩余最大化与项目公司收益净现值最大化为决策目标,构建了完全信息动态博弈模型,从价格弹性视角分析了交通量需求变动对特许期决策的影响。最后,通过算例对特许期决策模型和均衡解的性质进行了验证。

吴孝灵等(2011)[105]考虑政府根据 BOT 项目的建设成本大小规划项目的有效运营期并将其一部分作为特许权期转让给项目公司,建立了项目公司投资和政府特许权期的博弈模型,并运用 Stackelberg 博弈方法分析了各自的最优策略问题,从而获得了 BOT 项目投资与特许权期最优决策模型。

秦旋(2005)[106]针对以往文献计算 BOT 项目特许期限时,计算模型中贴现率取值仅考虑银行贷款利率和通货膨胀率两方面的影响因素而存在的缺陷,提出了基于 CAPM 资本资产定价模型的 BOT 项目特许期的改进计算模型。

杨宏伟等(2003)[107]根据博弈论的理论和方法,以特许权期作为政府的决策变量,建立了政府和项目公司之间的博弈模型,分析了政府和项目公司的最优战略问题,从而得到了特许权期的最优决策模型。

李启明和申立银(2000)[108]从建立 BOT 项目实施的里程碑阶段及它们的时间关系,分析了确定特许权期的若干原则和作用及其影响因素,并建立了确定特许权期的数量决策模型。

2.2.6 可变合同条件

1) 可变通行费率

Xu Y. L. 等(2011)[109]提出了基于系统动力学原理,依据 PPP 公路项目可行性研究阶段预计收益计划 PPP 公路项目特许价格的定价模型。该模型主要考虑了 PPP 公路项目的财务风险,并利用公路项目的系统动力学模型对这些风险的影响进行了综合考虑,以此为基础,制定 PPP 公路项目的特许价格。为了克服项目运营过程中,风险因素对特许价格的影响,该论文又提议采用案例推理(Case-base Reasoning)方法对特许价格进行调整。

李启明等人(2010)[110]通过建立调价机制,寻求实现政府、私营企业、公众三方满意的总目标下的利益平衡机制。该论文通过对识别出的 15 个 PPP 项目的关键目标进行问卷调查,得到了基于三方满意度的影响权重;运用专家评分法,得出了关键项目目标的量化评价,构建了关键项目目标评价体系;采用系统动力学研究了关键项目目标之间的关系,找出了关键目标体系的内生反馈机制;结合三方满意度评价体系和内生反馈机制,设计了公私合营 PPP 项目的调价机制。

Li 等人(2009)[111]在分析世界各国公路项目 BOT 特许合同可变条件的基础上,指出在特许合同中设置可变收费费率,可在合同执行过程中,平衡 BOT 公路参与各方的利益。该论文指出可变费率的影响因素,不仅应考虑保护投资商利益的经济因素,也应该考虑代表使用者利益的公路服务指标。

李平(2008)[112]指出我国亟须建立公路收费标准调整机制。公路收费标准直接影响使用者和投资者之间的利益分配,其调整应充分考虑收费公路的各利益相关主体和国家产业发展政策的需要,并从公路收费标准调整的必要性及意义、调整的主体、调整的依据、调整时机、调整幅度、调整实施几个方面介绍了调整机制的内容。

尹建坤等人(2008)[113]认为依据国家有关法律法规并结合各高速公路的实际情况,高速公路的收费标准和计费方式不太相同,通过价格听证会,政府、高速公路、司乘人员等各方进行博弈,应能最终确定一个各方都能接受的价格。但价格听证制度也存在很多缺陷,如会前准备时间不足,听证会各方的信息不对称,听证会结果不公开,配套法规不健全,普法宣传力度不够等,作者据此提出了完善高速公路收费价格听证制度的对策。

任英伟(2006)[114]研究了通过可变收费合理地调控高速公路交通量,特别是载货车交通量在时间段上的分布。所谓可变收费即是在不同的时间段上(包括周一至周日之间及全天0点至24点之间)采用不同的收费标准,如在高峰时段采用较高的收费标准,而在低峰时段采用较低的收费标准,使得一部分原高峰时段的交通量通过经济及管理手段可分流到低峰时段,达到交通量分布的相对合理。该论文主要在总结可变收费(拥挤收费)理论基础上,采用逆向分析的方法确定可变收费方案:即首先设定可变收费机理,研究收费标准调整幅度同出行者选择的关系,进行交通流影响分析,然后再优化可变收费方案。

赵立力等人(2006)[115]认为基础设施BOT项目普遍都有较长的特许权期,项目的外部经济环境在这一过程中必将发生各种各样的变化,而项目公司一般都没有自主的价格调整权力以适应这种变化。该文通过设计一个限制性的价格调整机制来解决这一矛盾,这一机制允许项目公司在政府限定的次数和幅度内进行价格调整,目的是增强项目公司对经济环境变化的适应能力和投资BOT项目的积极性,同时政府也能限制价格调整对国民经济运行的影响。

徐瑷瑷和李铁柱(2004)[116]认为收费标准应是一个可以变化但相对稳定的量值。我们应对可能影响收费的主要经济技术指标以及存在的一些问题,如交通量、车型比例、道路经济效益等进行跟踪调查研究,并及时采取相应的调整政策和措施,从而真正做到"动态"调整。该文讨论了收费标准的调整时机,同时就交通量、收费系数、资金来源等因素进行详细分析和说明,并概括阐述了具体实施时的有关事宜。

曹植英(2004)[117]采用案例,运用经济学的价格弹性理论来分析、判断一次实际发生的价格调整的效率性,结果表明,案例中的A路段是价格弹性的,涨价会引起总收入的减少,但实际情况并非如此,从二类车历次升价来看,每次升价后的实际收入都仍然高于升价以前,这说明二类车车流量的自然增长率较高,它足以掩盖由于涨价引起的车流量降低。这种情况易使A路段的决策者认为对二类车调高价格不会引起车流量和收入在绝对值上的下降,但实际上车流量和总收入的增长率已经下降了。

裴玉龙和高月娥(2003)[118]对高等级公路收费费率分析中的几个问题,如收费弹性、弹性价格类型,以及影响收费公路收费弹性的因素等方面进行探讨,提出了使用收费弹性价格来进一步确定收费费率的方法,并用实例表明该方法是可行的。对于收费价格弹性的研究,拟在对影响收费价格弹性的相关因素进行总结分析基础上,对收费费率和交通量变化进行了相关性分析,并通过实例分析确定费率的调整幅度。

2) 特许期限

简迎辉等(2014)[119]针对BOT项目建设投资与工期的相关性,引入乔列斯基因子分解法,对原本相互独立的随机变量进行相关关系转换。基于项目投资者的角度,利用Monte Carlo模拟、建立工期—投资相关的BOT项目特许期决策模型,通过对工期、投资和特许期内NPV的模拟,确定较为合理的特许期区间。

宋金波等(2013)[120]通过对多个国外典型项目案例的研究,对比分析了公共基础设施BOT项目弹性特许期决策模式选择的现状,提出单一收益约束模式、多重收益约束模式和中间谈判模式三种弹性特许期决策模式,并从决策依据、特许期长度、激励约束作用、监管难度和风险分担能力五个方面对特许期决策模式加以对比分析。研究结果表明,在三种弹性特许期决策模式中,多重收益约束模式的激励约束作用和风险分担能力最强,采用弹性特许期决策模式有利于实现项目干系人的风险分担与社会公平。

2.3 文献总结

2.3.1 国外文献总结

1) 合同制定方面

各个国际机构和各国政府大多已出台了比较完善的 BOT/PPP/PFI 政策指南,对 PPP 项目从风险到合同设计和管理,以及实践都有详细的指导手册。都强调投资价值和社会效益并重的目标,合同制定时,要平衡各方面的利益,有的合同文本还强调,合同中应该提倡标准化方法,以减少谈判的时间和成本。

这些指南的共同点在于,只提原则,不提方法,方法应根据项目的不同特点而定。

2) 风险管理

风险管理是 BOT/PPP/PFI 项目管理的重点,也是学术界讨论最多的话题。总结各 PPP 项目管理的风险管理指南传递出的有关风险管理信息:(1) 风险管理应考虑合同生命期中所有的风险;(2) 政府不应以将风险全部转移给社会投资商为终极目的,当风险被转移时,它应为社会投资商带来正确的约束和动机,这样才能通过更加有效的风险管理促进投资效率;(3) 由于各个项目情况不同,很难明确决定各方应承担的风险责任,因此风险分配既要遵循风险分配原则,又要根据各国的法律环境、政府的控制能力和项目条件而定。

学术界的文章多集中在风险的识别、分析和分配。风险类别有的根据风险源,有的则根据项目阶段进行划分,风险识别多采用列清单法+问卷调查法或列清单法+案例法进行识别,极少数还配合以访谈进行风险调查。关于风险评价,大多数采用五级打分制法进行评价,有些财务风险则采用敏感性分析和蒙特卡罗法进行评价,也有的采用层次分析或模糊层次风险法进行评价,也有的风险不进行评价直接分配。

尽管风险管理的文献有很多,但这些文献都集中在项目全过程的风险管理上,管理的角度,大多是从投资商的角度,识别的主要是政治、经济、不可抗力等风险。对于 BOT 项目的另一个重要利益相关方,使用者的风险,如公路使用者的态度、公路服务水平等使用质量风险,几乎没有学术文章提及。

3) 使用者支付意愿

国外的文献注意到了公路使用者的支付意愿对 BOT 公路运营的影响,在进行公路使用者支付意愿的调查的基础上,提出了收费价格与交通服务关系是否合理的问题,还有文献关注影响出行者的时间价值的计算,主张时间价值不仅要依靠出行者的支付意愿,还要考虑行程的目的和出行人的情况。目前的文献认识到了交通量对 BOT 公路运营的重要性,但认为目前交通量预测普遍不准的情况存在,有文献意识到交通量受多种因素,如土地、人口增长、公众态度和经济指数的影响,但在计算交通量的时候,主要还是依据价格弹性对交通量的影响,没有考虑这些因素的影响。

4) 关于可变合同条件

所有的特许合同设计指南或分析报告都主张调整。可变合同条件大多数与交通收入和价格相关。大多数的国家都主张限制投资商的交通收入上限,价格调整时应考虑到这一因素。欧洲的收费公路由于有两种形式的收费方式,向使用者直接收费和影子费率,价格的调整因素也有所区别。向使用者收费的价格的调整,调整依据主要是一些经济因素,包括通常的价格水平(如通货膨胀)、汇率、最小贷款服务比率等,旨在保护投资者的经济利益;采用影子费率的国家将公路的服务水平和价格调整联系在一起,样本合同中包括 DBFO 特许经营方向使用者提供高质量和安全的服务的合同条款,并且包含监控方法,旨在提高服务水平,增加社会效益和保护使用者的利益,有的费率调整随交通量变化,交通量越大,政府的单车费率越低,目的是调整投资商/特许公司的收入上限。

特许期限的调整,目前的趋势是当交通收入不足的时候,通常通过延长特许期限的做法来弥补投资商的收入不足。为控制交通收入上限,虽然有设立可变特许期限的提议,但实践中鲜有应用。近年来的文献除了关注通行费率对特许期限的影响,也开始关注服务水平对特许期限的影响。有的文献对影响特许期限的变量做模糊分析,利用系统动力学方法对特许期限做模拟计算。

虽然所有的特许合同指南都主张既要保护投资者的利益,又要保护公众和社会效益,但从合同条件的设置来看,实际合同设计和实践并没有反映这一点,合同调整时还是偏向保护投资者的利益,这表现在向公路使用者收费公路特许合同条件中,都只调整收费价格和特许期限,都是以保证投资者的投资收益率为标准,对于公路使用者的利益(如服务水平),虽有提及,但还没有作为调整关键合同条件的调整因素。采用影子费率的特许合同条件,因为是政府付费,服务水平才与价格相联系,但此类项目的可变合同条件没有提及随通货膨胀率或利率等条件下的价格调整。

2.3.2 国内文献总结

(1) 国内关于 PPP/BOT 项目的政策和法令很少,与 BOT 公路项目直接相关的一个为国务院第 417 号令《收费公路管理条例》,另一个就是 2003 年原建设部出台的"非公经济 23 条"及各省政府相应出台的"促进非公经济发展"的政策。但至今还没有出台 PPP/BOT 项目指南或政策法规。因缺少合同设计指南之类政策性的文件,目前还没有文献讨论特许合同的设计目标。

(2) 关于 BOT 项目的合同讨论多集中在特许合同条件制定原则的讨论,有的文献关注了 PPP 项目各利益相关者的利益,并将此与 PPP 项目的绩效考核相联系,出于对利益相关者利益的保护,作者已发表的文献讨论了 BOT 特许合同的可变条件,提议通过可变合同条件保护利益相关者的利益,其他文献有的讨论了合同条件的协调调整的问题,有的讨论特许合同的性质和合同与法律的关系。总的来说,学者们对 BOT/PPP/PFI 项目的合同较为关注,并认为合同条件应该进行调整,但关注点过于分散,缺乏系统性,难以对特许合同的设计起到实际的指导作用。

直到2014年,国家发改委才出台了《政府和社会资本合作项目通用合同指南》[121],该指南针对不同模式的此类合作项目的投融资、建设、运营、履约保证等方面,提出合同编制的注意事项及有关要求。

(3) 有关PPP/BOT风险管理的文献十分丰富,内容大多集中在风险的识别、风险的评价和风险的分担机制等方面,缺点是风险管理的讨论似乎还都停留在理论探讨层面,有关风险管理实践的做法和评价的文献缺乏。

(4) 使用者利益。国内文献对使用者利益没有专门的讨论,已有的文献大多讨论的是社会效益,且社会效益中也较少包括直接和使用者利益相关的指标。

(5) 关于高速公路的通行费率和特许期限,大多数的文献主张通行费率应依价格和交通量之间的关系而定,有部分文献提出从风险合理分担的角度确定,也有文献主张通过政府和投资者之间的博弈而定。但价格的制定基本上还是从投资者的经济利益考虑,没有发现文献讨论价格也应参考价格以外的因素,如使用者的支付意愿、外部效应(健康、环境等)等因素而确定;早期的文献中,特许期限的制定主要考虑从收回投资的角度考虑,仍然考虑的是投资者的利益,近期的文献中,考虑到了投资者和政府双方的利益,有些文献也开始考虑消费者(使用者)的利益,但对于利益的定义都很模糊,且多采用博弈方法维持双方利益平衡。

(6) 可变合同条件。价格的调整机制,目前通用的做法是由省、自治区、直辖市人民政府交通主管部门会同同级价格主管部门审核后,报本级人民政府审查批准。学术界提出的价格调整机制大部分都主张价格调整应依据交通量或价格弹性(价格的变化对交通量的影响率)而进行调节,即通过价格来调整交通量,但主要是从吸引交通量、提高经济效益的角度来调整价格。也有文献讨论了价格调整的途径,如价格听证,可看作是部分考虑了使用者的支付意愿,但鉴于目前价格听证之中的困难,实际上很难真正考虑使用者的支付意愿风险,也有文献提议应在政府控制下,给予项目公司自主调价的自由。在价格调整方法上,部分文献提出了采用系统动力学方法进行价格调整,早期的调整方法主要依据价格弹性定律,依交通量对价格进行调整。

对于特许期限的调整,有些文献考虑投资和特许期限之间的相关关系,采用蒙特卡罗模拟法给定特许期限合理空间,有的文献考虑不仅考虑投资,同时也考虑风险分担的合理性进行特许期限的调整。

2.3.3 国内外研究不足之处归纳

在合同调整条件中,主要存在几个问题:

(1) 价格调整条款过于考虑投资商的利益

从国外文献来看,国外BOT/PPP/PFI项目有比较完善的政策和操作指南,因此合同设计的总体目标明确,即既要保证投资者的经济利益,也要保护社会效益和使用者的利益。这些合同目标应体现在风险分担机制和可变合同条件的调整原则上,即在合同制定的过程中,既应考虑影响投资者收益的经济因素,也应考虑公路的服务水平的波动。

但从实践中看,这一调整目标还没有在合同条件中实现。对于直接向使用者收费的BOT公路项目来说,调整条件还是重在保护投资商的利益;而在影子费率的公路中,调整主要以服务水平和服务数量为主,强调的是付费方,即政府方的权利。这与各 BOT/PPP/PFI 政策和操作指南所提倡的要同时考虑各方利益的目标,仍然是有较大差距的。在 BOT 公路项目现在的实际运营过程中,无论哪种收费类型,各方的利益目标都是存在的,都需要兼顾,要做到这一点,各方利益都应在合同条款中体现出来。

(2) 调整条件过于片面

国内外的文献表明,研究者都十分关注 BOT/PPP/PFI 项目的风险管理。针对这些项目的风险识别和评价的文献很多,但这些风险大多从投资商的角度出发,普遍缺乏对使用者风险的识别、分析和管理。

对于识别出的风险,大多与合同调整条件脱节,即合同条件的调整过程中,考虑到的风险因素有限,没有真正起到通过合同管理降低风险影响的作用。调整或者只考虑通货膨胀率、利率等少数几个风险因素,或者只是从价格弹性的角度出发,单纯考虑交通量对价格风险,而在 BOT 公路实际运营过程中,风险因素通常会交叉出现。

(3) 缺乏对风险因素的系统考虑和调整

很多研究文章都考虑了与交通量有关的风险因素,如价格弹性、使用者的付费意愿、时间价值等,并对这些风险与交通量的关系做了探讨,但在合同调整条件设计上,大多围绕少量几个单风险因素(且多为经济风险)进行调整,没有体现这些风险与交通量风险之间的相互影响关系,调整方法缺乏系统性,所做的调整难以有效减轻实际风险对项目各方所造成的负面影响;有的文献只提出了定性调整原则,而无实际调整方法,调整方法缺乏可执行性。

3 研究的理论基础

本章导读:本章阐述了本书研究的理论基础。现代工程项目具有高度动态的特点。传统的合同文本重视合同语言在法律上的严谨性和严密性,合同制定的首要目的立足于解决争执,具有很大的刚性。但在实际工程项目管理过程中,由于不能适应工程项目的高度动态变化,引发了新的合同纠纷。柔性管理强调以顾客需求为导向,加快产品或服务的快速适应能力,可以达到生产者和顾客的双赢结果。为了使合同能更贴近工程实践,更高效地解决工程项目管理问题,将柔性管理引入合同管理就成为目前合同管理的发展新动向。本章根据柔性管理的概念,结合现代工程的动态特点,提出了柔性合同管理的定义和内容。然后,基于柔性合同管理的定义,提出了公路项目BOT合同可变合同条件的调整模型,包括三部分内容:一为体现柔性的公路项目BOT可变合同条件的设计原则,即依据BOT公路项目的半商业性半公益性特点,提出可变合同必须体现效率、公平及利益相关者满意三个原则;二为柔性的风险管理策略,即主张应通过风险的柔性评价和柔性分配原则来体现风险管理的柔性;三为系统的合同条件调整机制,即基于柔性交通分配模型和系统动力学原理建立BOT公路项目模拟运营系统,通过不同合同调整策略的运营模拟,确定最终的合同调整条件。

3.1 柔性合同管理

3.1.1 柔性和柔性管理

柔性(Flexibility)的概念最早产生于制造业。由于顾客对产品的期望越来越高,导致制造业越来越多地需要面对产品多样、产品周期减少、定制产品的研发期缩短、需求难以预测、成本降低等问题,这些问题要求制造过程更加灵活,对变化反应更敏捷[122]。与制造业相关的文献普遍认为,柔性是制造系统快速、经济地应对变化的能力[40-42]。Schirn等(1999)[123]在总结了以往文献的基础上,概括了文献中有关柔性的四个共同看法:

(1)柔性是应对变化和不确定性的能力。

(2)这种变化和不确定性的来源可能是可以预测的,或是不可预测的,可能是内部因素,或是外部因素引起的。

(3)这种应对的能力或柔性,包括两个维度:范围和反应速度或静态和动态因素(Range and speed of response, or static and dynamic elements)。

(4)柔性应该发生在一定的时间界限内,分为战略、策略和可实施的计划三个层面。

柔性管理,指在市场机会不断变化、竞争环境难以预测的情况下,通过快速反应,不断重组人力和技术资源等应对方法,获得竞争优势和利润的管理模式[37]。柔性管理诞生以来,在生产管理、信息管理、人力资源管理等方面取得了长足的发展。章勇武(2006)[37]在总结柔性管理与传统管理模式的不同后指出,除了具备动态性和灵活性的特点,柔性管理还具有以下特点:

(1) 主动性:建立自我调整和不断自我完善的机制,这是柔性管理模式必须具备的功能。

(2) 系统性:柔性管理系统中的每一个组织单元之间相互配合与衔接,形成一个有机的整体,从而使企业运作更协调。

(3) 高效性:这是以上几种功能的综合体现。企业实施柔性管理能够整合企业资源,加快信息沟通的速度,提高决策的有效性和效率,尽可能地降低环境变化的风险。

3.1.2 工程项目柔性合同管理

1) 现代工程的动态特点

(1) 大型、特大型、复杂、高科技的工程项目越来越多,投资大、周期长已成为这些工程的普遍特征。伴随而来的是,工程的不确定因素增多,工程项目各种系统界面(如工程的设计、施工、供应和运营的界面,各专业工程的界面、组织界面、合同界面等)处理的难度加大,给项目目标的实现带来了很大的难度。如英法海底隧道原计划投资 48 亿英镑,但因为融资、运营等多种问题出现而追加造价,使得最终造价约为 105 亿英镑[124]。奥运鸟巢项目开工不久,就因为设计变更(取消活动屋顶、钢结构瘦身等)而停工,停工时间长达半年之久,工程造价也从 22 亿元人民币增加到了 31.5 亿元[125]。

(2) 业主对工程要求的变化。由于市场竞争激烈和技术更新速度加快,业主面临着迅速投产,实现投资目的的巨大压力,要求工程项目的工期更短,质量更高,同时希望对费用的追加进行有效的控制,业主对工程项目的投资承担责任,必须对工程进行从决策到运营的全寿命期的管理,但业主不希望介入工程建设过深,希望简化建筑产品购买的程序,希望更大限度地发挥承包商的积极性,承担更大的风险责任[126]。

(3) 环境变化频繁。一方面,现代工程项目建设、运营中所需要的产品市场、资金、原材料、技术(专利)、厂房(包括土地)、劳动力、承包商等项目要素常常都来自不同的国家和地区,国际市场的波动和各国政治局势的变化都增加了工程建设环境的不确定性。另一方面,工程建设的自然环境复杂,如南京地铁 2 号线在修建工程中,就遭遇到了多方面的困难,首先是地质条件复杂,要面对软土地基、岩石地基,还有下部岩石上部浅层软土的混合地基等多种复杂地质情况;其次是因为避让文物遗迹,施工工程中多处遭遇路线变更,还有地下管线交错且情况不明,闹市区的交通疏导困难等[35];青藏铁路的建设和运营不仅面临自然环境中冻土条件下的施工和运营问题,生态环境保护上还涉及高原植被保护和恢复,藏羚羊的迁徙道路保护等问题[34]。

(4) 新的融资方式、承发包方式、管理模式不断出现。许多大型公共工程项目采用多元化的投资形式,多种渠道融资,如 PPP、PFI、BOT 等。这些项目的业主要求在早期就能够确定总投资和工程交付的时间,但这些项目合同期长,通常达 20~30 年,不确定因素加大。

(5) 参与者众多。现代工程参与者众多,利益相关者不仅包括业主和承包商,还有政府组织、社会团体、金融机构、科研机构、工程管理公司、材料和设备供应商、用户等。例如三峡工程在施工高峰期有上万人同时在工程上工作,他们之间的沟通问题十分突出,为项目增加了不确定因素。此外,各利益相关者的利益平衡问题突出,如悉尼穿城隧道项目,2005年开通,因为使用者的反对,2007年即宣告破产而被拍卖[127]。

2) 工程项目合同管理的发展历程

工程合同管理是对工程项目中相关合同的策划、签订、履行、变更、索赔和争议解决的管理,是工程项目管理的重要组成部分[126]。成虎(2005)[126]认为,合同的发展历程为:

(1) 早期的工程比较简单,合同关系不复杂,所以合同条款也很简单,合同的作用主要体现在法律方面,人们较多关注合同条件在法律方面的严谨性和严密性。

(2) 由于工程复杂程度越来越高,合同文本也越来越复杂,合同文本开始标准化,合同的相关事务性工作越来越复杂,人们开始注重合同的文本管理。

(3) 随着工程项目管理研究和实践的深入,人们开始加强工程项目管理过程中合同管理的职能,重构工程项目管理系统,建立更为科学的,包括合同管理职能的项目管理组织结构、工作流程和信息流程,具体定义合同管理的地位、职能、工作流程、规章制度,确定合同与成本、工期、质量等管理子系统的界面,将合同管理融于工程项目管理全过程中。

(4) 目前,合同管理与项目管理继续互相渗透,互相促进,人们已将合同管理作为工程项目管理的核心,不仅注重对一份合同的签订和执行过程的管理,而且注重整个工程项目合同体系的策划和协调,合同管理向着集成化方向发展,与承包企业管理和项目管理的其他职能,如报价和成本管理、风险管理、实施方案、进度控制、质量管理、范围管理、HSE(健康、安全和环境)管理、经营管理等密切结合,共同构成一个完备的集成化的工程管理系统。工程中新的融资方式、承发包模式、管理模式的应用,许多新的项目管理理念、理论和方法的应用,也使合同形式、内容、合同管理方法有许多新的变革。

3) 工程项目合同管理的新动向

从以上合同发展的过程来看,合同发展经历了"刚性→标准化→工程化"的历程。

传统合同有过强的法律色彩和语言风格,注重合同语言在法律上的严谨性和严密性,合同制定的首要目的在于有利于解决合同争执,而不是为了高效率地完成工程目标。在合同中强调制衡措施,注意划清各方面的责任和权利,合同刚性大,导致组织界面管理困难,沟通障碍多,争执大,合作气氛不好。这样的合同不激励承包商良好的管理和创新。如果承包商在建筑、工程技术、施工过程方面创新,提出合理化建议,会带来合同责任、估价和管理方面的困难,带来费用、工期方面的争执。此外,由于不同的专业领域、承发包模式和计价方式使用不同的合同文本,这些合同文本形式、风格、内容不同,导致合同文本和合同条款越来越多。

这样的合同导致项目双方的防范意识强,合作气氛差,承包商的注意力不能集中在如何提高效率、实现项目目标上,注意力容易被通过合同缺陷和索赔获利,设法让业主多支付工程款这一类问题所引开。同时,由于工程领域扩展,新的融资方式、承发包方式、管理模式不断出现,使得工程管理人员需要时间熟悉不同的合同文本[125]。所以现在的工程项目中普遍存在工程实施效率低,项目中索赔和争执较多,导致追加投资,延长工期,很难形成良好的合作气氛和实现多赢的目标[126]。

柔性管理为解决上述问题带来了新的思路。柔性管理强调以顾客需求为导向,加快产品的快速适应能力,这实际上是一种双赢的战略决策。为了改善业主和承包商的对立关系,达到双赢的合同目的,美国首先提出并发展了 Partnering 管理模式,并在阿拉巴马州水坝项目中应用 Partnering 模式取得了成功[128]。这种合同的理念为多赢、促进创新、调动各方面的积极性、风险共担、加强协调和沟通,使合同双方的合作关系由互相制衡转而追求强调合作。

由于合同管理已成为现代工程管理的核心内容,目前合同的内容在保证法律的严谨性和严密性的前提下,更趋向工程,而不是趋向法律。从现代工程的特点来看,现代工程的重要特征是动态性强,这更加要求合同能够注重对风险的管理,采用灵活的方式分配风险,并在合同中建立起有效风险的应对机制,这种机制应该具有主动性,能够做到持续自我调整和自我完善,同时这种机制应该是系统的,能使合同各方之间进行有效沟通,系统调整,能兼顾合同各方利益,调动双方的积极性,对风险进行有效的控制。

4) 柔性合同管理的定义和内容

事实上,虽然没有明确提出柔性合同管理的概念,但柔性合同管理的思想在合同管理过程中已经有过应用。前已叙及 Partnering 的合同类型已将合同和共赢的理念引入了合同,Clifton 和 Duffield(2006)[129] 也探讨了联盟合同(Alliance)在 PFI/PPP 合同中的应用,以增加特许协议的灵活性。根据 Gallagher P 和 Hutchinson A.[130],联盟合同被定义为"在利益共享,风险共担的前提下,合同双方为取得共同的合同目标而达成的互相协作工作的协议"。合同条款的制定,也已考虑到了灵活的需求,如 1993 年由英国土木工程师学会颁布的新工程施工合同(ECC)[131] 采用核心条款与可选条款结合的方式,以核心条款作为基础,选项条款作为配件,像搭积木一样,通过不同部分的组合形成不同种类的合同,使 ECC 合同有非常广泛的适用面。为了应对合同期内工程范围、质量、设计、成本等风险因素的变化,FIDIC《施工合同条件》设立了变更和调整(Variation and Adjustment)条款[132]。根据 Mariano Gallo (2006)[133] 的研究,英国财务部门在进行项目和项目群管理时,最早采用了柔性的项目管理方法,这是因为项目竞争激烈、复杂性增加和变化快速,不适合在这些项目和项目群中采用刚性的管理方法。

近些年来,在工程管理的过程中,人们已明确提出了工程管理过程中的柔性管理的概念。张云波(2003)[134] 在研究供应链的柔性管理中,提出了应采用柔性合同(Flexibility Contract,又称动态合同)来进行合同管理,他认为柔性合同在内容上提供了许多根据市场变化情况和合同进展情况而定的灵活性选择条款,与传统的确定性(刚性)合同有很大的不同。成虎(2008)[38] 等为沪宁高速公路扩建工程所做的项目管理研究中,为了应对工程项目数量多、内容各异、科研—设计—施工并行等高度动态的管理现状,建立了柔性管理机制,内容包括计划的柔性和快速决策机制、高效的激励机制、动态风险监控预警、柔性合同与合同体系。张尚(2010)[39] 通过对国内大型复杂的、具备项目群特征的典型项目群的基本特征与管理难点分析,提出了项目群合同体系柔性管理的概念,内容包括项目群合同体系的柔性设计、项目群合同体系柔性控制方式、项目群合同体系柔性激励机制,以及项目群协作采购方式。研究结果表明,项目群合同体系柔性管理方式对提高项目群效率最为有效,63.90%的项目群能够提高效率。

根据现代工程和柔性控制的特点,参考工程领域内的柔性合同管理的文献[38,39],本书定义柔性管理为,在工程合同的策划、编制、实施和管理过程中,采用灵活的适应机制,以满足现代工程在实施工程中高度动态化的要求。根据此定义,本书提出柔性合同管理的内容包括:

(1) 合同策划 采用伙伴型合同(Partnering)或联盟合同(Alliance)等关系性合同形式设计合同,强调通过利益共享、风险共担的合同理念,促进合作气氛,达到双赢的目的。

(2) 合同文本 应设计"积木式"合同文本,力求使一个合同文本应用于不同的专业领域(例如土木工程施工及其他各种工业项目),不同的发包模式(如施工承包,设计施工总承包或管理承包等),不同的计价方式(如总价合同、单价合同、目标合同或成本加酬金合同),这样的合同文本应该有尽可能多的选择性条款,让人们在使用中可选择,以减少专用条款的数量,既增加灵活性,又可保证严谨性,减少随意性。

(3) 合同条款 合同条款的设计应以风险管理为基础,建立灵活的风险分担机制分担风险,根据风险的变化,设计可调整的合同条件适应变化,这种调整应该建立在系统调整机制的基础之上,以达到利益共享、风险共担的目的。

(4) 合同控制 重视工程项目动态变化的特征,建立合同动态跟踪机制,加强合同各方的沟通和协调,建立良好的变更管理机制,以应对合同期内有关工程范围、质量、设计、成本等方面的变更需求。

(5) 激励机制 为了调动承包商和参建各方的积极性,鼓励创新,应在合同中建立积极的激励机制,柔性的激励机制反映在激励面广,激励层次多,激励模式和激励形式多样等。

3.2 基于柔性合同管理的工程项目 BOT 可变合同调整模型

Kerf(1998)[46]在论述特许合同的整体设计时,论及了特许合同条件的刚性与柔性(Certainty Versus Flexibility),提出特许合同条件设计时,应当为管理和执行合同条件的人们留有一定的自主权力。当合同为完全刚性时,合同规则可以非常具体,几乎完全可以消除自主的可能性。但另一方面,合同为柔性时,合同可以为合同双方或负责协调合同的第三方留有较大程度的自主权。

从文献回顾中可知,由于 BOT/PPP/PFI 特许合同期长,不确定性增加,世界各国和国际组织出台的特许合同指南几乎都达成共识,即特许合同条件在执行过程中,应允许调整,提出的调整的方式有确定的程序下进行重新谈判或设立合同变动机制或快速调整条款或调整程序,并且为了保证被特许者运营上的灵活性,这些条件应着重强调最终结果,而非过程和手段。

这些观点都强调风险的不确定性对 BOT/PPP/PFI 项目的影响,也都主张在合同管理中通过调整合同条件应对风险,符合柔性合同管理的观点,因此,在 BOT/PPP/PFI 特许合同中采用柔性管理是大势所趋。

然而在实际合同管理过程中,目前很难做到全盘柔性化,这主要是因为:

(1) 签订合同是一个法律行为,依法成立的合同,对合同当事人具有法律约束力[126],这使得合同必须具有一定的刚性。如果合同过于柔性,则从长远的角度来看,可能会带来合同责任的模糊。

(2) 柔性合同管理的好处虽然为业界人士所认识,也得到了大多数人的认可,但在应用上,人们仍然存在种种顾虑,如业主可能会顾虑风险共享机制是否会降低承包商控制风险的积极性,承包商担心风险降低后,利润是否进一步降低,竞争是否加剧等[126]。

这些问题不解决,传统合同将依然是合同管理中的主要形式。然而,作为合同发展的方向,柔性合同消除对立,增进合作气氛,提高效率等好处也已被人们认可,虽然目前还没有条件全盘柔化,人们也可以通过部分柔化获得上述好处。前述的伙伴合同或联盟合同、菜单式合同文本、变更管理条款都是部分柔化的合同管理手段。

合同变动机制或快速调整条款或调整程序也属于柔性合同管理的内容,然而目前的BOT/PPP/PFI 特许合同条件中,虽然普遍设立了调整条件,但存在调整条件主要考虑投资商的利益,调整中过于偏重通货膨胀率、利率等经济因素的非市场风险因素以及调整缺乏系统性和定量化(见第2章)等问题。这种情况,与人们对可变合同条件调整的目的不清,缺乏应用合同手段应对风险的意识有关系。

本书主张对 BOT 合同进行部分柔化来解决上述问题,即在 BOT 合同中引入可变合同条件。与以往调整条件不同的是,本书主张的可变合同条件是在柔性合同管理思想的基础上,考虑多方面的影响因素,既考虑经济因素,又考虑市场风险因素(如交通量、服务水平),建立合同调整模型,从而达到调节合同主要相关方的利益,促进项目各方合作多赢的目的。

本书对可变合同调整模型的构想,一是建立明确的可变合同设计原则,明确调整目标;二是作为风险快速应对的一种手段,可变合同条件应着眼于对项目风险的应对,因此必须基于风险管理原理,全面识别项目风险,在风险评价的基础上,抓住主要风险,作为可变合同调整的依据;三是应全面考虑风险综合影响作用,采用系统分析的方法对合同条件进行调整。

基于以上考虑,本书提出 BOT 可变合同条件的调整模型应包括:
(1) 体现柔性原则的 BOT 可变合同条件的设计原则。
(2) 柔性的风险管理策略,包括风险的柔性评价和柔性分配原则。
(3) 系统的合同条件调整方法。

3.3　工程项目 BOT 可变合同条件设计原则

BOT 合同条件从本质来说是特许合同条件(Concession Contract)。特许合同通常是授予那些不适合采用自由市场竞争的产品/服务,换句话说,这些产品/服务具有天然垄断性[46]。公路属于比较典型的具有天然垄断性的服务。其一,公路是事关地区发展和民众出行的必备基础设施,传统上都由国家负责投资、建设和运营;其二,公路的数量和规模与当地的发展水平和人口密度相关,不是越多越好,多了会造成资源浪费;其三,公路投资巨大,能够进入这一领域的经营者不多,因而传统的市场竞争对促进公路的发展的作用不明显。基于这样一种特征,公路在很长一段时间内都作为公益型的基础设施,由国家负责投资、建设和运营。

当部分公路采用 BOT 模式,由民间资本参与投资后,BOT 公路就开始具备一些商业服务的特点,一个重要的特征是,使用者必须向特许经营者付费后才可以使用服务。但交通运输历来是经济发展的动脉,长期以来一直免费使用,具有显著的公益性,所以它有别于传统的商品,合同设计时,既要考虑到它的商业性,又要兼顾到公益性。

成虎(2005)[126]认为,工程合同不仅适用一般的合同原则,还应有自己的特殊性。他总结了五项工程合同原则:自由原则、法律原则、诚实信用原则、公平原则和效率原则。这五项原则中,前三项为合同的一般准则,后两项则是根据工程特点提出的。工程项目标的大,周期长,不确定因素多,合同参与方众多,这里公平指"工程合同应不偏不倚,维持合同当事人在工程中的公平合理关系,保护和平衡合同当事人的合法权益,将合同作为合同当事人的行为准则,有利于防止当事人滥用权力,能更好地履行合同义务,实现合同目的",效率指"合同应符合项目管理的工作原则,做出有预见性的规定,减少未预料到的问题和额外费用,应尽可能减少索赔、避免和减少争执,或快速、经济地解决争执;……合同在定义项目组织、责任界面、管理程序和处理方法时应充分利用项目管理原则和方法,应有更大的适用性和灵活性,使项目管理方便、高效"。

上述五项原则,尤其是后两项原则,与柔性合同的原则是高度契合的,都考虑到了合同过程中的变化,也都提出了快速、经济、公正的解决途径。

本书在遵循上述原则的基础上,结合柔性合同的设计理念,提出 BOT 可变合同设计的原则——效率、公平、利益相关者满意。

3.3.1 效率

世界银行《基础设施特许项目合同设计指南》[46]认为,基础设施特许项目具有天然的垄断性,易形成垄断经营,因而难以获得竞争所带来的高效率。但如果采用竞争性招标,则有可能带来在市场竞争所能带来的一些好处。王守清认为,效率是 BOT 项目中政府选择中标人的唯一标准[34]。这里所说的效率,都是考虑到了 BOT 项目具有的商业特征。其一,通过竞争性招标,投标人必须递交一份有竞争性的报价,这些报价必须能保证收回投资,但同时又不高到失去竞争力,更为重要的是,政府不必去估算能够盈利的最低价格并用其规制垄断经营者,投资者自己会去估算;其二,在运营过程中,为了盈利,运营公司必须设法降低成本以获取更大的利润,因而可以迫使运营公司提高运营效率。为了确保促进效率,澳大利亚维多利亚州 PPP 委员会(PPP Victoria)在授予每个 PPP 项目之前,都采用公共部门比较指标(Public Sector Comparator)[51]来分析是否需要采用 PPP 的形式发包工程。英国财政部也曾采用这一指标比较法决定是否采用 PPP/PFI 合同安排[46]。欧洲委员会出版的《成功的 PPP 项目指南》[51]认为 PPP 模式只有在比传统模式能提供更高的投资价值的时候才应考虑使用。

本书认为在合同条件中设置可变合同条件也可以增进效率。这些可变合同条件可以对项目内外不可预见的变化做出快速反应,能将这些变化带来的负面影响降至最低;相对法律和政策的监控而言,这个调整机制是内在的,是自我调整和不断自我完善的机制,是项目内部的"免疫系统",可减少重新谈判或索赔出现的次数,有助于节约时间和成本;可变合同条件将以项目运营的结果来决定是否启动调节,便于监测和实施,可节约大量的监测成本。

3.3.2 公平

世界银行《基础设施特许项目合同设计指南》[46]指出,特许合同签订过程中,政府方和投资方各怀目标和顾虑,投资方虽希望获得经济回报,但顾及基础设施的巨额投资及不可移动性,担心投资回收期过长,因为在市场环境中,这些投资和回报期都受政府影响大,而且,基础设施的收费价格受政治压力较大,公众不愿付费的风险也一直存在。政府方则担心私营方利用基础设施的垄断性滥用权力,造成效率降低,加大使用者的负担,社会效益差。

此外,BOT项目参与者众多,虽然合同由政府方和投资商签订,但由于项目为基础设施项目,付费者通常为使用者。世界多个特许合同指南都提到了,政府有责任保护社会和公众利益[4]。

要兼顾到各方利益,合同条件应该平衡各方目标[4],政府方一方面要鼓励投资商的投资积极性,让投资者有足够的信心相信他们的投资有保障,同时也要采取切实措施确保社会和公众利益不受侵害。特许合同实质上是政府方和投资方关于合同条件、风险分配、实施方案等诸多合同组成要素的共同承诺。这些要素之间存在着极其复杂的内部联系,在短期内尚可维持平衡,但在长期过程中,如果有某一方面的因素发生变化,则这种平衡状态很容易被打破[46]。

根据柔性管理的特点和工程合同设计原则,在BOT特许合同中设置可变合同条件,当外界变化打破平衡状态时,可快速启动可变合同条件,使其起到平衡"矫正器"的作用。另一方面,可变合同条件设计时,应考虑到项目内外的风险以及风险之间的互相影响作用,将项目作为一个有机整体,进行系统调节,使各方利益重新达到平衡。

3.3.3 利益相关者满意

阿瑟·奥肯(1975)[135]曾说过,公平和效率是最需要权衡的社会经济问题,它在很多的社会政策的制定上一直困扰着我们,因为我们无法按市场效率生产出馅饼之后又完全公平地进行分享。按照上述观点,在BOT合同条件中完全体现效率和公平是不现实的。

但是,公平和效率可以在一定范围内取得平衡,其衡量的标准就是利益相关者是否满意。本书中,将按照柔性合同管理的原则,通过设置可变合同条件,提高项目对变化的反应速度和能力,在不侵犯其他方利益的范围内保护并且促进利益相关者的权益,使利益相关者满意;当一方的利益侵犯到另一方的利益时,通过系统调节,达到各方利益再平衡,从而持续维持利益相关者满意的合同目标。

3.4 工程项目BOT项目的风险管理

3.4.1 风险管理在BOT可变合同设计中的作用

澳大利亚维州合作伙伴项目(PPP Victoria)《风险分配与合同事项》[48]表述,在商业项目类型选择中,风险分析和管理是评价PPP方案潜在的投资价值的重要因素。如果决定采用PPP类型并且也签订了合同,则风险管理在整个合同期的项目管理中都将持续发挥重要的作用。其《合同管理指南》则强调,有效的合同管理的要求是,必须识别、检测和管理项目生命期内所有风险,从而实现项目目标和投资效率,风险管理必须管理合同生命期中必须管理的风险,合同中必须量化实际的和潜在的风险以及它们的关联损失(或收益),制定管理策略来假设、控制、减轻或消除这些风险或损失。

英国财政部在其发布的《PFI/PPP标准合同》(第4版,2007)[47]指出,该标准合同三个基本目标中的第一个目标就是,增进人们对在标准的PFI项目中所出现的主要风险的了解。世界银行推出的《基础设施特许项目合同设计指南》[46]主张在合同设计之前,必须落实合同各方的风险责任。

由此可见,风险管理已成为特许合同设计过程中不可或缺的部分,对特许合同设计成功与否起着举足轻重的作用。同时,如前所述,风险是引起可变合同条件变化的根源和应对对象,识别和分析 BOT 项目的风险,也可以确定 BOT 可变合同条件的调整依据。

3.4.2 风险管理的过程

ISO31000《风险管理:原则和指南》[136]定义风险为不确定性对目标的影响。根据ISO31000 和《澳大利亚风险管理指南》(SA/SNZ HB 436:2013)[137]的定义,风险管理是"能够指导人们实现潜在的可能性,同时又能控制负面效果的文化、过程或结构"。

风险管理是管理方针、过程和实践三位一体的系统应用过程,内容应包括了解项目,确定系统环境,风险管理目标和结构,对风险进行识别、分析、评价、监测和检查。ISO31000(2009)[136]给出的风险管理如图 3.1 所示。

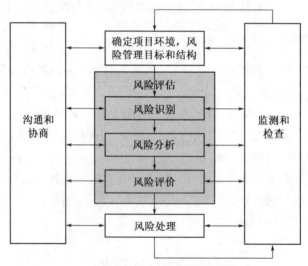

图 3.1　风险管理过程(ISO31000)[136]

传统的风险管理过程强调风险的识别、分析和应对过程。该风险管理过程则强调,在实施风险管理过程前,应该充分考虑项目参与各方的意见,分析项目的系统环境,结合组织的目标,确立风险管理的目标,在此基础之上,对风险实施管理。该管理过程的另一个特点在于强调风险管理应贯穿于项目全生命周期,在管理过程中加强监测和回顾。

本书提出的 BOT 可变合同条件调整模型中风险管理方法与其他一般风险管理的不同之处在于,本书采用了柔性的风险评价方式模糊层次分析法和柔性的风险分配原则。

3.4.3 柔性风险评价方法——模糊层次分析法

1)基于人脑柔性判断的模糊层次分析法的一般过程

层次分析法(AHP)由美国数学家 Saaty 于 1980 年首次提出[138],它是一种解决复杂的、不可预见的和多目标问题的系统工具[139]。层次分析法的理论核心是将一个复杂的系统分解为若干个组成部分或因素。这些因素根据目标、因素及子因素相互间的支配关系构成一个递阶层次结构,这种递阶层次结构可以清楚地揭示各个因素的性质及相互之间的关系,通过对这些因素进行两两比较,构建比较矩阵,利用矩阵运算判断各因素的相对重要性。AHP的优点在于它站在系统的高度,对系统的各影响因素进行全面的分析,从而可使决策者能将注意力集中在重要性较高的方案/因素。BOT 公路项目涉及的项目干系人(Stakeholder)多,利益关系复杂,各方的项目目标不同,是个典型的多目标问题。此类项目合同时间长,项目执行过程中,不可预见的风险因素多,且风险源各不相同,只有站在系统的高度上,全面地分析风险,才可能做出符合实际情况、有效的分析结果,因此,AHP是进行BOT 公路项目进行风险分析/评估的理想工具。

但是,AHP通常受到两个方面的批评:(1) 风险因素相对重要性的度量指标不平衡;(2) 两两比较矩阵中使用的绝对比率不符合人脑的判断过程[140]。当采用专家打分法进行风险重要性评比时,专家的评分应是模糊的和不精确的、柔性的,但AHP用精确的绝对比率代替这种模糊判断,不符合实际情况。为了模拟人脑判断上的柔性,Buckley(1985)[141]、Laarhoven和Pedrycz(1983)[142]对 Saaty 的 AHP 做了拓展,即采用模糊比率来取代传统AHP中的绝对比率。模糊比率用模糊数学中的模糊数表示。模糊数是个大概数,例如模糊数7并不代表绝对数7,而是表示6~8之间的任何一个数(该范围可随模糊数定义的幅度而变动)。采用模糊比率构建两两比较矩阵后,后续的矩阵运算也采用模糊算子进行运算[143],其结果也是模糊数。但是由于模糊数从本质上来说是一个数集,无法直接用其进行方案/风险因素之间的比较,所以所比较的结果是复杂和不可靠的[144]。本书在结合 Buckley(1985)[141]、Laarhoven和Pedrycz(1983)[142]等研究者的研究成果的基础上,提出了根据专家的风险态度和确认程度为基础,对模糊运算的结果进行去模糊化处理,其结果为一个精确数,再将其用于方案/因素之间的比较。本书提出的模糊层次分析法过程如图 3.2 所示:

图 3.2 模糊评价的一般过程

总的来说,本书所提出的模糊层次分析法的基本过程为:

第一步:构建 BOT 公路项目的层次风险结构(风险识别);

第二步:使用模糊比率建立模糊判断矩阵(模糊判断);

第三步:使用模糊算子计算模糊判断矩阵各风险因素的模糊权重(模糊计算过程);

第四步:基于置信水平和风险态度对模糊权重进行去模糊化,并对风险因素进行排序(去模糊化)。

2) 模糊数学基本概念

(1) 三角模糊数

模糊数并不是一个真正的数字,它代表着由隶属函数 $\mu = \mu_{\tilde{A}}(x), x \in \mathbf{R}, \mu \in [0,1]$ 定义的

一组数,在该式中,x 是这组数的成员,μ 代表隶属程度,数值的变化范围为0~1。数值0代表 x 不属于该模糊数的成员数,数值1代表 x 肯定为该模糊数的成员数[145]。从代数运算的角度出发,模糊数的分布类型都应为凸形。凸形分布意思为在一点(如图3.3所示的三角形分布)或连续多点(如T形或四边形分布)的顶点处,隶属程度的数值为1,当成员数自顶点向两边移动时,该成员数的隶属程度逐渐下降,到达该模糊数的边界成员数处(如图3.3的 a_1 和 a_3),隶属程度为0[144]。常见凸形模糊数的函数分布有三角形、梯形(四边形)、正态分布等[143]。

$$\mu_{\widetilde{A}}(x) = \begin{cases} \dfrac{x-a_1}{a_2-a_1} & 0 \leqslant a_1 \leqslant x \leqslant a_2 \\ \dfrac{a_3-x}{a_3-a_2} & a_2 < x \leqslant a_3 \\ 0 & x < a_1 \cup x > a_3 \end{cases} \tag{3.1}$$

本书选择三角模糊数 $\widetilde{A} = (a_1, a_2, a_3)$(见图3.3)作为模糊比率,因为人们习惯于用"大约为 x"来表示一个大概数,而三角模糊数最接近能表达这一概念。如图3.3所示,当 $x=a_2$ 时,三角模糊数的隶属度为1,意味着 a_2 最有可能出现,当 $x=a_1$ 或 $x=a_3$ 三角模糊数的隶属度为0,意味着 a_1 和 a_3 不可能出现,当 x 位于 $[a_1,a_2]$ 或 $[a_2,a_3]$ 时,其隶属度的大小可由公式(3.1)求出。此外,三角模糊数的隶属度函数为线性函数,其精度可表示人脑的模糊度,同时也方便使用模糊算子进行模糊运算。公式(3.1)的符号含义已在上文阐述,不再赘述。公式(3.1)中,$\mu_{\widetilde{A}(x)}$ 从 $(a_1,0)$ 到 $(a_2,0)$ 为单调增加,从 $(a_2,0)$ 到 $(a_3,0)$ 为单调减少。

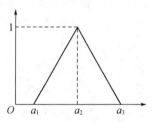

图3.3 三角模糊数 $\widetilde{A}$

本文中用到的三角模糊数的范围由表3.1所示。

表3.1 本书的三角模糊数的成员函数边界值

三角模糊数	成员函数边界值
$\widetilde{1}$	(1,1,3)
$\widetilde{x}$	$(x-2, x, x+2)$ $(x=2,3,4,5,6,7,8)$
$\widetilde{9}$	(7,9,11)

来源:Deng,1999[140]

(2)本书使用的模糊算子

对于两个三角模糊数 $\widetilde{A} = (a_1, a_2, a_3)$ 和 $\widetilde{B} = (b_1, b_2, b_3)$,本书采用的模糊算子定义如下(Kaufrmann and Gupta,1985)[143]:

$$\widetilde{A}^{-1} = \left(\dfrac{1}{a_3}, \dfrac{1}{a_2}, \dfrac{1}{a_1}\right) \tag{3.2}$$

$$\widetilde{A} \oplus \widetilde{B} = (a_1+b_1, a_2+b_2, a_3+b_3) \tag{3.3}$$

$$\widetilde{A} - \widetilde{B} = (a_1-b_3, a_2-b_2, a_3-b_1) \tag{3.4}$$

$$\widetilde{A} \otimes \widetilde{B} = (a_1 b_1, a_2 b_2, a_3 b_3) \tag{3.5}$$

$$\frac{\widetilde{A}}{\widetilde{B}} = \left(\frac{a_1}{b_3}, \frac{a_2}{b_2}, \frac{a_3}{b_1}\right) \tag{3.6}$$

（3）模糊层次分析法的计算步骤

① 建立风险因素层次结构图（见图 3.4）

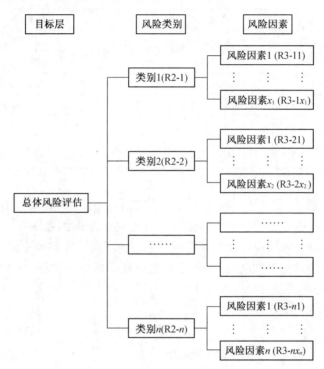

图 3.4 风险因素层次结构图

② 使用模糊比率建立模糊判断矩阵

建立项目的风险因素层次结构图后，接下来的一步是邀请专家对各层风险因素的相对重要性打分。由于此过程受专家主观性影响较大，所以，专家的选择应该比较慎重，本书提出了两条邀请专家的前提条件：a. 应为行业内的专家/应有丰富的相关工作经验；b. 应为项目管理团队的高级成员。

专家进行评分的过程，即是根据表 3.2 列出的评分规则对风险类别及各类别下的风险因素进行两两重要性对比，然后构建多个比较矩阵。比较矩阵表示针对上一层次某一目标/因素，本层次的相关因素之间相对重要性比较，比较矩阵的一般形式如公式（3.7）所示，a_{ij} 表示某一层次的第 i 个类别/因素与第 j 个类别/因素之间的模糊比率，反之，$1/a_{ij}$ 表示第 j 个类别/因素与第 i 个类别/因素之间的模糊比率。

$$\widetilde{A} = \begin{bmatrix} 1 & \widetilde{a}_{12} & \cdots & \widetilde{a}_{1n} \\ \widetilde{a}_{21} & 1 & \cdots & \widetilde{a}_{2n} \\ \vdots & \vdots & \cdots & \vdots \\ \widetilde{a}_{n1} & \widetilde{a}_{n2} & \cdots & 1 \end{bmatrix} \tag{3.7}$$

这里，$i=j$ 时，$a_{ij}=1$；$i\neq j$ 时，$a_{ij}=\tilde{1}\sim\tilde{9}\&1/\tilde{9}\sim\tilde{1}$

表 3.2　三角模糊数比率及比较准则

模糊比率	模糊数定义	比较准则
$\tilde{1}$	(1,1,3)	两个因素同等重要
$\tilde{3}$	(1,3,5)	i 因素比 j 因素稍重要
$\tilde{5}$	(3,5,7)	i 因素比 j 因素较重要
$\tilde{7}$	(5,7,9)	i 因素比 j 因素很重要
$\tilde{9}$	(7,9,11)	i 因素比 j 因素绝对重要
$\tilde{2},\tilde{4},\tilde{6},\tilde{8}$	(1,2,4),(2,4,6),(4,6,8),(6,8,10)	i 因素比 j 因素介于以上各个等级之间时
模糊倒数比率	$\begin{cases}(1/3,1,1) & (a_{ij}=\tilde{1})\\(1/(a_{ij}+2),1/a_{ij},1/(a_{ij}-2)) & (a_{ij}\neq\tilde{1})\end{cases}$	当 i 因素比 j 因素比值不为零时，j 因素与 i 因素的倒数比

来源：Li, Peng and Zou, 2007[83]

当建立起各类别/因素之间的两两比较矩阵之后，还应核查各矩阵的一致性(CR)是否符合要求。Buckley(1985)[141]已经证明如果具有绝对比率的倒数矩阵一致性合格，则其对应的模糊比率矩阵的一致性也符合要求。本书采用各三角模糊数的中值 a_2 (图 3.3)建立各模糊矩阵相对应的绝对比率判断矩阵，各绝对数判断矩阵的一致性检验采用最大特征值法进行[138]，如式(3.8)和式(3.9)所示。

$$CI=\frac{\lambda_{\max}-n}{n-1} \tag{3.8}$$

$$CR=\frac{CI}{RI} \tag{3.9}$$

式中，$\lambda_{\max}$ 表示个判断矩阵的最大特征值；n 代表各两两判断矩阵的秩；CI 代表一致性指数；RI 代表随机一致性指数的平均值(如表 3.3 所示)；CR 代表一致性比率。

表 3.3　随机一致性指数平均值

n	1	2	3	4	5	6	7	8	9	10	11
RI	0	0	0.58	0.90	1.12	1.24	1.32	1.41	1.45	1.48	1.49

来源：Saaty, 1980[138]

③ 计算模糊判断矩阵各风险因素的模糊权重

各模糊判断矩阵的模糊权重可通过公式(3.10)计算。

$$\tilde{w}_{x_i}=\sum_{i=1}^{m}M_x^i\otimes\left[\sum_{i=1}^{m}\sum_{j=1}^{m}M_x^{ij}\right]^{-1}\quad i,j=1,2,3,\cdots,m \tag{3.10}$$

式中，M_x 代表风险类别判断矩阵 $\mathbf{M}_s$ 或风险因素判断矩阵 $\mathbf{M}_{RS_i}$；m 代表矩阵的秩；$\tilde{w}_{x_i}$ 为判断矩阵中各风险类别或风险因素的模糊权重。

对于风险因素层的风险因素来说(见图 3.4)，按照公式(3.10)计算出的是各风险因素在其类别(即每一类风险因素针对于类别层)的局部权重。为了总体比较各风险因素针对目标层的综合权重，还需计算风险因素层中各风险因素针对目标层的综合权重。综合权重可根据公式(3.11)进行计算。

$$\widetilde{W}_{RS_i} = \widetilde{w}_{S_i} \otimes \widetilde{W}_{RS_i} \tag{3.11}$$

式中，$\widetilde{W}_{RS_i}$ 表示各风险类别 R_{2-i} 中各风险因素的综合权重向量；$\widetilde{w}_{S_i}$ 表示各风险类别 R_{2-i} 的模糊权重值；$\widetilde{W}_{RS_i}$ 表示各风险类别 R_{2-i} 中风险因素的内部权重值。

(4) 基于置信水平 α 和风险态度 λ 对模糊权重进行去模糊化

风险因素的重要性高低，通过比较它们的权重，进行排序后得出。然而模糊数的排序比较复杂，并且受排序人的主观影响大。为了简化排序操作和消除排序中的人为影响，本书引入了置信水平 $α^{[142]}$ 和风险态度 $λ^{[141]}$ 两个指数对求出的模糊权重进行去模糊处理，其结果为绝对数权重，排序依各风险因素的绝对权重进行。

① α-水平截割技术

α 是位于 (0,1) 之间的一个值，在本书中代表了专家的经验和对他的判断的置信水平。假设 $\widetilde{A}=(a_1,a_2,a_3)$，经过水平截割后，模糊区间将由 (a_1,a_3) 缩小到 $[a_1^α,a_3^α]$，如图 3.5 所示，$a_1^α$ 和 $a_3^α$ 的值见公式 (3.12) 和 (3.13)。

$$a_1^α = a_1 + α(a_2 - a_1) \tag{3.12}$$

$$a_3^α = a_3 - α(a_3 - a_2) \tag{3.13}$$

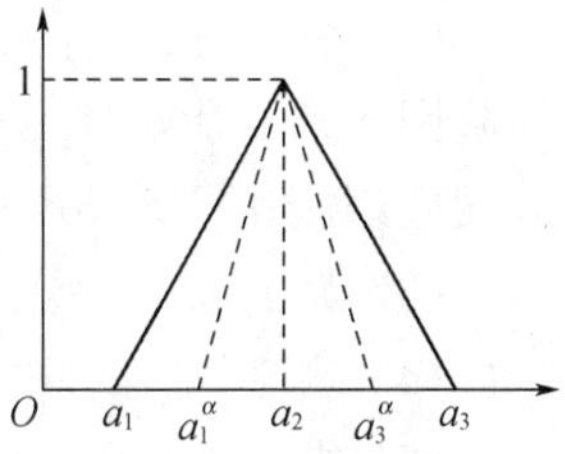

图 3.5 三角模糊数 $\widetilde{A}$ 的 α-截割图

这里，当 α=0 时，代表打分者经验最少，对风险的判断置信水平最低，这时，三角模糊数的模糊幅度为 (a_1,a_3)，这时的模糊度最大。反之，当 α=1，代表打分者的经验最丰富，对风险的判断置信水平最高，这时的三角模糊数的模糊幅度为 (a_1,a_3)，这时的模糊数等同于绝对数 a_2，判断的比率为绝对值，这时的模糊比率是模糊判断的特例。虽然这种特例与传统的 AHP 的绝对比率形式相同，这并不代表传统的 AHP 的比例最可靠，因为传统的 AHP 根本就没有考虑到打分者的经验和置信水平，而只是简单假设所有的打分者的经验丰富，置信水平最高，因而是失真的[79]。

② 利用风险指数得到绝对权重

经过一水平截割后，计算结果仍然为一组可能发生的数集集合，为得到绝对计算值，本书引入了风险指数来完成对模糊数的最终去模糊化。风险指数代表了打分者对待风险的态度，$λ=0, λ=0.5, λ=1$ 分别代表了他们对风险持有乐观、一般和悲观的态度，将他们的风险态度代入公式 (3.14)，则得到风险因素的绝度权重值，如他们认为风险发生的可能性很低，则模糊权重取最低水平截距值 $a_1^α$，反之取 $a_3^α$，当风险态度中等乐观 (或悲观) 时，取 $a_1^α$ 和 $a_3^α$ 的平均值。

$$a = λa_3^α + (1-λ)a_1^α \tag{3.14}$$

3.4.4 BOT 特许合同的柔性风险分配原则

为了降低风险对项目目标的负面影响，合同各方应该共担风险。工程风险是通过合同分配给合同双方，由风险的承担方对风险实施有效的风险管理。因此，合同设计的最主要的任务之一，是在合同双方之间分配风险。

理论上，风险分配的原则简洁明了，即由最有能力接近、控制和应对风险的一方承担风险或由风险承担成本最低的一方来承担风险。但在实际操作中，却由于各方的风险态度、环境条件、法律环境、监控成本等各种各样的原因,很难明确决定各方应承担的风险责任。因此,风险分配也应当依据柔性原则,根据实际情况,灵活地决定风险分配原则。

成虎(2005)[126]在传统的风险分配原则基础上,提出了工程风险的灵活分担原则:

(1) 从工程整体效益的角度出发,最大限度地发挥双方的积极性;

(2) 公平合理,责权利平衡;

(3) 符合工程惯例,即符合通常的工程处理方法。

《基础设施特许项目合同设计指南》(1998)[46]在分析了特许合同的特点、范围和目标的基础上,也提出了六点灵活分配风险的原则:

(1) 虽然很难明确决定合同各方采取正确措施,减轻风险的程度,但至少能相对明确哪一方更能控制风险。

(2) 在不同的项目中,合同各方都可以采用不同的风险减轻措施,但是谁更有能力应对风险则非常复杂,比如一些通用法律的调整,虽然传统上认为政府应承担该项风险,但项目公司应该能遇见此类风险,并在经营中制定预防措施。

(3) 除了考虑合同各方承担风险的能力,也应当考虑他们对风险的厌恶程度。

(4) 政府部门的监控能力也决定了风险分担的方式。

(5) 投资者类型不同,风险监测能力也各异,这些也影响着最佳的风险分担方式。

(6) 考虑风险交易成本。

本书在可变合同设计过程当中,将综合考虑上述风险分配原则,做到既由对风险最有控制能力的一方承担风险,又考虑各方的风险态度和监控能力,使各方在控制风险的过程中,最大限度地发挥积极性。

3.5 工程项目 BOT 可变合同条件的系统调整方法

本书采用系统动力学作为进行工程项目 BOT 可变合同条件调整的方法。

3.5.1 系统动力学用于可变合同条件调整的适用性分析

系统动力学(System Dynamics)是一门基于系统论,吸取反馈理论与信息论的精髓,并借助计算机模拟技术融诸家于一炉,脱颖而出的交叉新学科。系统动力学能定性和定量地分析研究系统,它采用模拟技术,以结构—功能模拟为突出特点,一反过去常用的功能模拟(也称黑箱模拟法),从系统的内部入手建模,构造系统的基本结构,进而模拟与分析系统的动态行为。系统动力学的模拟更适于研究复杂系统随时间变化的问题[146]。

系统动力学在建设领域内已有应用,Mashayekhi[147]从宏观经济的角度,以提高政府项目投资的效率和有效性出发,通过构造项目基本的动态成本结构模型、单位工程进度成本动态模型和内生项目数量动态模型,来预测政府每年应投资的建设工程项目数量,为政府的宏观经济决策提供依据。Lee 等人[148]提出应综合应用系统动力学和离散事件模拟来更好地支持项目管理活动。国内学者应用系统动力学,对房地产产业的发展和价格也作了相关预测。金晓斌[149]等在系统分解的基础上,通过建立各层次要素的反馈关系,建立了城市住宅产业发展系统动力学模型,并以南京市为例进行了案例分析。在验证了模型有效性之后,对近期南京市住宅产业发展进行了分析和预测,并通过政策调控参数的调节,模拟了政策变化对整个住宅市场的影响。魏淑甜[150]等在分析了北京市 1993—2005 年各类统计数据的基础上,基于系统动力学理论和方法,构建了北京市商品房市场价格的系统动力学模型,并利用 VENPLE 软件对商品房市场进行了计算机仿真。Li 等(2008)[151]在分析 BOT 公路项目关键风险因素的基础上,依据系统动力学,建立了 BOT 项目可变合同条件的系统因果回路图,用以分析公路项目 BOT 可变合同条件之间的互相影响关系。李启明等人(2010)[110]采用系统动力学研究了 PPP 项目关键 15 个项目目标之间的关系,找出了关键目标体系的内生反馈机制,结合三方满意度评价体系和内生反馈机制,设计了公私合营 PPP 项目的调价机制。Xu Y. L. 等(2011)[109]提出了基于系统动力学原理,依据 PPP 公路项目可行性研究阶段预计收益计划 PPP 公路项目特许价格的定价模型。

BOT 工程项目投资大,合同年限长,合同参与方众多,各方有自己的项目目标和利益,因而,BOT 工程项目是一个多目标的复杂系统。BOT 工程公路项目风险因素多,这些风险因素之间互相关联、互相影响,有时会带来现象偏离本质的问题,例如,作为 BOT 公路项目中可变合同条件重要的调整条件之一的交通量,受多种风险因素的影响,在有竞争道路存在的情况下,交通量与通行费率的关系应符合经济学中的价格规律,即通行费率高,则交通量小。但由于我国近些年经济持续增长,汽车拥有量也随之大增,使得一些收费公路上的通行费用高,交通量也持续上升,出现了反价格规律的现象,误导人们得出错误的结论。这种复杂的影响关系,只有深入到系统内部,分析系统结构内各因素的相互关系,才会抓住主要矛盾,不被表面现象所欺骗。系统动力学擅长分析多目标系统,并通过建立系统结构计算机模型,通过模拟系统运营来观察系统各因素之间的互相作用关系。因此不论从 BOT 工程项目系统的特性角度,还是从解决问题方法的针对性的角度,系统动力学都是研究工程项目 BOT 可变合同条件的合适方法。

3.5.2 系统的一般描述

1) 系统的定义

系统动力学的基础是系统论,根据系统论的定义,系统为一个由相互区别、相互作用的诸元素有机地联结在一起,而具有某种功能的集合体。从系统动力学的观点看,一个系统包含物质、信息和运动(可以包括人及其活动)三部分。

2) 系统的界限

系统的界限是指该系统的范围,它规定了形成某特定动态行为所应包含的最小数量的单元。界限内为系统本身,而界限外则为与系统有关的环境。当人们谈论一个系统的时候,总是把它和某特定的动态行为、增长与减少、波动和变化联系在一起。"行为"是由系统产生的,而且由系统内部的单元相互作用决定的。这些相互作用的单元都包含在规定系统范围的界限内。因此,当讨论系统的结构的时候,首先要确定系统的界限在哪里,然后才能研究系统内部的具体结构问题。

3) 系统的结构

从系统论的观点看,结构是指单元的秩序。它包含两层意思,首先是指组成系统的各单元,其次是指诸单元间的作用与关系。系统动力学认为,反馈结构是描述社会、经济系统和其他类型系统的基本结构。反馈通过反馈回路实现。反馈回路就是由一系列因果与相互作用链组成的闭合回路或者说是由信息与动作构成的闭合路径。反馈系统就是相互联结与作用的一组回路。

反馈系统划分为正反馈和负反馈两种。正反馈的特点是,能产生自身运动的加强过程,在此过程中运动或动作所引起的后果将回授,使原来的趋势得到加强。负反馈的特点是,能自动寻求给定的目标,未达到(或者未趋近)目标时将不断作出响应。

具有单回路的反馈系统是简单系统,具有三个回路以上的系统是复杂系统。一般来说,对于简短的系统或者经过简化的复杂系统,人们对其中问题简单、直觉的反应,对这些系统的行为与其内部关系的直观分析与判断,或许并不太难,也不至于全然出错。但对若干回路组成的反馈系统,即使诸单独回路所隐含的动态特性均简单明了,但对其整体特性的分析却往往使直观形象解释与分析方法束手无策。因此,反馈结构复杂的实际系统与问题,其随时间变化的特性与其内部结构的关系的分析不得不求助于定量模型和计算机模拟技术。

4) 系统的信息反馈

一个系统由单元、运动和信息组成。单元是指系统存在的现实基础,而信息则是推动系统运营的"血液"。依赖信息,系统的单元才能形成结构,单元的运动才形成系统的行为与功能。系统动力学采用正确理论与原理来描述与揭示系统的内部结构,把观察到的现象整理成有效信息,加以分析、解释和处理。

3.5.3 系统的数学描述

1) 一般数学描述

系统动力学所分析研究的系统几乎都是多变量的系统。对于多变量系统而言,只有用状态变量的描述方法,才能完全地表达系统的动力学性质;也正是在状态变量描述的基础上进一步揭示了系统的内在规律与反馈机制。

(1) 状态

动力学系统的"状态"是完整地描述系统的时域行为的最小一组变量。若给定了 $t=t_0$ 时刻该组变量的值和 $t \geqslant t_0$ 时输入函数,则系统在 $t \geqslant t_0$ 的任何瞬时的行为就完全确定了。这样一组变量称之为状态变量,以状态变量为元组成的向量称为状态向量。

设 $x_1(t), x_2(t), \cdots, x_m(t)$ 是系统的一组状态变量,则其相应的状态向量为:

$$\boldsymbol{X}(t) = \begin{bmatrix} x_1(t) \\ x_2(t) \\ \vdots \\ x_m(t) \end{bmatrix} \qquad (3.15)$$

(2) 状态空间

以 $x_1(t), x_2(t), \cdots, x_m(t)$ 为坐标轴所张成的欧氏空间称为状态空间;当坐标轴数为有限数时,此状态空间为有限维的。状态空间中的每一点都代表了状态变量的唯一的和特定的一组值,即系统的一个特定状态,而 $t \geqslant t_0$ 各瞬时系统的状态则构成状态空间中的一条轨线。此轨迹的形状(或称系统的行为模式)完全由系统在 t_0 时刻的初始状态与 $t \geqslant t_0$ 时的输入,以及系统固有的动力学特性唯一地确定的。

(3) 系统状态空间描述

在引入状态与状态空间的基础上,可建立系统的状态空间数学模型。

一般而言,系统包含有状态变量 $x_1, x_2, \cdots, x_m$,控制变量或扰动变量 $u_1, u_2, \cdots, u_r$,及输出变量 $y_1, y_2, \cdots, y_h$。系统的动力学特征可用 m 个一阶微分方程所组成的方程组来描述:

$$X_i = f_i(x_1, x_2, \cdots, x_m; u_1, u_2, \cdots, u_r; t) \quad (i=1,2,\cdots,m) \tag{3.16}$$

而其输出特性可表达为:

$$Y_j = g_j(x_1, x_2, \cdots, x_m; u_1, u_2, \cdots, u_r; t) \quad (j=1,2,\cdots,h) \tag{3.17}$$

上述两方程组成了系统在状态空间的完整描述,为简化表达引入向量,令

$$\boldsymbol{X} = \begin{bmatrix} x_1 \\ x_2 \\ \vdots \\ x_m \end{bmatrix} \quad \boldsymbol{U} = \begin{bmatrix} u_1 \\ u_2 \\ \vdots \\ u_r \end{bmatrix} \quad \boldsymbol{Y} = \begin{bmatrix} y_1 \\ y_2 \\ \vdots \\ y_h \end{bmatrix}$$

分别称为状态向量、扰动(或控制)向量和输出向量。同时引入与式(3.16)和式(3.17)两个方程组中的函数相应的向量函数: $f(\boldsymbol{X},\boldsymbol{U},t)$ 与 $g(\boldsymbol{X},\boldsymbol{U},t)$

于是原方程组可改写为下面的向量形式:

$\boldsymbol{X} = f(\boldsymbol{X},\boldsymbol{U},t)$ ——状态方程,$\boldsymbol{X} \in R_m, \boldsymbol{U} \in R_r$

$\boldsymbol{Y} = g(\boldsymbol{X},\boldsymbol{U},t)$ ——输出方程或量测方程,$\boldsymbol{Y} \in R_h$

式中,R 表示欧氏空间;向量 $\boldsymbol{X}$ 为 m 维;$\boldsymbol{U}$ 为 r 维;$\boldsymbol{Y}$ 为 h 维。

这两个向量方程对系统在状态空间作了完整的描述。

若系统是线性的则向量函数 f 及 g 将具有线性关系,线性系统的状态方程与输出方程可具下述形式:

$$\begin{cases} \boldsymbol{X} = \boldsymbol{A}(t)\boldsymbol{X} + \boldsymbol{B}(t)\boldsymbol{U} \\ \boldsymbol{Y} = \boldsymbol{C}(t)\boldsymbol{X} + \boldsymbol{D}(t)\boldsymbol{U} \end{cases}$$

其中 $\boldsymbol{A}(t)$ 为 $m \times m$ 阵,$\boldsymbol{B}(t)$ 为 $m \times r$ 阵,$\boldsymbol{C}(t)$ 为 $h \times m$ 阵,$\boldsymbol{D}(t)$ 为 $h \times r$ 阵。它们分别称为转移矩阵、控制矩阵、输出矩阵和传输矩阵。它们的元均不依赖状态变量和控制变量。

2) 系统动力学对系统的描述

在系统的一般描述的基础上,系统动力学对系统还有其独特的具体描述方法。如前所述,根据系统的整体性与层次性,系统的结构一般自然地形成体系与层次。因此,系统动力学对系统的描述可归纳为如下两步。

首先,根据分解原理把系统 S 划分成若干个(p 个)相互关联的子系统(子结构)S_i。

$$S = \{S_i \in S |_{1 \sim p}\}$$

式中,S 代表整个系统;S_i 代表子系统,$i=1,2,\cdots,p$。

在这些子系统中往往只有一部分是相对重要、为人们所感兴趣的。各子系统之间的相互关系可通过关系矩阵的非主导元反映出来。在实际问题中系统内的某系统与其他子系统的直接联系是少量的、有限的,因此关系矩阵通常是分块对角优势的,这一情况给子结构的分解带来很大的方便。

其次,子系统 S_i 的描述。

子系统由基本单元、一阶反馈回路组成,一阶反馈回路包含三种基本的变量:状态变量、速率变量和辅助变量。这三种变量可分别由状态方程、速率方程与辅助方程表示。它们与其他一些变量方程、数学函数、逻辑函数、延迟函数和常数一起能描述客观世界各类系统和千姿百态的变化。不论系统是静态的还是动态的,是不变的还是时变的,线性的还是非线性的,都可用这些变量方程来描述。根据系统动力学模型变量与方程的特点,定义变量并给出数学描述如下:

$$\dot{L}=PR$$

$$\begin{bmatrix}R\\A\end{bmatrix}=W\begin{bmatrix}L\\A\end{bmatrix}$$

式中,L 为状态变量向量;R 为速率变量向量;A 为辅助变量向量;$\dot{L}$ 为纯速率变量向量;P 为转移矩阵;W 为关系矩阵。

P 阵之所以称为转移矩阵,是因为其作用在于把时刻 t 的速率变量转移到下一个时刻 $t+1$ 上去。通常纯速率 $\dot{L}$ 仅为各速率 R 的线性组合,因此一般 P 阵是个常值阵。W 阵之所以称为关系矩阵,是因为它反映了变量 R 与 L 之间以及 A 本身在同一时刻上的各种非线关系。显然,在特殊情况下,若系统是线性的,则关系矩阵 W 阵为一常阵。以上数学描述有如下优点:

(1) 将系统中的动态部分与静态部分分别进行描述;
(2) 将系统中的线性部分与非线性部分分开进行描述;
(3) 可节省较多的计算机内存。

应该说明,系统动力学描述系统的基本方程应该是高阶非线性随机偏微分方程,是一种具有时空结构的进化方程。但由于数学与模拟语言处理上的困难,建模时把它简化为确定性的非线性微分方程,而在必要时在以专用语言描述的模型中引入空间坐标及其梯度(例如,划为不同区域与地区)来描述空间结构,反映某些变量的空间不平衡性。系统动力学专用语言中还备有多种噪声函数,可作为测试函数来研究实际系统中存在的某些随机的不确定因素的影响。

以上还只是涉及对实际系统中能定量加以描述的那一部分,然而并不是每一种系统或系统中的全部都可以用微分方程和其他数学函数精确地加以描述的。在社会经济等一类含有人类活动的复杂系统中,因其机理尚不太清楚,难于用明显的数学描述表示出来。这些被称之为系统中的"不良结构"部分只能用半定量、半定性或定性的方法来处理。系统动力学工作者在过去的 50 年中,在对社会经济系统逐步深化的研究中,把部分不良结构相对地"良化",用近似的良结构代替不良结构,或定性与定量结合把一部分定性问题定量化,尚无法定量化与半定量化的部分则以定性的方法处理。确切地说,系统动力学模型一般包含了对良结构与不良结构的描述两部分,以定量描述为主,辅以半定量、半定性或定性的描述,是定量模型与概念模型的结合与统一。

3.5.4 系统动力学建模步骤

系统动力学建模并没有固定的方法,建模本质上是创造性的。不同的建模者有不同的风格和方法,但是成功建模一般都遵守的步骤为,按照系统动力学的理论、原理和方法分析研究实际系统,建立起定量模型与概念模型一体化的系统动力学模型,各类决策者就可以借助计算机模拟技术,对复杂大系统的问题定性与定量地进行研究和决策。

系统动力学建模的主要步骤见图3.6[146]：

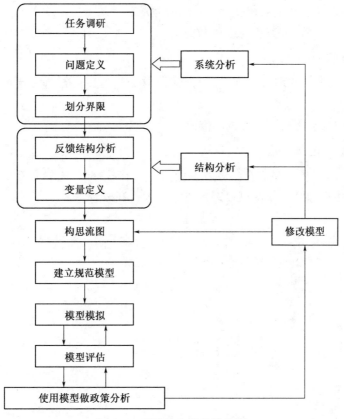

图3.6 系统动力学建模步骤

1) 系统分析,系统分析是系统动力学解决问题的第一步,其主要任务在于分析问题、剖析原因。

(1) 调查收集有关系统的情况与统计数据;
(2) 了解用户提出的要求、目的与明确所要解决的问题;
(3) 分析系统的基本问题与主要问题、基本矛盾与主要矛盾、变量与主要变量;
(4) 初步划分系统的界限,并确定内生变量、外生变量、输入量;
(5) 确定系统行为的参考模式。

2) 系统的结构分析,这一步的主要任务在于处理系统信息,分析系统的反馈机制。

(1) 分析系统总体的与局部的反馈机制;
(2) 划分系统的层次与子块;
(3) 分析系统的变量、变量间关系,定义变量(包括常数),确定变量的种类及主要变量;

(4)确定回路及回路间的反馈耦合关系,初步确定系统的主回路及它们的性质,分析主回路随时间转移的可能性。

3)建立定量的规范模型

(1)确定系统中的状态、速率、辅助变量和建立主要变量之间的数量关系;

(2)设计各非线性表函数和确定、估计各类参数;

(3)给所有 N 方程、C 方程与表函数赋值。

4)模拟与政策分析

(1)以系统动力学的理论为指导进行模型模拟与政策分析,进而更深入地剖析系统的问题;

(2)修改模型,包括结构与参数的修改。

5)模型的检验与评估

这一步骤的内容并不都是放在最后再做,其中相当一部分内容是在上述其他步骤中分析进行,如可利用模拟结果多次反复对模型进行评价和改进。

4 公路项目 BOT 可变合同条件设计原则

本章导读:本章的主要内容是明确公路项目 BOT 可变合同条件的设计原则。在 BOT 可变合同条件设计原则的指导下,首先总结世界各国 BOT 特许合同条件和可变合同条件的内容,然后以我国 BOT 公路项目为研究重点,通过失败案例的分析,总结我国公路项目 BOT 合同应调整的合同条件。同时,在进行合同条款分析和运营情况访谈等大量实证分析的基础上,对我国公路项目现存 BOT 可变合同条件的不足之处进行了剖析,并依据第三章提出的 BOT 可变合同调整模型,细化了公路项目 BOT 特许合同的可变合同条件设计原则和标准,包括:(1) 投资回报率的合理范围确定为 0%～15%,以平衡政府、投资者和使用者的利益;(2) 选取交通负荷(V/C)和平均行驶速度,作为衡量公路交通服务水平的标准,以保证使用者的利益;(3) 调整应有合理间隔期,既保证合同期内合同条件的相对稳定性,又提高合同执行效率。最后,根据本章提出的可变合同条件设计原则,提出了 BOT 合同可变合同条件的具体设计内容。

4.1 世界各国 BOT 特许合同条件分析

4.1.1 BOT 特许合同的主要内容

随着 BOT/PPP 项目在世界各地基础设施领域的广泛应用,世界银行在总结发达国家和发展中国家在各领域特许项目实践的基础上,于 1998 年出台了《基础设施特许项目合同设计指南》[46],给出了主要特许合同条件的设计内容和原则。在欧洲,受世界银行的委托,法国公路理事会调查英国、法国、意大利、西班牙、希腊、葡萄牙、挪威、芬兰、荷兰、德国等 15 个国家的特许公路运营情况,撰写了《欧洲特许公路项目实践报告》[8],总结了欧洲各国公路项目 BOT/PPP 特许合同的主要合同条件。同样在亚洲,在世界银行资助下,日本建设部调查了亚洲各国 BOT/PPP 公路项目实践,撰写了《亚洲收费公路发展计划》[4],推荐了公路项目 BOT/PPP 特许合同应包括的主要合同条件。这些合同条件的主要条款见表 4.1。对以上三种特许合同条件进行归纳和整理,主要的特许合同条件可归纳如下:

1) 合同规模和专属权

特许合同规模的"准确"大小由政府决定。因为特许合同的管理费用较高,对特许合同按规模大小整合后进行组合发包有利于减小管理费用。如果特许合同数量达到一定程度,对政府而言,有利于平衡盈利项目和亏损项目之间的经营效益,但从财务分析的角度而言,有些项目对特许公司缺乏吸引力。特许公司应被授予收费公路的专属路权,这一权利应包

表 4.1 世界各地《特许合同条件》示例

特许合同 设计指南	世界银行《基础设施特许 项目合同设计指南》	欧洲特许公路 主要合同条件*	亚洲国家的特许 公路合同条件**
合同 内容	(1) 价格条款 (2) 价格调整 (3) 合同期限、中止和补偿 (4) 技术标准和服务水平 (5) 奖励和处罚条款 (6) 政府方的权力保证 (7) 不可抗力和不可预见条件 (8) 争议解决机制	(1) 合同规模 (2) 特许期限 (3) 通行费率 (4) 合同授予标准 (5) 特许公司的自由度 (6) 政府特许部门和特许公司之间的风险分担机制 (7) 政府特许部门的职责	(1) 特许权范围 (2) 政府特许部门的信誉保证 (3) 通行费率的设置和调整 (4) 合同终止条款 (5) 债权人/项目特许部门的介入权 (6) 法律改变与不可抗力 (7) 公路的专属权 (8) 争议解决机制 (9) 风险应对策略 (10) 后特许期事项

注:* 通过对文献 4 总结而来;** 为文献 5 中的推荐合同条件

括附属商业的经营权,如广告、服务区等。最理想的情况是能够写明政府部门不再批准其他的有竞争性的项目,至少在一定时期内能够如此。如果没有此类条款,政府部门也许会批准其他的竞争项目,造成交通量下降。

2) 价格条款

价格条款决定着 BOT 项目产品/服务的价格,是合同的关键条款。为了使社会总体效益最大化,产品/服务的价格应能反映它们的生产成本。生产成本不仅应包括供应者的直接生产成本,还应包括其他间接成本,例如,环境污染所引发的成本。另一方面,价格应和需求意愿相一致。如果使用者愿意通过较高价格购买产品/服务,则价格可以较高,反之亦然。价格升高了,则供应者的生产积极性高,而使用者的使用意愿低,反之亦然。总之,合理的价格有利于平衡供求关系,调节供应者的生产量和使用者的使用意愿。

3) 价格调整

特许合同应设置确定和调整通行费率的明确框架,这一框架应能补偿运营费用的波动、货币贬值和最低偿债付息比率等带来的损失。当合同中不包含收入担保,特许公司承担建设、交通量和收费风险时,这些事项尤其重要。价格调整条款一般包括三种类型:指数调整规则、定期调整基本价格公式及价格指数法和依据不可预见事件调整法。

4) 合同期限、中止和补偿

特许合同的期限与特许合同的类型有关。管理合同一般为 3~10 年,租赁合同为 10~15 年,BOT 合同一般较长,为 15~30 年。有时,特许合同的期限取决于招标的结果。采用这种方法的时候,特许合同中不规定特许期长短,其长短依据后验概率法(Posteriori Profitability)。其原理是,政府部门设定通行费率,每个投标公司依照这一费率,按估算收入额报价。公司中标后,向使用者收取通行费用,当收取的费用达到了项目公司在投标文件中报的估算收入额后,特许期终止。

合同终止条款规定,如果特许公司或政府部门严重违约,或发生了损失重大的不可抗力事件,特许合同也许会终止,政府部门或其选定的新的特许公司就会接管连同收费权在内的收费公路的所有权。这种情况下,应在合同中规定,政府部门是否要向特许公司支付补偿费用,以及如何偿还项目债权人的条款。这类条款的处理方法非常复杂,不仅与项目所处的阶段有关,而且与引起项目终止的事由有关。

5) 技术标准和服务水平

特许合同中经常包含特许项目公司应达到的服务水平的指标,这些指标可以是施工时间、服务覆盖率、最小投资额、产品/服务质量、产品/服务数量、应收账款比率等。设立服务水平指标的目的在于对项目运营者提出要求并强制其遵守,避免他们因合同价格机制或合同责任问题而降低服务水平。

6) 公共方的职责和权力保证

特许收费公路虽然为政府扩大了公路建设的融资渠道,而且还为养护和运营提供了资金来源,但并不意味着政府部门在项目中不用承担任何职责。政府应确保社会利益(环境、安全等)不受侵害,同时可能需要为投资方提供额外资金,承担投资方不能承担的某些风险等。

为降低私营方不遵守合同或不愿缴纳罚金的风险,特许合同中,公共方通常坚持设置一些条款防止这些行为。常见的措施通常包括设置履约保函或其他类似的保证措施,保证公共利益的接管措施或要求私营方购买保险。当特许合同中涉及政府的财务支持措施(如收入不足时的补偿费、影子价格等),政府特许部门应具有相应的信誉和能力来保证按时支付这些款项,如投资方可要求由中央政府担保地方特许部门的支付信誉等。

7) 奖励和处罚条款

为提高项目运营者履行合同职责,实现规定的服务水平指标,特许合同通常都会包含奖优罚劣的条款。例如,为奖励提前完工,有的特许合同规定将提前的工期计入特许期(相当于延长特许合同期限)。有的合同也规定了一些处罚措施,如英国财政部出台的《PFI/PPP项目的标准合同》(V4)规定,如果达不到服务水平,则降低给项目公司的付费(适用于影子价格特许合同)。

8) 不可抗力和不可预见条件

特许合同一般期限长,合同期间不可预见的情况时有发生。对于间隔一段时间后重复发生的经济因素或技术提高等因素,可计入价格调整条款。对于合同设计时期完全无法预料,且后果严重,无法在价格条款中进行调整的事件,则必须在合同中规定应对方法。这一类的事件通常都是由政府部门(如法律改变)或不可抗力引起的。

9) 后特许期事项

目前,还没有特许收费公路项目的合同到期,也没有设施的移交。特许合同中应包含的相关事项有移交程序,价格评价公式(当价格大于 0 时),质量认定和检查等事项的明确定义。

10) 争议解决机制

特许合同期长,合同双方之间或合同双方与其他方之间,争议不可避免,从亚洲很多国家的案例来看,他们习惯于采取"友好协商"或者寻求本地政府仲裁的形式,结果引发了很多争端。所以,合同中应提前约定双方都接受的争议解决机制。特许合同可采用一系列的手段来解决利益冲突,如司法解决、半司法手段、行政裁决、仲裁、非强制性的其他解决方式等。

4.1.2 公路项目BOT合同中可调整合同条件分析

从第2章国外部分可变合同条件的文献来看,虽然没有明确提出可变合同条件,但在BOT特许合同中设置调整条件,以降低风险的影响,已经成为了世界各国的共识。总结这些调整条件,可以发现它们具有的特点。

1) 调整原则

欧洲各国的通行费率和特许期限的调整,大都遵循的原则是,要限制私营公司的年收入,或是规定私营公司的收费总收入的上限,或是规定私营公司的资金回报率的上限(这种方法也用于英国的国营特许公司)。

我国香港地区的调整政策就充分体现了这样的调整原则,即通过交通量来控制通行费率的调整日期,并且通过设置稳定基金的方法控制特许公司的最高收入,这种调整实际上对特许公司的最高收入和最低收入都做了限定。由于影响交通收入的风险多,且作用机理复杂,因此,针对每个风险设置调整条件是不可行的,这种采用类似"黑箱"的调整原则,提前设定结果,反过来调整合同条件的思想可避开这一难题,对于设计可变合同条件具有一定的借鉴意义。但如何从总体上设计风险因素之间的作用机理,是采用这一调整原则的关键。

2) 调整内容

世界各国的调整条件大多集中在特许期限和通行费率,且以通行费率的调整最为普遍。

(1) 特许期限

国外公路项目的特许期较长,一般情况下为30年,最长达75年,这是因为大多数国家的通行费率都较低[4]。从世界各国的实践来看,对于特许期限的调整较少。拉丁美洲采用过"外生特许期限"[4],即政府部门设定通行费率和交通收入上限,每个投标公司在这些条件下,按照特许期限投标,期限最短者中标。欧洲很多国家建议设置"重新谈判"的条款,在合同进行过程中,对特许期限进行调整,但似乎还没有国家切实采用。

特许期限的调整原则,充分反映了BOT合同条件的调整原则,但应用不多,还停留在理论阶段。

(2) 通行费率

由于通行费率在收费公路的特殊重要地位,世界银行《特许合同设计指南》专门对通行费率的调整进行了专题讨论,建议在考虑这一调整条件时,一要考虑特许公司的哪些成本发生变化时,才需要对特许公司的利益进行保护;二要选取价格指数,应选取特定产品价格指数调整某些成本的价格还是选取通用的价格指数调整总的价格;三考虑公路服务水平的什么指标变化时,对通行费率进行调整。

这一调整思想,实际上只能考虑有限的风险因素对通行费率的影响后果。但由于这种调整方法简单、直观,在实践当中应用得最为普遍。国外两种形式的收费公路,直接向使用者收费的公路和影子费率的公路,都采用这种简单形式的调整方法。

表2.1总结了世界各国和地区的直接向公路使用者收取通行费的费率调整条件。调整条件考虑的风险因素主要为经济因素,如通货膨胀率、利率、价格指数等经济指标,调整方式多数为在考虑有限因素的情况下,依调价公式进行调整。这些调整措施主要旨在保证投资

商的收入不致因这些因素的上升而造成下降,从本质上来看,此类调整考虑的主要是项目公司的利益。

在以影子价格为主的英国的 PFI 公路项目中,由于是政府向特许公司支付费用,特许合同中对特许公司的服务水平要求较高,要求所支付费用的高低与服务水平相关联,付费的折扣额要反映服务水平的降低程度,这种调整措施相当于对服务水平和价格设定了上限,只有服务水平完全达到要求,特许公司才能获得全额付款,如果达不到,则特许公司的收入也会打折扣。如果服务水平的下降,造成了负面的社会影响,该标准合同还建议设置相应的惩罚措施,进一步下调支付价格。对于公路项目,为控制特许公司的收入上限,支付费用还与交通量相联系,如"交通梯度法"反映出的思想就是单车收入随交通量的增长而下降,这实际上是对投资商/特许公司的收入上限做了限制。采用影子价格的民间资本参与的项目,由于是政府支付费用,公众对公路使用抵触少,因而交通量相对有保障,换句话说,市场风险较小,特许合同更多地对服务水平和社会效益要求较高,合同调整考虑更多的是保护使用者和社会的利益。

3) 调整方法

目前的调整方法以经济因素,如通货膨胀率,物价指数与通行费率之间的线性关系为调整基础,调整缺乏科学性和系统性。实际上,影响通行费率的因素很多,如交通量对通行费率有很大影响,但基本上在调整内容和方法上都没有体现。香港特区通过交通量的大小控制通行费率的调整日期,实际上调整依据依然是通货膨胀率和浮动利率等因素。

除了对风险的数量和影响考虑不完整外,现存的合同调整条件也忽略了风险之间的相互作用,如从单一风险的角度考虑,通行费率高虽然可以带来交通收益的提高,但因为高通行费率会抑制交通量的增加,所以整体上来看,交通收益不见得提高。现存的合同调整条件只考虑经济类风险因素对交通收益的个别影响作用,缺乏对风险之间相互作用机理的系统考虑,这样的调整由于缺乏对风险综合影响作用的考虑,调整不一定合理。

4.2 我国现有公路项目 BOT 特许合同中的合同调整条件分析

4.2.1 已有公路项目 BOT 案例描述

上世纪 90 年代,我国已开始了 BOT 公路项目的实践。这些公路项目,有的因种种原因已终止,有的仍在合同期。由于公路建设的发展需要,新的 BOT 公路项目仍在出现。总结已有 BOT 公路项目的经验和教训,无疑对提高 BOT 公路项目特许合同设计的可靠性和适用性都有重要参考价值。本书选取了我国的四个 BOT 公路项目案例来进行 BOT 公路项目运营情况和合同条件的分析。这四个案例,三个始于上世纪 90 年代,一个始于 21 世纪初;一个因种种原因已失败,三个正在运营,其中一个接近合同期末;两个是港商参与投资,两个是内地企业参与投资(其中一个是国有企业参与投资,一个是私营企业投资)。这四个案例,无论从时间、实施阶段,还是投资商的角度,都代表了从上世纪末到 21 世纪初,我国 BOT 高速公路的投资和经营状况,因而有一定的借鉴意义。

1) 案例一：福州闽江四桥(1997—2004)

福州闽江四桥位于福州，项目总投资额 12 亿元人民币。该项目的特许经营公司为鑫远城市桥梁公司，由香港秀明国际公司和福州市城乡建设发展总公司合作成立。这种政府部门与投资商共同组建特许经营公司的模式，是上世纪 BOT 公路项目的主要合作模式。该项目中，闽方以闽江二、三桥及白湖亭收费站的有形资产作价 3.6 亿元人民币，占 30% 股权；港方出资 8.4 亿元人民币占 70% 股权。合作公司经营期限 28 年。

闽江四桥的《专营权协议》(特许合同)由福州市政府与鑫远城市桥梁公司签署。主要合同条件包括：(1) 福州市政府保证合作公司自经营之日起 9 年内，福州市从二环路及二环路以内城市道路进出福厦高速公路和 324 国道的机动车辆均经过四桥的白湖亭收费站，并保证在专营权有效期限内，不致产生车辆分流。(2) 合作经营的前 9 年，如因其他原因导致合作公司通行费收入严重降低或通行费停收时，合作公司有权要求市政府提前收回专营权并给予补偿。福州市政府还承诺，保证港方除收回本金外，按实际经营年限获取年净回报率 18% 的补偿。

1997 年，项目开始运营后，合作公司运作正常，收入稳定。截至 2004 年 5 月底，所得收入，除去营运成本和缴纳政府税金外，全部收入主要归还了银行贷款本息 4.547 3 亿元，港商收回 3 676 万元。但自从闽江四桥建成收费后，公众对迫使车辆从白湖亭收费站这一做法一直持强烈反对态度，进入 21 世纪后，随着车辆的增多，闽江四桥的服务水平严重下降，出现了道路拥堵、收费排队等待等一些问题，这些问题更加深了公众的反对情绪，迫于种种压力，福州市政府不得不开放二环路三期工程，这样，大批车辆绕过白湖亭收费站，公司通行费收入急剧下降。至 2004 年 6 月底，收入平均下降已超过 70%，从以往每月收入 800 多万元下降到 200 多万元，而且持续下降，150 多名员工面临失业。合作公司失去了还清贷款的能力。

当时，港方投资商的 8.4 亿元的总投资，其中 3 亿元的现金投入只收回了 3 000 多万元，出具担保的 5 亿多银行贷款还有 2 亿多元没有归还，两项相加亏空达 5 亿多元，7 年的投资回报更是无从谈起。为此投资商港中旅多次与福州市政府磋商未果。福州市政府于 2004 年 6 月曾做出处理方案并形成了纪要，闽港达成了三点共识：(1) 政府收回专营权，归还港方投资本金；(2) 闽方承担合作项目尚余的银行贷款担保责任；(3) 政府合理支付港方的融资成本和适当回报。在这三点共识中，每年 18% 的回报改为"适当"回报。但很快福州市政府又否决了这三点共识，后由国资委和中央政府驻香港联络办公室出面与福州市政府联系，同样未获得积极的效果。

最后，合作公司向我国国际经济贸易仲裁委员会申请仲裁，要求终止与福州市政府的《专营权协议》，并由福州市政府返还总额达 9 亿多元的投资本金和投资补偿款。贸仲会正式受理后，福州市政府随即以贸仲会无权受理为由，向福州市中级人民法院提起管辖权异议。本案最终在国资委及福建省政府的直接协调下，于 2005 年 6 月 17 日，港中旅与福州市正式签署了解除合作项目的协议书，并由福州市城乡建设发展总公司将 3 亿多元人民币投资款退还港中旅。

[资料来源：崔世海(2004)[25]]

2) 案例2：南京长江三桥(2005—2035)

南京长江三桥是位于南京地区长江段上的一座公路桥梁。该项目于2002年立项，2003年5月动工，项目收费期限起初为25年，后延长为30年。三桥的特许经营公司为三桥公司，由代表政府的南京交通控股集团、北京、深圳两家股东和浦口区经济开发区共同成立。三桥的通行费计次收取，小汽车的基准价格为15元/次。

三桥的位置距南京主城区较远，和长江大桥直线距离19公里，从南京市中心开车到三桥，大约是15公里，开车算上出城时间，需要半个小时，因此，三桥的定位主要是外地车辆（多数是安徽车辆）过境桥，对市内交通分流能力偏弱。自2005年10月7日建成通车以来，南京长江三桥就一直处于不温不火的状态，2007年日通行量仅1.5万辆次左右，而长江大桥每天是6万辆次。南京长江大桥再堵，车还是往那边钻，三桥没车，大家也不愿意走。随着南京周边、江苏省内和安徽境内的周边路网逐渐完善，三桥近期、远期的情况更不容乐观。为了吸引车辆，2007年10月7日，在三桥通车2周年的时候，三桥"自降身价"，在原先小车通行费20元的基础上，对南京的私家车主实施了优惠政策，每车只收15元。而出租车仍按正常标准减半缴纳通行费，公交车实行月票制，标准为400元/(辆·月)。附近相关区域的车辆和长途客车等均享有月票制优惠[151]。

然而，南京市民对于这一优惠显然并不领情，人们宁愿走拥挤不堪但免费的大桥，也不愿走三桥。市内车辆如走三桥，必须绕到城外，过桥后再回头，有私家车驾驶员戏言，不收钱也不走。因此，三桥吸引的车辆，主要是通往安徽方向的客车和货车。2009年11月3日，经三桥公司申请，省物价局、财政厅、交通厅批复，南京长江三桥的收费年限从25年正式延长为30年，自2005年10月7日收费之日起计算，将一直收费至2035年10月7日[151]。省物价局相关人士表示，三桥通车时考虑到通行量的不确定性和南京市整体交通规划的发展，对收费年限采取了暂定试行办法，正式收费年限确定为30年是根据试行以来三桥的经营状况，以及面临的路网变化等情况，经省政府核准而定的。该人士承认，三桥延长收费时间主要还是由于通行量少，经营状况不太理想。据悉，延长收费年限后的三桥收费标准并没有变化，南京私家车过桥仍为15元。

三桥收费期调整的消息一公布，立即在社会上引起了巨大反响，一些人认为三桥的修建成本主要是财政投资，强烈反对收费，一些人质疑交通量过低导致交通收入低，不足以偿还投资的说法，还有人抱怨政府随便延长收费期限，道路使用者没有发言权[152]。

［资料来源：新华每日电讯7版(2009)[152]，新华报业网——扬子晚报(2009)[153]］

3) 案例3：富德公路(1996—2014)

富德公路位于河北衡水市境内，全长66.5公里，是华东以及华南诸省通往北京距离最近的省级干线公路。富德公路的特许经营公司为衡水金富公路发展中心，由衡水市道路开发中心（冀方）与香港美嘉集团有限公司（港方）共同组建。项目总投资1.1亿元人民币，其中冀方3 800万元，港方投资7 200万元人民币，资金来源冀方以沿线地方政府筹集为主，港方以股东部分自有资金和境外融资为主。项目自1996年开始通车运营，经营期限为18年（不含建设期），至2014年合同到期，期满后移交给当地政府。

富德公路通车前，曾由特许经营公司组织力量于1995年进行了四昼夜连续式交通量调查,结果表明,汽车交通量为 2 474 辆/昼夜,考虑收费对车辆转移的影响等因素,确定以 1996 年收费时交通量 3 000 辆/昼夜为基准,每年以 6% 速度增长。全线设 2 站,每站每车平均收费 15 元。按此基础数据和其他成本测算,项目所得税后内部收益率为 16%,投资回收期 12.2 年。

富德公路自运营之日,整体运营良好,由于地处交通要道,以及我国经济的高速发展,实际交通量增长大大高于预测,不但每年给当地政府上交大量税金(如,2003 年上交税金 2 057.6 万元人民币),而且运营期第 8 年就收回全部投资,其余 10 年交通收入除去运营成本和税金,为投资商赚取了丰厚的投资回报。

(资料来源:Zou,Wang and Fang[127])

4) 案例 4:福建泉州刺桐大桥(1996—2025)

刺桐大桥位于福建省泉州市内,连接着福州与厦门的 324 国道,是福建省特大型公路桥梁之一。大桥横跨晋江,全长 1 530 米。刺桐大桥修建以前,晋江上只有 16 米宽的泉州大桥连接着福州至厦门的 324 国道。1994 年初,市政府决定再建一座跨江大桥,由于资金缺乏,决定采用 BOT 方式兴建。民营企业名流公司主动承担建桥任务,由名流实业股份有限公司和泉州路桥建设开发总公司按 60∶40 比例出资,注册资本金 6 000 万元人民币。运营后的收入所得,也按投资比例进行分配。刺桐大桥是我国首例由民营企业完全采用 BOT 方式建设的重点项目大桥。刺桐大桥经营期限为 30 年(含建设期),期满后全部设施无偿移交给市政府。

刺桐大桥投资公司在合同签订后,在当地政府的大力支持和协助下,8 个月项目即得以立项。开始施工后,名流公司聘请专家和有丰富桥梁建设经验的铁道部大桥建设监理公司担当监理,对大桥的建设进行管理,在各方的努力下,大桥提前一年半建成。刺桐大桥自 1997 年通车,前 4 年,就取得了良好的社会效益,经济效益也稳步增长,车辆通行费收入年均增长率为 20% 以上。截至 1998 年 6 月 30 日,大桥评估现值 110 016 万元,截至 2000 年 9 月 30 日,收费权价值评估为 52 961 万元。

刺桐大桥修建之前,晋江上已有泉州大桥。泉州大桥 1984 年由福建省交通厅直接投资建成,过桥费收入可观。但 1997 年以前,泉州大桥的收费直接划归省里。因此泉州市政府对 1994 年开建的刺桐大桥的建设和运营非常支持,不仅允许刺桐大桥投资公司进行附属公路(南侧接线公路,长 2.3 公里)的开发和经营,而且为保证银行贷款及时到账,泉州市财政局还提供了《泉州刺桐大桥工程还贷承诺书》。但 1997 年,省政府将泉州大桥收费权移交给了泉州市政府,此时,由市政府收费的泉州大桥和由民营资本投资运营的刺桐大桥直接形成了竞争关系,泉州市政府与刺桐大桥投资公司的利益关系发生了根本性的转变。刺桐大桥建成后,泉州大桥原来年 5 000 万左右的年收入,被刺桐大桥分流后,骤降到 3 000 万左右,刺桐大桥的麻烦随之而来。

1997 年 12 月,泉厦高速公路建成。刺桐大桥距泉厦高速仅 300 米,所以刺桐大桥投资公司早在建桥时就预留了两个与高速公路的对接口,但泉州市政府有关部门却不批准刺桐大桥的连线方案,而是投资 1.3 亿元,修建了一条长达 10 多公里的牛山连接线,将泉州大桥与泉厦高速公路相连,以增加泉州大桥的交通量。1998 年底,泉州大桥建设投资基本收回,泉州市政府又投资 5 800 万元建设了与泉州大桥并行的顺济新桥和笋江大桥。两座新桥统一收费管理,成为泉州大桥收费站的"分站"。2000 年泉州大桥正式成为国道 324 线收费站,泉州大桥转而以"国道324线泉州大桥收费站"的名义继续收费。由于刺桐大桥无法接入近在咫尺的高速公路,刺桐大桥投资公司转而修建6.4公里的"324国道复线",绕道牛山接入泉厦高速。在通过牛首山时,复线工程被迫偏移20米,接入一个斜向的桥洞,复线工程被迫作相应位移和桥洞对接,结果连拐了两个弯,成了"水蛇腰"状的危险路段,并且又追加了几百万投资,工期拖了一年多。在此形势下,为了回收刺桐大桥的建设投资,名流公司于1999年4月向泉州市有关部门申请对刺桐大桥及沿线公路区域内的服务设施进行开发经营,但泉州市政府迟迟未予批复。

2003年,福建省政府开始对全省公路和城市道路收费站点进行清理,明确规定:泉州大桥、顺济新桥、笋江大桥收费至2004年7月1日后停止,刺桐大桥收费站至2025年5月18日停止收费。三座桥收费取消后,三桥车辆分流大大加重,刺桐大桥车流量有所下降。但交通量上升也为三座桥梁的交通组织带来难题,桥头秩序混乱,过桥车辆严重堵塞。

为了兼顾社会公众和刺桐大桥投资方的利益、保证交通顺畅,泉州市有关部门以"过境走两边,市区走中间"为原则出台了过江车辆的通行方案。按此规定:过境车辆走刺桐大桥和笋江大桥,出入市区车辆走泉州大桥和顺济新桥。车辆分流方案给予了刺桐大桥一定的保护,而且由于泉州每年的车辆增长十分迅速,因此刺桐大桥的经营空间仍然很大。据调查,三座桥取消收费前,刺桐大桥车流量为2.013万辆/天,三桥分流方案出台后,每日过桥的车辆减少了3 000辆左右。虽然通行车辆少了,但走刺桐大桥的大型客车、大型货车较多,收费普遍较高,总体而言,刺桐大桥投资方的利益仍然是有保障的。不过,也有许多大型客、货车绕道走笋江大桥或者专等夜间走泉州大桥,以省掉走刺桐大桥需要缴纳的过桥费。

为了降低刺桐大桥出现交通量下滑的风险,名流公司制定了多种应对方案。其一是继续争取刺桐大桥与泉厦高速公路的连通;其二是采取灵活的市场经营策略,通过给予过桥大客户优惠、设立交通安全奖、开通部分车辆专行道、推行文明服务等方式吸引车流量。由于泉州市车辆通行量的迅速增加,刺桐大桥的过桥车辆仍呈逐年上升的趋势。2005年刺桐大桥南片区改造启动后,刺桐大桥成了泉州通往晋江方向的"捷径",刺桐大桥每天车流量上升到3万辆左右。从2006年开始,泉州大桥的部分路段实施封闭施工,致使刺桐大桥的车流量进一步增加,2006年大桥的纳税额高达1 600万元。据统计,刺桐大桥及控股股东累计支付银行本金和利息近2亿元,累计缴纳税金4 000多万元。

2007年,名流公司又投资5 000万元建设刺桐大桥连接到陈泉公路段的项目,并计划与政府投资建设的泉州中心市区内环路高架立交桥连接,刺桐大桥可以作为泉州中心市区过境的主要通道。该项工程投入使用后将建收费站,作为刺桐大桥收费站的分站,收费标准与刺桐大桥收费站等同。

虽然经历了种种波折,但随着交通量的增加和城市建设的发展,刺桐大桥的交通量危机解决了,名流公司也获得了丰厚的交通回报。高回报率对名流公司来说无疑是好事,但对广大大桥使用者和社会各界来说,已成为对收费公路项目的诟病之源,但因为缺乏灵活的合同条件,政府对这些问题仍旧拿不出积极的应对策略。事实上,呼吁刺桐大桥取消收费的呼声已经出现。假设泉州市政府有财力回购刺桐大桥,那么在私营方已收回投资并获得收益的情况下,应当按照什么标准支付回购费用,这些,都是特许合同设计没有考虑过的问题。

[资料来源:宋金波,宋丹荣,王东波(2009)[154]]

4.2.2 基于我国已有 BOT 公路的应调整合同条件分析

1) 我国已有 BOT 公路运营过程中主要风险因素分析

从上述案例可看出,这些项目在漫长的运营过程中,随着各种矛盾的出现,出现了各种各样的问题,引起了大家的广泛关注。各个案例出现的问题总结如表 4.2,从中可以看出,有些问题,本身就是 BOT 特许合同条件的一部分内容,如特许期、通行费率、竞争道路等问题,有些问题虽然不直接构成合同条件,但直接影响着合同条件,如投资回报率、交通量、公众反对、政府信用、经济发展水平、规划缺陷,这些都是在 BOT 公路项目运营过程中必然要出现的不确定因素,换句话说,都是风险,都对合同条件造成影响,是考虑可变合同条件要考虑的因素。

表 4.2 我国 BOT 公路案例问题总结

案例	出现的问题
福州闽江四桥	固定回报率,竞争道路,交通量下降,公众反对,政府信用
南京长江三桥	规划缺陷,竞争道路,交通量不足,收费期长,公众反对,通行费率高
泉州刺桐大桥	特许期长,回报率过高,竞争道路,政府信用,公众反对,回购风险,交通量预测不准,经济发展水平
河北富德公路	交通量预测不准,特许期长,回报率过高,竞争道路,经济发展水平

表 4.2 中出现的合同条件与其相关的风险因素之间的关系问题可分析如下:

(1) 投资回报率。公路的投资基准回报率,国家发改委没有明确标准。上世纪 90 年代,各地方政府纷纷在 BOT 特许合同中写入了固定回报率的优惠合同条件,即政府方以合同条件的形式许诺项目的最低回报率,如果项目收入不足以保证该回报率,则由政府出资补齐。为了吸引投资商投资 BOT 项目,各地政府盲目许以高额固定回报率,通常在 15% 以上[25],这个优惠条件看上去使投资商无任何市场风险,但是,当项目收入无力支撑这一高额回报率后,政府往往也无力背负这一沉重负担,项目往往失败。本节案例中闽江四桥 BOT 合同的终止,就是因为这一原因。据悉,上世纪 90 年代末,中央政府出台政策清理含有固定回报率的项目,被终止的项目多达 200 多个。1999 年,我国政府发文,明确规定 BOT 项目不得承诺固定回报率这一显失公平的合同条件[25]。

但对于投资商来说,BOT 项目属于投资项目,投资回报率的问题不可回避,许多国家在评标时,也把 BOT 公路项目财务上是否可行作为重要的评标条件之一。早期的 BOT 公路项目,由于经济发展水平相对较低以及公路使用者对公路收费的抗拒,交通量往往偏低,存在投资回报率低的风险。但从本节案例来看,目前 BOT 公路项目的投资回报率是比较可观的,这一点可从富德公路和刺桐大桥项目充分反映出来。南京长江三桥目前看来虽然回报率偏低,但考虑到该项目才运营 6 年,现在还不能得出项目回报率偏低的结论,事实上,三桥的交通量是按照 10% 的速度稳步上升的(见访谈内容),虽然闽江四桥项目失败了,而且政府和投资商在回报率问题上出现了较大的争执,但从前 6 年的运营情况来看,资金回收速度也很高,所以对于目前大部分的 BOT 公路项目来说,投资回报率非常乐观。

投资回报率是决定通行费率和特许期限的重要参考变量,虽然不会出现在合同条件中,但因为投资回报率的大小决定着通行费率和特许期限的长短,因此投资回报率应有合理区限,太高则引起通行费率过高和/或特许期限过长,导致公众不满情绪加大,也对经济发展产生负面影响,太低则无法吸引投资商的投资兴趣。

(2) 交通量。从案例可以看出,交通量是决定BOT公路项目成败的关键因素。闽江四桥因为交通量被分流而失败。南京长江三桥因为吸引交通量少而为能否收回投资成本而担心。富德公路由于地处通往北京的交通要道,交通量持续上升,因而8年就收回了投资,刺桐大桥一波三折,本来有可能血本无归,但由于我国经济高速发展,催生了大量的交通量,所以一步步走出危机,并且获利丰厚。从案例来看,很多因素,如经济发展水平、竞争道路、公众反对、规划缺陷等都是影响交通量高低的重要风险因素。然而在合同设计阶段,交通量的预测不准也是案例中存在的大问题,如富德公路交通量预测的依据仅仅是四昼夜连续式交通量调查,而对反映交通量变化趋势的交通量增长率,缺乏预测依据,即缺乏对影响交通量的风险分析,运营过程中才发现项目的实际盈利能力很强,远远超过预测。其他几个案例虽没有对于交通量预测的记录,但隐藏在表面现象之后的问题,依然是交通量预测不准。由于影响交通量增长率的因素太多,而BOT公路项目的特许期限又长,交通量预测不准,几乎是必然结果。这种情况下,明确风险因素,动态监测交通量的变化,是动态调整BOT特许合同条件的重要依据。

(3) 通行费率。收费过高的问题,是公路使用者反映最为突出的问题,目前我国公路收费的基本费率,小汽车的费率在0.4~0.7元/(公里·车),货车的收费为小汽车收费费率的1.25~3倍之间。如此高的收费费率,使得富德公路8年就收回了全部投资,而刺桐大桥虽然有过一次次交通量危机,也至多用10年时间就回收了投资。高费率带来了高投资回报率,甚至暴利,虽然有利于投资商,但对广大的公路使用者和政府来说,都有连锁式的不利影响。对个人而言,增大了出行成本负担,对社会而言,大大增加了物流成本,对社会经济发展造成影响。通行费率对投资回报率、交通量、特许期限都有影响,也严重影响着公众的支付意愿。

(4) 特许期限。公路项目属于基础设施,投资巨大,在交通量和收费费率变化不大的情况下,世界各国的特许期限一般在30年左右。我国公路项目的特许期限与世界各国相仿,也为30年左右,这也可从案例中得到证实,四个项目中,合同期限有三个是30年,一个是18年。但特许期限的这一数值不是固定不变的,在交通量增加或减少的情况下,该数值应该有所变化,例如欧洲一些低交通量的国家,特许期限最高达到了75年,而我国,由于近年来交通量大增,富德公路的投资回收期只用了8年,刺桐大桥项目投资回收期也只有10年左右,而它们的特许期却分别长达18年和30年。这种情况下,缩短特许期限或降低费率,也能将投资回报率控制在合理范围内。反之,如交通量严重不足,则应考虑在维持费率的情况下,延长特许期限。但延长必须建立在一定的科学分析基础之上,像南京长江三桥,才经营了6年,就将收费期限从25年调整到了30年,很多人因此质疑,才运营6年,就延长收费到30年,但如果提前收回了投资呢?也要继续收满30年吗?如果市场化投资失利,社会公众是否有义务为其买单?这些问题在目前我国的特许合同中都没有做出约定。

(5) 公众反对。本节案例中,出现的一个普遍问题是,公众反对公路收费。这个问题,固然与公众的固有思维有关,即基础设施应无偿使用,从而对收费产生抗拒心理。但当公众逐步接受收费之后,收费公路自身也暴露出了服务质量问题,例如,随着交通量的上升,闽江四桥和刺桐大桥都出现了交通拥挤和收费时车辆长时间排队的状况,这加剧了公路使用者的不满,也加重了公路使用者与公路运营者之间的矛盾。按照经济学的一般规律,价格应反映使用价值,如果使用价值下降,则价格应该反映这一变化,如价值改变了,仍维持价格不变,则会造成需求下降或用户不满(实际上是变相涨价行为)。阿根廷运营民间资本收费公路的经验表明,公路收费后,使用者必须被当做顾客对待,努力提高服务水平才能得到使用者的认可。巴西的经验也表明特许经营者必须提高公路的维护水平,并且向使用者提供良好的服务,比如机械修理、车辆拖曳、医疗救护等,才能抵消使用者的缴费抵触心理。悉尼穿城隧道就曾由于只设立电子收费站(需买年卡、季卡或月卡),没有人工收费服务,而受到使用者的批评。改进 BOT 公路的服务水平,则可以降低公众对公路收费的不满情绪,吸引交通量,从而对通行费率和收费期限产生影响。

2) 我国公路项目 BOT 合同应调整合同条件主要内容

根据以上分析,案例公路中各风险因素的相互作用关系可用图 4.1 进行图示。从图 4.1 可看出,交通收益是决定 BOT 公路项目是否成功的关键。交通收益主要受通行费率、特许期限、交通量、成本、税收和利率等经济性因素影响。

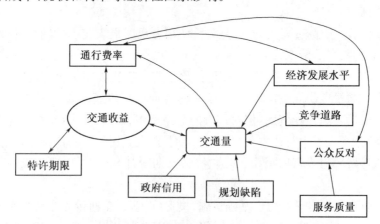

图 4.1　BOT 公路项目运营风险相互影响关系示意图

由于政府方是合同条件的编制方,投资商是合同条件的主要约束对象,因此,可变合同条件调整的对象,主要是非投资方因素引发的风险带来的后果。

基于此前提,在图 4.1 中,成本风险没有出现在案例公路的运营风险当中,这是因为成本主要取决于公路的复杂程度、投资商的建设和管理水平,属投资商风险。

运营风险中矛盾集中部分是通行费率、特许期限和交通量。通行费率和特许期限是特许合同中,由政府方主导制定的重要合同条件,是可以调整的,且是世界各国特许合同重点调整的对象,因此,作为本书的可变合同条件调整的内容。

交通量是市场风险,受很多风险因素的影响,如经济发展水平、竞争道路、公众的态度、规划缺陷、政府信用等。这些风险,有些是项目固有风险,如规划缺陷,有些是违约风险,如政府信用,很难量化,一般难以在合同条件中进行调节。竞争道路属竞争风险,是市场调节的一部分,也不宜在合同条件中调整。经济发展水平与汽车的拥有量相关,是间接影响交通量增长的因素,在合同条件中难以直接调整。而公众的态度看上去难以量化,但可通过公路的服务水平得到间接量化。交通量受公众的付费意愿影响,公众的付费意愿一方面会随着公众对有偿使用公路服务的逐步接受而逐渐提高,但更重要的,也受公路服务水平的影响,服务水平高,则公众的付费意愿强,反之相反。因此,为体现公众的利益,BOT 公路项目的服务水平将作为本书重要的可变合同调整条件。

4.2.3 公路项目 BOT 特许合同中的调整条款

1) 公路项目 BOT 合同调整条款分析

(1) 公路项目 BOT 特许合同中的调整条款

国内目前高速公路的 BOT 特许合同的主要合同条件,都依照《收费公路管理条例》的规定制定。本书通过政府部门的相关人员,取得了河南和四川两省的高速公路 BOT 特许合同文本,表 4.3 列出了这两条公路的 BOT 合同相关合同条件。

表 4.3 公路项目 BOT 特许合同中的调整条款样例

BOT 合同条件	河南某 BOT 高速公路[*]	四川某 BOT 高速公路[**]
收费标准	"由乙方提出方案,由甲方会同有关部门按照规定程序报河南省发展和改革委员会、省交通厅批准后实施"	"收费标准由乙方提出,经交通行政主管部门会同同级有关部门审核后,报四川省人民政府批准,收费标准不低于四川省同期同类同地形高速公路的收费标准"
收费调整	"根据同期国家和地方物价指数的变化情况或在合理的项目经营成本等因素变动达到一定幅度的特殊情况下,乙方也可通过甲方及时向省发展和改革部门和省交通主管部门提出相应调整收费标准的申请"	"乙方可根据物价上涨等非经营性因素影响提出收费标准调整意见,报四川省人民政府批准"
特许期限	"特许期限始于本协议缔结之日,于鹤壁至辉县(南村)高速公路收费经营期限届满终止,除非本协议根据其规定被提前终止"	"甲方授予乙方的特许权自本合同生效之日起至项目收费期限届满之日止","特许期由准备期,预计六个月,建设期,三年和收费期,27 年 9 个月 16 天三个阶段组成"
特许期限调整	"经双方书面同意,并符合国家现行和日后颁布的法律和法规的规定,经批准,特许期限可以延长";特许期提前终止的情况,包括"① 乙方发生清算、不能支付到期债务、破产或一般性地停止对债权人的清偿;② 建设和经营期内,乙方发生严重的建设质量或养护质量问题,且不能在甲方指出后在规定的时限内整改,或整改后仍不达标的;③ 乙方因为主观因素造成建设速度严重滞后,且无望在规定的工期内完成施工任务的;④ 乙方不能确保建设资金按期到位,或资金差额较大,严重影响工程进度的;⑤ 在建设和经营期内,乙方不能履行有关政策法规规定的管理职能,且有严重违法违纪行为,造成恶劣社会影响的;⑥ 在建设期和经营期内,乙方不能落实《安全生产法》之规定确保安全生产且造成重大安全事故的;⑦ 乙方在建设期和经营期内严重违反《环境保护法》,并收到政府部门严肃处理的;⑧ 乙方违反本协议规定的其他主要义务,并且不能在甲方发出指明及要求乙方纠正其违约行为的书面通知起 30 日内纠正此行为"	特许期的延长,若发生"① 因甲方违约或非乙方责任导致的项目用地的拆迁安置未如期完成导致的完工延误;② 不可抗力导致项目不能如期完工;③ 为保护在建设用地内发现的历史文物而导致的完工延误;④ 经甲方同意的项目设计变更所致的完工延误",可延长特许期中的建设期,关于收费期的延长,① 若"经批准的项目初步设计概算超出招标文件中投资估算(49.26 亿元)的 5%以上时可相应延长收费期,但原收费期(27 年 9 个月 16 天)与本延长期的收费期之和不得超过 30 年",② "如果项目运营期出现政策性降低车辆通行费标准、政策性扩大车辆通行费免费范围或实际车流量显著低于四川省交通厅在本项目前期工作中预测的车流量等情况,乙方有权享有四川省同期同类高速公路在同等情况下的待遇"

资料来源:引自河南鹤壁至辉县(南村)高速公路项目特许权协议书(2007)(未公开发表资料)*
引自四川省乐山至宜宾高速公路 BOT 项目特许权合同(2005)(未公开发表资料)**

(2) 调整条款分析

从表4.3可以看出,我国公路项目BOT特许合同中主要的可调整的合同条款包括特许期限和通行费率。

① 特许期限

《收费公路管理条例》规定,经营性收费公路的收费期限不得大于25年,最长不得超过30年。表4.3中,河南BOT公路的《特许协议》调整条款主要规定了特许期限终止的合同条件,这些条件主要考虑了可能造成合同终止的公路建设的质量风险,建设速度风险(按期完工风险),建设资金按期到位的风险,建设和运营期的管理水平风险,安全和环境保护风险,对于图4.1中所总结的大部分运营期风险,如经济风险和交通量风险都没有提及。此外,该合同条件中终止条件定义大都比较模糊,如"建设速度严重滞后","造成恶劣社会影响"等,使得合同缺乏可执行性。

四川BOT公路的《特许合同》中关于特许期的调整,规定了特许期延长的6种情况。这6条特许期延长条件中,前4条均为政府方承担责任的建设期延长的情况,即政府方应承担责任的四种完工延误风险;后两条为收费期延长的情况,前一种情况考虑的还是建设期的成本超支风险,建设成本超支情况下,政府方将延长收费期,但以30年为上限,这一条实际上规定了政府方对成本超支风险的承担有责任上限,超出此范围,风险将由投资商承担,后一种延长情况,考虑到了运营期的市场风险,即政府方将承担由政策风险引起的通行费率下降和交通量下降风险,但此处合同条件模糊,如通行费率和交通量的下降在达到什么程度时调整,调整方式是什么,合同条款中仅表明"乙方有权享有四川省同期同类高速公路在同等情况下的待遇",这里待遇一词非常含糊,是延长特许期限还是获得财政补贴,具体的幅度或数量如何确定?合同中没有定义,这样不严谨的语言,不符合合同语言要求。这样的调整条件缺乏可操作性,执行效率将会很低。

② 通行费率

从表4.3可以看出,河南和四川的《特许合同》所列出的通行费用的调整条件,一为国家或地方的物价指数;二为合理的项目经营成本上涨等。这个调整条件与表2.1列出的世界其他各国的调整条件相似,调整的目的也相仿,主要是考虑到保护特许公司的交通收入不致受物价指数的上涨而降低。对于其他市场风险,尤其是交通量风险,没有提及。但合同文本均未提及引发调整的条件,即物价或成本上涨到何种程度或相隔几年进行调整,也存在着合同条件模糊,缺乏可操作性的问题。此外,通行费率的调整没有考虑公路服务水平的影响。

2) 公路项目BOT项目合同调整方法

(1) 运营中的BOT公路项目中调整方法访谈

表4.3列出的公路项目都为在建项目,还未进入实际运营期,所以难以了解其可变合同条件的实际运营状况。为了了解BOT公路项目实际的价格和特许期限的调整情况,作者通过电话和电子邮件,分别对京沈高速公路和南京长江三桥的管理人员进行了访谈。

① 案例一:京沈高速公路

京沈高速公路是连接北京和沈阳的高速公路,全长658.7公里。京沈高速公路工程于1996年9月开始分段施工,历经4年建设,2000年9月15日全线贯通。该项目按地域进行建设管理,分为北京段、河北廊坊段、天津段、河北宝山段和辽宁省沈山段。由于不同路段建设资金来源不同,运营管理模式也不同,其中天津段37.2公里,采用BOT方式,特许期限为30年。我们的访谈对象为天津段项目公司经理。

访谈的内容主要集中在:

a) 收费还贷公路和BOT公路在实际运营过程中,在政策和收费方式上的区别;

b) 自通车以来,每年平均的交通量增长幅度;

c) 京沈公路的价格调整时间间隔和调整对象;

d) 价格调整时考虑的因素;

e) 价格调整的幅度;

f) 服务水平变化时价格有无调整;

g) 自运营以来,公路大修次数和大修费用。

从访谈结果可知,虽然《收费公路管理条例》对收费还贷公路和BOT公路有所区分,实际在收费费率的确定上,这两种收费公路并无本质区别,区别在于收费过程中,BOT公路属独立核算企业,收费和支出属自收自支,而收费还贷公路(国营高速)是收支两条线。

由于是北方的交通要道,京沈高速的交通量增长一直平均增长率在30%左右(1999年至2007);2008年受奥运会安保影响及当时经济危机影响,交通量下降5%左右;价格调整没有固定时间,过去由于收费过高,社会反响较大,对价格有所调整,主要是降低了占交通量比例最大、反应最强烈的小汽车收费,但其他车型的收费提高了,调整的指导思想是总体收费额保持平衡;价格调整没有明确的考虑因素,主要参考其他收费公路的费率调整,考虑社会和谐,不要造成太大社会影响为目的;价格调整没有规律,既无固定的价格调整间隔和方式,也不考虑调整幅度,主要考虑总体收费不受影响;值得注意的是,货车实行计重收费后,收费价格实际上是随着货车载重量增加的,但这种调整方式是有危害的,一是对路面损害严重,二是交通安全隐患增加;服务水平的变化对收费价格没有影响;养护费用随物价上涨的趋势不是很明显,主要是根据路面的损坏程度而定(具体访谈内容可见附件A)。

② 案例二:南京长江三桥

南京长江三桥的访谈内容主要集中在:

a) 定价原则;

b) 影响交通量的因素;

c) 交通量增长情况;

d) 服务水平与收费费率之间的关系;

e) 养护费用增长情况及其影响因素。

从访谈内容可知,三桥虽然采用BOT方式融资建造,但价格是地方统一定价;影响交通量的因素主要是经济发展水平、车辆的自然增长以及路网的完善,这些是交通量促进因素,不好的因素主要是竞争道路;交通量的增长,小汽车约为10%/年,货车约为5%/年;服务水平与价格没有关联;养护费用也与物价的上涨关系不大,但与桥面的损坏程度和修建的质量问题关系较大(具体访谈内容可见附件A)。

(2) 实际运营公路的合同调整方法分析

① 特许期限

从公路项目BOT特许合同来看,我国的BOT合同特许期限大多数固定不变,但在实施过程中,特许合同期限经常延长,这不仅从审计署发布的《18个省市收费公路建设运营管理情况审计调查结果》[11]中得到印证,案例中也存在调整情况,南京长江三桥就是一个明显的例子,该大桥由于运营初期交通量偏低,已将合同期限从25年调整到了30年,与此相类似的是,收费还贷公路沪宁高速公路由于公路扩建,收费期限也从30年调整到了35年,所以,从实际案例来看,我国BOT公路项目的特许期限(收费期限)调整的可能性非常大,调整的风险因素既有运营期风险,如交通量风险,也有建设成本增加风险(其他的情况,如没有调整理由,只是通过延长期限增加地方政府财政收入的不在考虑之列)。这样做的目的主要是保护投资商的利益。从目前的趋势来看,特许期只有延长,而无缩短的先例,从BOT公路案例来看,由于早期的BOT公路交通量增加大于预测的情况较为普遍,特许期是有缩短的空间的,如按照原特许期执行,无疑不利于保护社会和使用者的利益。

此外,从案例来看,特许期延长缺乏依据,例如南京长江三桥仅凭头6年的交通量低,而忽视交通量逐年增加的事实,就延长特许期长度,也加大了公众对调整的反对态度。

② 通行费率

项目实际运营过程当中,通行费率的调整主要是参考的其他公路的价格,并且是依使用者的接受程度而定,价格调整的标准是维持交通收入总体不变。这种方法考虑到了公众的态度,有一定的灵活性。但对于调整原则,存在的问题是,交通收入究竟在什么范围内,才可以考虑维持不变,如果交通收入偏高,是不是应通过降低通行费率来降低整体水平,而如果偏低,政府是不是分担一部分市场风险?由于调整原则不清,而造成合同调整的模糊,很容易引起合同争议。

因此,从BOT公路项目实际运营情况来看,主要合同条件,特许期限和通行费率实际是有调整的,但调整的隐含原则是以保护投资商的利益为主,这些调整条件,除对使用者对收费的接受程度有所考虑外,没有考虑交通服务水平,以及服务水平与通行费率之间的影响关系。

4.2.4 我国公路项目BOT合同调整条件的问题分析

通过对我国BOT公路案例、合同调整条款和实际调整情况的分析,以及与世界各国BOT调整条件的分析和对比,总结我国公路项目BOT合同调整条件存在的问题有:

1) 缺乏调整原则

我国《收费公路管理条例》给出了公路通行费的调整程序,即"如有收费调整,须报政府交管部门和价格主管部门审批后执行",但没有提及调整原则。发改委2014年底颁布的《政府和社会资本合作项目通用合同指南》[121],在"服务价格及调整"中,指出"项目合同应按照收益与风险匹配、社会可承受的原则,合理约定项目服务价格及调整机制"。

发改委出台PPP合同指南较晚,目前尚无应用实例。以往BOT/PPP实践中,通行费率和特许期限的调整基本上都是有利于投资方,即调整条件基本是按照利率和通货膨胀的上升幅度确定价格上调,无价格下调机制。调整过程中,缺乏合理的调整范围的规定,即调整的上限和下限不清,这表现在对投资者的投资下限没有一个明确的标准,因此特许公司一旦出现破产的状况,则所投的巨资血本无归,加大了投资者的投资风险,反之,对投资者的投资上限也缺乏必要的约束,这表现在一旦市场需求好于预测,则政府方对特许公司/投资商缺乏必要的约束,只有让投资商赚取巨额利润。

缺乏调整原则的后果是,造成 BOT 项目既不符合效率原则,又不符合公平原则。政府采用 BOT 合同的形式本意是为了追求效率,但如果由于合同条件设计不合理,而使基础设施项目变成了投资商的摇钱树,则严重违背了采用 BOT 合同的初衷;反之,如果由于地方经济或项目的原因,造成投资商严重亏损,而政府坐视不管,则违背了 BOT 合同的公平原则,就 BOT 合同中政府的职责而言,政府应保护投资商和公路使用者的利益,达到使各方满意的合同设计目的。

2) 缺乏对公路使用者利益的保护

目前的公路项目 BOT 可变合同条件中,普遍缺乏对公路服务水平的定义,也缺乏与公路服务水平相关的调整措施。公路项目运营过程中,公路使用者付费,就应该获得相应水平的服务,因为"价格应该反映产品/服务的价值"是经济学的基本规律。但是由于缺乏对公路服务水平的约定,当公路的服务水平严重下降的情况下,使用者还不得不按原价付费,这引发了很多公路使用者与特许公司之间的纠纷。之所以如此,是因为现存公路项目 BOT 合同条件在这一点上不符合公平原则,也就是说,没有通过合同条件的设计保护公路使用者的权益。

3) 调整界限不清,缺乏调整方法

界限不清,表现在缺乏对调整条件的明确定义。这实际上是缺乏对风险的认识和管理。由于缺乏对风险的认识,无法全面预知风险对于收费价格和特许期限的影响,因此只能用模糊的条件表述。调整方法上,通行费率的调整虽然考虑了通货膨胀、利率上调等经济因素,但都是泛泛的表述,普遍缺乏调整公式;特许期限也是如此,无论合同终止条款还是特许期延长条款,调整条件的表述都是以"严重"、"一定程度"表述,缺乏可执行性。

4) 调整缺乏系统性和科学性

目前的调整条件考虑的风险因素主要还是建设阶段的风险,如建设成本增加、超期完工等,对在失败案例中反映出的主要风险,如交通量风险几乎没有考虑,因而调整是不完整的,且缺乏针对性;同时,目前的调整方法只考虑单一因素对合同条件的影响,忽略风险因素之间的影响,这反映出合同设计者实际上缺乏对风险影响机理的认识。由于缺乏风险对合同条件影响机理的研究,目前的合同条件调整依据模糊,调整幅度也是主观认定,这样造成的后果,一是调整幅度不科学,二是调整缺乏说服力,容易加大使用者和公众对调整的抵触情绪。

4.3 公路项目 BOT 可变合同条件设计原则和调整边界

4.3.1 公路项目 BOT 可变合同条件的设计原则

根据 BOT 可变合同条件调整模型,BOT 合同设计原则是效率、公平和利益相关者满意,针对我国 BOT 公路项目的实践和 BOT 可变合同条款存在的问题,本书制定公路项目 BOT 特许合同可变条件的具体调整原则如下:

1) 设定 BOT 公路项目的收入上限

设定交通收入上限一方面可保证投资商在收回投资的情况下,也能获取合理的利润,同时又不致其因市场需求大增而获取暴利,因为公路项目是基础设施,具有天然垄断性,这种情况下,交通需求受价格影响较小,受地区经济的总体水平和经济发展速度的影响大,一旦地区经济发展速度加大,则会引发交通量大增,使得投资商在不增加投入的情况下获得巨额利润,这种情况,是不利于地区经济增长的,也使得投资商失去了提高管理水平、降低成本、提高效率的动力。出于提高效率的要求,应该限制投资商的交通收入上限。

BOT公路项目社会投资者的投资收益率,目前没有统一标准,国家发改委发布的《建设项目经济评价方法与参数》(2006)[155]没有提到公路的基准收益率,与公路较接近的项目铁路网新线建设的基准收益率为3%,铁路既有线改造的基准收益率为6%。根据中国人民银行发布的人民币贷款利率,五年期以上的贷款利率为6.8%。早期的BOT公路项目的固定投资回收率的期望值为15%~16%[12]。为平衡公路使用者和社会投资者之间的利益关系,社会投资者的投资回报率应控制在一定范围之内,本书参照其他行业的基准利率,参照早期的BOT公路项目的固定投资回报率诉求,考虑一定的风险储备,将BOT公路项目的基准利率定为8%,将投资收益率上限定为15%。

2) 设定交通收入的下限

BOT公路项目具有商业特征,投资商应承担一定的商业风险。虽然如此,也应看到,BOT公路项目是基础设施项目,也具有一定的公益性。公路项目投资巨大,市场风险过大,市场风险不应该完全由投资商承担[156,157],从保护投资商的利益和吸引投资商的角度出发,应该设立交通收入的下限,一旦交通收入低于投资下限,则应采取一些保护措施,如延长特许期限,或特许期限不变,发放交通补贴,或者限制周围的竞争道路等。根据以往政府对失败BOT公路项目的补偿(如闽江四桥),本书将BOT公路项目投资收益率下限设为不宜小于0。

3) 增加公路服务水平的合同条件

公路出售的产品是服务,服务水平应该与价格相联系。关于服务水平的合同条件,在国内外的BOT合同文本中都涉及较少,英国PFI合同由于涉及政府部门依据服务水平付款,所以服务水平的约定详细具体。但无论采用哪一种付费方式,由使用者直接付费,或采用影子价格,公路的服务内容是相同的,即为使用者提供运输服务,且其服务水平可被评价,其水平高低直接关系着公路使用者的使用利益。出于保护使用者的权益和保证合同条件公正的目的,可变合同条件应将服务水平作为价格调整的一个依据。

根据王玮等(2006)[158],按照交通负荷(V/C)及平均行驶速度,公路交通服务水平从高到低可分为A级到F级六级,如表4.4所示。本书也采用V/C和平均行驶速度来衡量BOT

表4.4 公路服务水平划分标准

服务水平	V/C	U/U_f
A	≤0.30	≥0.92
B	≤0.60	≥0.82
C	≤0.75	≥0.76
D	≤0.90	≥0.64
E	≤1.00	≥0.50
F	>1.0	≥0.50

资料来源:王玮等(2006)[158],P106

公路项目的服务水平。A级服务水平的交通状况为畅行车流,基本上无延误;B级的为稳定车流,有少量的延误。根据表4.4,本书选取交通负荷(V/C)和平均行驶速度,作为衡量公路交通服务水平的标准,其服务水平的划分见表4.4,本书以交通负荷0.3为界,设定公路的交通负荷不得大于0.3,大于0.3则应考虑改建或扩建道路,同时按照表4.4要求校核车辆平均行驶速度。

4) 应明确调整界限,定义调整方法

合同条件不宜频繁调整,应保持一定的稳定性。这样做,可以使管理者保持相对稳定的管理秩序,也可以使公路使用者有适应调整的时间。这一条主要是增加可变合同条件调整的适用性。

上述BOT可变合同调整,1)和3)可保护社会利益和使用者的利益,2)可保护投资商/特许公司的投资利益,所以如能遵循这三条原则,则各方的利益均能获得保障,可达到使各利益相关者满意的目的。第4)条是为了增加调整的适用性。

4.3.2 公路项目BOT可变合同调整边界

根据上述设计原则,可归纳出BOT可变合同条件的调整边界为:

(1) 公路服务达到服务水平,且投资回报率介于最高和最低界限之间者,合同条件不调整。

(2) 公路服务达到服务水平,但投资回报率高于最高界限或低于最低界限者,合同条件调整,直到达到条件(1)。

(3) 投资回报率介于最高和最低界限之间,但公路服务达不到服务水平者,改变合同条件或建议改变竞争条件,直到达到条件(1)。

上述调整边界如图4.2所示:

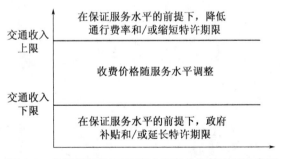

图4.2 公路项目BOT可变合同条件调整边界示意图

4.4 公路项目BOT合同可变合同条件的设计内容

根据本书提出的可变合同条件的设计原则和调整边界,可确定本书确定的可变合同条件的调整内容为:

参照世界银行《基础设施特许项目合同设计指南》[46],各可变合同条件的调整内容如下:

4.4.1 通行费率调整条款

(1) 投资商的哪些成本发生变化时,需要对投资商的利益进行保护？引发调整的变化幅度应为多大？

(2) 公路服务水平的什么指标变化时,需要对公路使用者的利益进行保护？如何在折扣额中反映服务降低的程度？

(3) 通行费率的调整周期应为多少？

(4) 价格调整是否仍然保护特许项目公司提高生产效率的积极性？是否降低公路使用者对 BOT 公路的使用率？

4.4.2 特许期限调整条款

(1) 特许合同是否有明确的终止日期,如果有,特许合同期是多长？

(2) 什么情况下,特许合同会先于原终止日期中止？

(3) 如果预计合同期内就可以达到交通收入上限,会保持高收费而缩短特许期限吗？

(4) 如果预计合同期内就可以达到交通收入上限,会降低收费而保持特许期限不变吗？

4.4.3 服务水平

(1) 为实现一定的运营目的,应选取哪些指标来衡量运营者的服务水平？

(2) 价格规则变动时,服务水平指标是否应改变,变动幅度是多少？

(3) 政府方的服务监测和管理能力是否会影响服务水平指标的实现？

5 公路项目 BOT 风险识别和分析

本章导读：本章识别和分析 BOT 公路项目全寿命期风险。BOT 项目在漫长的合同期内，面临很多风险，这些风险的发生，是引起合同适用条件变化的根源。为了体现合同公正性的原则，本章依据利益相关者理论，首先在分析 BOT 公路项目运营特点的基础上，确定政府方、投资商和公路使用者为 BOT 公路项目的主要利益相关者，然后以公路项目 BOT 合同风险管理的目标为导向，分别从投资商和公路使用者角度进行了全寿命期和公路运营期的风险识别，并应用模糊层次分析法和加权平均法对投资商角度的风险和使用者的使用质量风险进行了评价。接着采用柔性风险分配方法对投资商角度的风险在政府方和投资商之间进行分配（合同双方的风险分配），结合使用者角度风险分析，验证和进一步明确了第 4 章提出的可变合同条件特许期限，通行费率和交通服务质量（交通服务水平）是平衡投资商和公路使用者（直接参与运营阶段的两方）利益的杠杆。以此为基础，确定了交通量、可调整成本和使用者支付意愿等风险因素为可变合同条件的主要影响因素。

5.1 可变合同条件与风险管理的关系

合同条件的主要任务之一是按照风险分配原则，在合同双方之间进行风险分配，并由合同各方承担和应对各自所承担的风险[126]。从我国目前公路项目 BOT 合同存在的问题来看，合同条件之所以模糊，缺乏可执行性，与公路项目建设和运营过程中缺乏风险的识别和管理有很大的关系。因为缺乏对风险的识别和分析，合同条件就缺少对具体的合同风险的责任分配；缺乏对合同风险的评价，所以对合同条件中已列出的合同责任缺乏准确定义，只能用"非常"、"严重"之类的词语定义。

世界各组织和各国的特许合同设计指南都表明，风险管理是进行合同设计和管理的重要前提和方法。进行风险管理的目的在于识别与项目相关的所有风险，并且根据风险的重要程度，采取不同的应对措施。对于不可以消除或转移的风险，主要根据风险的分配原则在合同双方间进行分配，由合同相关方承担风险并采取措施减轻风险。对于风险的应对措施，是柔性合同研究的主要内容，也是进行 BOT 可变合同条件设计的关键步骤。

传统的风险管理强调过程，即风险的识别、分析和应对等过程，ISO31000(2009)[136] 推荐的风险管理过程则强调，在进行风险管理前，应该充分考虑项目参与各方的意见，分析项目的系统环境，结合组织的目标，确立风险管理的目标，在此基础之上，实施对风险的管理。为此，本章将遵循 ISO31000 推荐的风险管理过程（图 3.1），首先分析 BOT 公路项目风险管理的目的和风险环境，然后对 BOT 公路项目的风险进行全面识别和评价，在分析评价结果的基础上，提出可变合同条件的主要内容与可变合同条件相关的风险因素，并分析主要风险因素之间相互作用关系，为可变合同条件调整方法的设计打下基础。

5.2 公路项目 BOT 合同风险管理目标分析

5.2.1 主要利益相关者及其利益目标分析

BOT 公路项目特许合同的签约双方为政府方和投资商，我国几乎所有的 BOT 公路都采用向使用者直接收费的方式，收回投资商的投资和获取回报。BOT 合同虽然是政府和投资商之间签订的，但合同的执行者却是投资商和公路的使用者。因此，从特许合同的层面，BOT 公路项目的主要利益相关者不仅包括政府方和投资方，也应该包括公路使用者，如图 5.1。

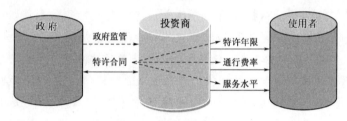

图 5.1　BOT 公路主要利益相关方合同关系图

对政府方来说，将民间资本引入基础设施建设，不仅要获取该融资方式带来的好处，即缓解财政压力和提高生产效率，另一方面，政府还必须对工程的质量、环境、健康进行监管，为了保证社会效益，政府还必须确保投资方不滥用垄断的权利，对通行费率、特许期限和服务水平等与公路使用者利益相关的合同条件进行公正设计，以确保公路使用者的权益。

对投资商方而言，他们的目的主要是拓宽投资渠道以获得利润。

公路使用者付费的目的，是为了在可接受的价格基础上，享受良好的交通服务。

5.2.2 公路项目 BOT 合同风险管理目标

BOT 合同期通常为 20～30 年，在如此长的合同期内，不可避免会出现期初难以预料到的变动[46]。为了平衡合同期内合同各方的利益，必须在特许合同内设置可变合同条件，以

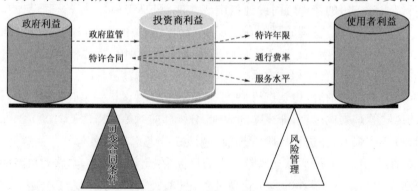

图 5.2　BOT 公路风险管理和可变合同条件关系图

适应项目和环境中不可预知的变化。这些不可预知的项目和环境的变化即为BOT合同风险,公路项目BOT合同风险的管理目标,即为在分析评价公路项目BOT合同各方风险的基础上,制定可变合同条件,从而达到提高效率,促进公平,最终达到使各方满意的目的。见图5.2。

5.2.3 公路项目BOT合同风险识别框架

在BOT公路运营的过程中,不仅政府方和投资商面临风险,对使用者而言,也面临使用质量风险。

从第2章文献可以看出,BOT/PPP/PFI以往的风险质量管理,都是针对政府和承包商的风险进行研究,只有采用影子费率的国家对使用者的使用风险有一定提及,但几乎没有文献同时考虑政府、承包商和使用者的风险。《风险管理:原则和指南》(ISO31000)[136]指出,风险只有被识别,才有可能被分析和应对。根据这一理念,要达到使各方面满意的目的,只有全面识别各利益相关者面临的风险,才能及时感知风险,采取应对措施。为了充分考虑利益相关者与项目风险之间的关联性,Zou等(2007)[159]从二维角度,即工程参与方和项目全生命周期两个维度同时对风险进行了识别。

为了反映利益相关者的诉求,本书风险识别框架也将采用此二维风险分类法对风险进行分析和识别,见图5.3。其中,横轴方向按照BOT项目的生命周期,将其划分为前运营阶段、运营阶段和后运营阶段,纵轴方向,按照利益相关者,考虑政府方、投资方和公路使用者的风险。BOT项目中,政府方和投资方是BOT合同缔约的相对方,他们将经历BOT项目的全过程,而使用者的风险主要表现在运营阶段。因此,为系统地识别风险,本章从两个角度进行风险分析,一方面考虑政府方和投资商要面对的全寿命期风险,另一方面将站在公路使用者的角度,识别和分析公路使用者面临的使用质量风险。

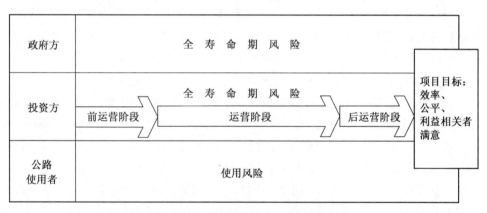

图5.3 BOT公路项目风险二维识别示意图

1) 政府方和投资商面对的全寿命期风险

《风险管理标准》(ISO31000,2009)给出的风险定义是,不确定性对目标的影响。BOT公路的全寿命期风险即指公路全寿命期内,所有对项目目标造成影响的不确定事件、后果或两者的组合风险,如交通量为不确定事件,安全事故为确定事件的后果,使用者反对付费为两者的组合等。因为投资商居于公路项目BOT合同调整的焦点位置,是项目实际的参与者,也是政府方监管的对象,为提高合同的可执行性,本书主要站在投资方的角度识别和评价该 BOT 合同的全寿命期风险。

2) 使用质量风险

本书中的使用质量风险指的是与使用者的支付意愿(Willingness to Pay)相关的风险。使用者的支付意愿既影响着公众对 BOT 收费公路的态度,决定着公路的交通量以及交通收入,又影响着公路使用者的主观感受,影响着他们对使用效用(Utility)的看法。使用者的支付意愿与公路所在地的经济水平、公路的预期收入等因素有关,更主要的,也与公路服务水平相关,所有与这些因素相关的风险即为本书中的使用质量风险。

5.3 投资商角度风险识别与评价

5.3.1 公路项目 BOT 合同全寿命期风险类别划分

PMBOK(2008)[160]指出风险分类应提供能在一定深度上保证全面、系统识别风险的体系结构,并且能提高风险识别过程的有效性和质量。这一定义清楚地表明了风险类别实际上是一种体系结构,类别的划分应与研究的深度相一致。Zou 等(2007)[159]也指出风险分类的目的是为了建立影响项目目标的风险体系结构。

很多研究者们都偏向于按风险的来源划分风险。如 Salman 等(2007)[55]把 21 个影响 BOT 项目的因素划分为三类:法律和环境风险、技术风险、融资和商业风险。Grimsey 和 Lewis(2002)[56]把 BOT 项目的风险划分为 9 类:技术风险、施工风险、运营风险、收入风险、融资风险、不可抗力、法规/政治风险、环境风险、违约风险等。按照风险来源划分风险的好处是可以根据风险类别,较容易判断风险原因及其后果,但这种方法也有一定的缺陷,其中之一就是容易造成风险遗漏。正如 Smith 等(2006)[161]所述,"(这种方法)是依据个人或团队的经验来确定风险源的范围,然后在此范围内将风险源分解为具体的风险因素……因为风险源是由个人来选取的,所以这种方法很容易受到个人主观性的影响"。

也有一部分学者按照项目过程来划分 BOT/PPP 项目的风险类别。澳大利亚政府的《PPP 指南——联邦政府使用社会融资政策原理之风险管理篇》(Australian Government, 2005)[162]指出,在基础设施项目中如果采用 PPP 采购方式,则风险管理应在项目的整个合同周期内起到非常重要的作用。澳大利亚/新西兰风险管理标准 4360(AS/NZS,2004)[136]也建议风险管理标准应在一项活动、工作、项目、产品或资产的生命周期中的各个阶段使用。这些表述传达的信息是,风险管理应在项目生命周期内的各个阶段进行。因此,按阶段划分风险即可保证识别项目全寿命周期的风险。更为重要的一点是,项目的阶段是客观存在的,不易受人们主观判断的影响。项目从策划开始,一般经历了规划、设计、施工和运营等四个阶段。这些阶段对每一个项目来说都必须经历,按阶段识别风险,可以最大限度地保证项目每一个阶段的风险都得以识别,是一种能全面识别风险的手段。但是,对 BOT 项目来说,由于项目具有民间资本参与、特许经营等特殊性,按照上述传统的四个阶段进行划分,不能反映其特点,因此有必要对项目阶段的划分做进一步的考虑。

王守清和柯永建(2008)[7]把 BOT/PPP 项目划分为 4 个阶段,即准备(类似于可行性研究阶段)、招标、融资和实施阶段,虽然此划分也将项目划分为四个阶段,但这里的四阶段与传统的四阶段划分不同之处在于,该划分突出了 BOT/PPP 项目的特点,即招标时间长、招标成本高和需要项目发起人筹集建设资金等。Pakkala(2004)[163]将有社会投资参与的项目的关键阶段划分为前期准备及立项、融资、设计、施工、运营及维护、维修及改善等阶段,该划分同样突出了有民间资本参与项目的融资特点,同时,对项目的后期维护给予了高度的关注。Thomas 等(2003)[164]将印度的 BOT 项目的风险按阶段划分为发展、施工、运营和项目生命期等阶段,其中发展阶段包含了项目选择、招标、土地获取和融资安排等过程,而项目生命期主要针对存在于项目全生命期的风险,如利率、通货膨胀等风险。

从以上划分方法来看,很多学者都将融资阶段作为了 BOT 或有民间资本参与项目的一个阶段,因为民间资本参与融资是 BOT 项目最显著的特点,所以本书也将融资阶段作为项目的一个阶段单列。

本书认为招标阶段也应单列为项目的一个阶段,因为招标阶段是项目特许合同形成的重要阶段,对于 BOT/PPP 项目来说,首先招标阶段比一般的工程项目复杂,包括投标资格申请、投标、标后澄清与确认谈判等阶段;其次,投资商参与合同条件的谈判较多,谈判期长,通常可达半年到一年;第三,BOT 项目的投标费用也高于其他工程,澳大利亚研究 PPP 工程项目的资深教授 Denny McGeorge 曾给出澳大利亚 PPP 工程投标费用的例子,合同报价为 1.3 亿澳币(约合 1.24 亿美元)的 PPP 工程投标费用高达 450~500 万澳币(约合 431~479 万美元),基于以上三个原因,本书将招标阶段作为了一个单独的阶段。BOT 工程在特许期满后,将要移交给政府,在移交过程中,将面临工程质量、债务清偿、人员培训等很多问题,李洁和邹小伟(2008)[165]对 PPP 投资商所作的一项调查表明,移交阶段是投资商最关注的阶段之一,因此,移交阶段是 BOT 项目要经历的最后一个阶段。

根据以上分析,本书把 BOT 项目划分为七个阶段,如图 5.4 所示。在风险识别的过程中,风险将按照这七个阶段划分,即规划、招标、融资、设计、施工、运营和移交七个阶段。

图 5.4　BOT 项目阶段划分

5.3.2　BOT 公路项目全寿命期风险识别

1) 本书的风险识别方法

在风险管理的研究过程中,越来越多的研究者们意识到了传统的研究方法受主观性影响较大,如专家识别法受专家本身的知识和经验限制,而调查问卷法受填表人的经验和态度影响,因此倾向于采用复合识别方法,即采用客观和主观相结合的方法识别风险,以增加识别结果的准确性和客观性。

为了全面、可靠地识别 BOT 公路的全寿命期内风险,本文采用了复合风险识别方法,即采用案例分析法和核查表相结合的方式进行风险识别,并采用问卷调查法进行确认。本书的案例分析法即为,在第 4 章 BOT 公路案例所涉及的风险因素进行归纳的基础上,进一步利用文献资料,按阶段归纳总结 BOT 公路工程项目风险,建立 BOT 公路项目的风险清单。

最终的风险清单通过问卷调查后分析确定。

2) BOT 公路项目的风险核查表

在对 BOT 公路项目风险有所了解的基础上,本书进一步结合相关文献,全面识别 BOT 公路项目的风险。本书选择了 10 篇文献(文献见表后附记)进行风险清单归纳,这 10 篇文献的特点为:

(1) 所有文献均选自国内外高级别的学术期刊,国外的如 ASCE(美国土木工程协会)的 IJCEM(土木工程管理国际期刊)和 Elservier 出版社的 IJPM(项目管理国际期刊)等,国内的如《土木工程学报》等。

(2) 所有文献的主题均是 BOT/PPP 工程的风险识别和分析。

(3) 反映了各个国家的 BOT/PPP 实践,如英国、中国、印度、澳大利亚、埃及、葡萄牙等,既有来自发达国家的经验,又有来自发展中国家的经验。

3) BOT 公路全寿命期风险问卷调查

(1) 调查问卷结构

调查问卷分三部分。第一部分为调查问卷介绍,第二部分为填表人信息,第三部分为调查问卷正文(见附件 B)。调查问卷正文又进一步被划分为两个部分,第一部分为 BOT 公路全寿命期风险的识别,第二部分为风险因素的评价。

第一部分 BOT 公路项目的风险清单包括七大类(即规划、招标、融资、设计、施工、运营和移交七个类别)42 个风险因素。这些风险因素是在表 5.1 的基础上,通过对 BOT 公路项

表 5.1 BOT 项目全生命周期的风险核查表

风险类别	风险因素	1	2	3	4	5	6	7	8	9	10	总数
规划	环境保护风险	√	√	√	√	√		√	√		√	8
	征地困难		√	√	√	√	√			√	√	7
	存在竞争项目	√			√			√		√		5
	市场前景差	√			√	√	√			√		5
	不同党派的反对意见				√			√		√		5
	公众反对	√	√		√			√		√		5
	决策过程不透明	√			√			√	√			4
	规划缺陷					√					√	2
招标	合格投标人不足	√							√			3
	投标费用高	√						√			√	3
融资	法律改变	√	√	√	√	√	√	√	√	√	√	10
	利率上涨	√	√	√	√	√	√	√	√	√	√	10
	通货膨胀率上升		√	√	√	√	√	√	√	√	√	9
	对投资者缺乏吸引力	√	√		√	√	√	√	√		√	8
	融资市场不发达		√		√	√	√	√	√		√	7
	融资成本高			√	√			√	√	√		6
	资本结构不合理				√					√	√	3

续表 5.1

风险类别	风险因素	1	2	3	4	5	6	7	8	9	10	总数
设计	设计缺陷	√	√	√	√	√		√	√		√	8
	设计变更		√		√	√		√			√	5
	设计灵活性小	√				√		√				4
	技术不成熟	√		√	√			√	√			5
	图纸批准延误		√		√	√					√	4
施工	建设成本超支	√	√	√	√	√	√	√	√	√	√	10
	完工延误	√	√	√	√	√	√	√	√	√	√	10
	施工期利率上升	√	√	√	√	√	√	√	√	√	√	10
	施工期通货膨胀率上升	√		√	√	√	√	√	√	√	√	9
	施工环境污染	√	√	√	√			√	√	√	√	9
	征地拆迁和补偿		√		√	√	√			√	√	7
	工程变更		√		√	√				√	√	5
	不可抗力		√	√	√			√			√	5
	施工工艺差			√	√			√		√	√	5
	材料/劳动力短缺	√		√	√					√	√	5
	安全风险			√	√					√	√	5
	投资商破产/违约	√		√	√						√	4
	恶劣天气条件		√	√						√	√	4
	地质条件不确定		√	√	√						√	4
	公众反对	√			√			√				3
运营	市场风险	√	√	√	√	√	√	√	√		√	10
	法律改变	√	√	√	√	√	√	√	√	√	√	10
	利率上涨	√	√	√	√	√	√	√	√	√	√	10
	养护成本超支	√	√		√	√	√	√	√	√	√	9
	通货膨胀率大	√	√	√	√		√	√	√	√	√	9
	环境污染	√	√	√	√		√	√	√	√	√	9
	产品/服务价格高	√	√		√	√	√	√	√		√	8
	生产效率低	√	√		√	√	√	√			√	8
	政策风险	√	√		√		√	√	√		√	8
	管理者水平低	√	√	√	√			√	√		√	7
	竞争条件激烈		√		√	√	√	√		√		6
	交通安全			√	√	√				√	√	5
	设备		√		√	√	√			√	√	5
	技术风险	√		√	√				√	√		5
	债务风险		√		√						√	4
	项目收回风险	√			√					√		3
移交	剩余价值低				√		√			√		3
	移交失败											

1—Salman et al, 2007[55], 2—Singh et al, 2006[2], 3—Shen et al, 2006[166], 4—Li et al, 2005[167], 5—Lemos et al, 2004[168], 6—Thomas et al, 2003[164], 7—Jefferies et al, 2002[169], 8—Grimsey et al, 2002[56], 9—Wang et al, 2000[170], 10—Akintoye et al, 1998[57]

目业内人士访谈,按照我国 BOT 公路建设的现状,对表 5.1 所列的风险因素进行调整后产生。例如,因为投资商对通行费率没有决定权,同时也因为目前我国交通量逐年激增,使得公路收费无后顾之忧,所以,通行费率在投资商的角度,没有被视为风险因素。同时,BOT 公路需要投资商投入资金修建,但由于项目公司经常存在建设资金不到位的问题,在建设阶段,增加了建设资金不到位的风险因素。

调查问卷正文第二部分为评价表格,按照层次分析法的比较规则,共有 8 个比较矩阵,即 1 个阶段间的比较矩阵和 7 个阶段比较矩阵。

(2) 调查对象与调查过程

本次调查的调查对象是某交通集团的人员,该交通集团已参与投资多个 BOT 公路项目,因此被调查人员可被认为是潜在的 BOT 项目投资商。他们职位多为项目经理,还有部分部门主管和技术骨干。共发放问卷 42 份,除去 2 份无效问卷,共回收 40 份有效问卷。这 40 个填表人的情况如表 5.2 所示。

表 5.2 被调查人员情况表

工作年限			职务			从事 PPP 的工作经验	
<10 年	10~20 年	>20 年	项目经理	总工程师	部门主管	有	无
10	15	15	30	3	7	28	12

按照本章第一节的分析,BOT 特许合同虽然是政府和投资商之间签订的,但合同运营过程中,最直接的利益相关方却是投资商和公路的使用者。由于特许合同主要由作为业主的政府方制定,投资商很难参与意见,因此,调查和评价投资商的风险认知,对保证合同的效率和公正很有帮助。

按照调查问卷的构成,调查分两个阶段进行。第一阶段为风险清单的识别和确认。参加这部分调查的人员来自某交通集团,通过调查,23 个风险因素被确定为我国目前 BOT 高速公路建设的风险因素。

第二阶段的调查是在第一阶段风险因素确认的基础上,对风险阶段和阶段内风险因素进行两两比较。这一步骤是 AHP 风险评价的关键,由于受打分者主观因素的影响,评价结果受打分者的认知和经验影响很大。本文提出的 Fuzzy AHP 法主张使用打分者的经验系数和风险态度系数对模糊评价结果进行去模糊化,这可消除一部分打分者主观因素的影响,但不能完全去除其不准确性。因此,打分者的选取仍然是关键影响因素,通常,打分者选取的标准是:① 业内的专家;② 熟悉所评价的工程。本调查中的打分专家依照上述两个标准,在第一轮的被调查人员中产生,打分人员的情况如表 5.3 所示。

表 5.3 打分专家情况简介

专家编号	1	2	3	4	5
工作年限(年)	25	15	15	5	20
对 BOT 公路项目的熟悉程度	熟悉	非常熟悉	熟悉	熟悉	熟悉
α 值	0.6	0.8	0.7	0.6	0.7

注:α 值依据打分专家的工作年限和对 BOT 公路项目的熟悉程度而定。

5.3.3 BOT 公路项目全寿命期风险评价

1) 模糊层次分析法(Fuzzy AHP)

风险评价的方法很多,目前经常使用的评价方法有 5 级分制打分法、敏感性分析、蒙特卡罗模拟法、模糊数学法、AHP 法等。研究人员对多个工程的风险分析方法调查后发现,人们主要以风险的目的来选定风险评价方法(Smith et al,2006[161];Wood and Ellis,2003[171])。例如,Grimsey 和 Lewis(2002)[56]研究英国的一项 PFI 水厂项目后发现,同一个项目,不同的人员采用了不同的风险评价方法。投资商只关心按照特许合同条件,投入的资金可带来的期望收入是多少,他们多采用敏感性分析;项目投资者关心潜在的风险对他们的资金回报率的影响会有多大,因而偏向于蒙特卡罗模拟;因为 PFI 项目通常是无追索权或有限追索的,银行家更关心借贷者的还贷信用,所以他们对项目通常做下跌敏感性分析。Dey 和 Ogunlana(2004)[172]通过调查也发现,人们通常采用蒙特卡罗模拟法分析成本风险或工期风险,银行、保险公司或其他成本顾问则偏向采用敏感性分析方法,因为他们希望确认不同风险因素下每一项决策对于成本的影响有多大。但是蒙特卡罗模拟和敏感性分析也有其局限性,它们只适用于可以用数学公式定量表示出的风险因素之间关系的评价(Smith et al,2006)[161],且评价的是风险因素对目标独立的影响程度,难以评价风险因素之间的影响关系。而在实际的 BOT 项目中,风险因素多,且大多数情况下难以用数学公式定量描述,因此,蒙特卡罗模拟和敏感性分析法并不适用来整体评价 BOT 项目全寿命期内的风险因素。

层次分析法(AHP)近些年来在风险分析中得到了较多的应用。BOT 项目投资大,生命周期长。漫长的特许经营期内,项目每个阶段都面临不同的风险和不确定因素,这些因素如果被遗漏,将给 BOT 公路项目的顺利运营带来难以预料的后果,甚至导致投资无法收回,因而必须采用风险评价技术对 BOT 公路项目全寿命周期内的风险因素进行综合判断,按照不同的风险重要性程度,给予正确处理。AHP 法在复杂条件下,对多目标系统进行系统、全面的风险评价。这一特性非常适合 BOT 项目的风险评价,因而近年来在 BOT 项目的风险评价中得到了越来越多的应用。Sun 等(2008)[173]在论文中介绍了北京 2008 奥运场馆的风险管理系统,该系统采用 AHP 作为风险评价工具,应用于"鸟巢"和"水立方"的风险管理实践。Salman 等(2007)[55]应用层次分析法,建立了 BOT 基础设施项目的发展能力模型,该模型通过评价对项目可行性有决定性影响的因素之间的强弱关系,来最终决定项目的成长能力。杨开云等(2007)[174]将风险进行分类,运用层次分析法进行城乡 BOT 水务项目的风险评价,以期从风险规避的角度出发,选择优秀的 BOT 建设方案和承建单位。赵国富和王守清(2006)[175]应用层次分析法,建立了适合 BOT/PPP 项目社会效益评价的方法,以期清楚地认识 BOT/PPP 项目的社会效益。如第 3 章所述,为进一步提高 AHP 法的准确性,本书采用模糊层次分析法进行 BOT 项目全寿命期的风险评价,该法的原理和步骤见第 3 章。

2) 基于模糊层次分析法的 BOT 公路项目全寿命期风险评价

按第 3 章介绍的 Fuzzy AHP 评价方法对 BOT 公路项目全寿命期风险的评价过程如下。
(1) 建立 BOT 公路项目的风险层次结构图
调查过程中确认的 23 个风险因素按照阶段风险类别,建立风险层次结构图如图 5.5。

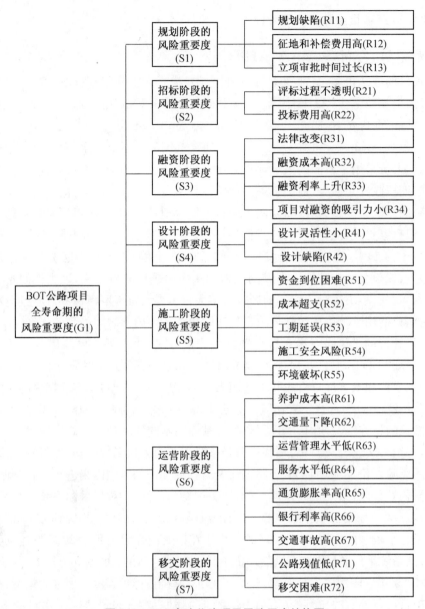

图 5.5 BOT 高速公路项目风险层次结构图

(2) 采用模糊比率,建立模糊判断矩阵

投资商调查问卷正文的第二部分要求打分专家对风险结构图中的风险因素进行相对重要性的两两比较,比较标准和比率参照表 3.2。根据 5 位专家的打分结果,经综合后,建立如图 5.6～图 5.13 所示的模糊判断矩阵。其中,M_{Si} 为阶段间重要性的两两比较判断矩阵,M_{S1}～M_{S7} 分别为规划阶段、招标阶段、融资阶段、设计阶段、施工阶段、运营阶段和移交阶段风险的两两比较判断矩阵。

在进行计算之前,首先检查每个模糊判断矩阵的一致性是否符合要求[式(3.8)和式(3.9)]。各矩阵的一致性判断结果列于图 5.6～图 5.13 下方。根据一致性要求,每一个矩阵的一致性比率(CR)小于 0.1 才能满足一致性要求。本次比较的结果中,有两个矩阵的一

5 公路项目BOT风险识别和分析

致性略大于0.1,不能满足一致性要求。在这种少量矩阵一致性不能满足的情况下,Saaty给出了进一步的检查方法,即检查整个风险层次结构的一致性(CRH),Saaty(1980)[138]给出了CRH的合格标准:"在实际的操作和判断过程中,为了不引起对一致性的过多顾虑,层次结构的一致性(CRH)位于0.12即可。"本风险层次结构的CRH为0.12,因此所有判断矩阵和风险层次结构一致性认为是可以接受的。

(3) 应用模糊算法计算各判断矩阵风险因素的模糊权重(模糊推理过程)

模糊判断矩阵建成后,可依据公式(3.10)及公式(3.2)~公式(3.6)计算各判断矩阵中各风险因素的模糊权重,计算结果列于图5.6~图5.13各判断矩阵的右侧。图5.6~图5.13中,风险因素的模糊权重表示的是它们在各风险类别(即各项目阶段)内部的权重,因此只能比较各项目阶段内风险因素的重要程度。为了在项目整个生命周期内,比较各风险因素的重要度,还需计算各风险因素的综合模糊权重。综合模糊权重须在综合各工程阶段在项目生命周期内的模糊权重与各风险因素在阶段的内部权重的基础上计算,按照公式(3.11),各风险因素的综合模糊权重值列于表5.4(第2列)。

G	S1	S2	S3	S4	S5	S6	S7	$\tilde{w}_S$
S1	1	$\tilde{5}$	$\tilde{3}$	$\tilde{3}$	$\tilde{5}$	$\tilde{3}$	$\tilde{1}$	(0.087 0, 0.298 5, 0.768 2)
S2	$1/\tilde{5}$	1	$\tilde{5}$	$\tilde{1}$	$\tilde{5}$	$1/\tilde{3}$	$1/\tilde{3}$	(0.041 6, 0.108 2, 0.329 4)
S3	$1/\tilde{3}$	$1/\tilde{5}$	1	$\tilde{3}$	$\tilde{7}$	$1/\tilde{3}$	$1/\tilde{3}$	(0.030 4, 0.090 2, 0.278 2)
S4	$1/\tilde{3}$	$\tilde{1}$	$1/\tilde{3}$	1	$\tilde{5}$	$\tilde{1}$	$1/\tilde{3}$	(0.037 3, 0.092 5, 0.341 5)
S5	$1/\tilde{5}$	$1/\tilde{5}$	$1/\tilde{7}$	$1/\tilde{5}$	1	$\tilde{1}$	$1/\tilde{5}$	(0.015 3, 0.035 5, 0.093 7)
S6	$1/\tilde{3}$	$\tilde{3}$	$\tilde{3}$	$\tilde{1}$	$\tilde{1}$	1	$\tilde{1}$	(0.050 5, 0.137 7, 0.479 2)
S7	$\tilde{1}$	$\tilde{3}$	$\tilde{3}$	$\tilde{3}$	$\tilde{5}$	$\tilde{1}$	1	(0.074 4, 0.237 2, 0.680 6)

$M_S: \lambda_{\max} = 8.489, CR = 0.188$

图5.6 BOT公路项目阶段间重要性模糊判断矩阵 M_S

S1	R11	R12	R13	$\tilde{w}_{R1f}$
R11	1	$\tilde{7}$	3	(0.292 2, 0.669 4, 1.380 8)
R12	$1/\tilde{7}$	1	$1/\tilde{3}$	(0.048 0, 0.087 9, 0.227 0)
R13	$1/\tilde{3}$	$\tilde{3}$	1	(0.099 9, 0.242 6, 0.663 8)

$M_{S1}: \lambda_{\max} = 3.007 0, CR = 0.005 9$

图5.7 BOT公路项目规划阶段两两对比模糊判断矩阵 M_{S1}

S2	R21	R22	$\tilde{w}_{R2f}$
R21	1	$\tilde{3}$	(0.309 0, 0.750 0, 1.545 1)
R22	$1/\tilde{3}$	1	(0.138 2, 0.250 0, 0.691 0)

$M_{S2}: \lambda_{\max} = 2, CR = 0$

图5.8 BOT公路项目招标阶段风险两两对比模糊判断矩阵 M_{S2}

S3	R31	R32	R33	R34	$\tilde{w}_{R3f}$
R31	1	$\tilde{5}$	$\tilde{3}$	$\tilde{5}$	(0.217,0.567,1.234)
R32	$1/\tilde{5}$	1	$\tilde{1}$	$1/\tilde{3}$	(0.052,0.098,0.312)
R33	$1/\tilde{3}$	$\tilde{1}$	1	$1/\tilde{3}$	(0.056,0.111,0.411)
R34	$1/\tilde{5}$	$\tilde{3}$	$\tilde{3}$	1	(0.077,0.223,0.530)

$M_{S3}: \lambda_{max}=4.265, CR=0.0978$

图 5.9　BOT 公路项目融资阶段两两对比模糊判断矩阵 M_{S3}

S4	R41	R42	$\tilde{w}_{R4f}$
R41	1	$1/\tilde{3}$	(0.138,0.250,0.691)
R42	$\tilde{3}$	1	(0.309,0.750,1.545)

$M_{S4}: \lambda_{max}=2, CR=0$

图 5.10　BOT 公路项目设计阶段风险两两对比模糊判断矩阵 M_{S4}

S5	R51	R52	R53	R54	R55	$\tilde{w}_{R5f}$
R51	1	$\tilde{3}$	$\tilde{7}$	$\tilde{1}$	5	(0.154,0.472,0.872)
R52	$1/\tilde{3}$	1	$\tilde{5}$	$\tilde{1}$	$\tilde{3}$	(0.081,0.186,0.562)
R53	$1/\tilde{7}$	$1/\tilde{5}$	1	$1/\tilde{3}$	$\tilde{1}$	(0.028,0.053,0.161)
R54	$\tilde{1}$	$\tilde{1}$	$\tilde{3}$	1	$\tilde{5}$	(0.112,0.232,0.700)
R55	$1/\tilde{5}$	$1/\tilde{3}$	$\tilde{1}$	$1/\tilde{5}$	1	(0.030,0.057,0.178)

$M_{S5}: \lambda_{max}=5.1632, CR=0.0364$

图 5.11　BOT 公路项目施工阶段两两对比模糊判断矩阵 M_{S5}

S6	R61	R62	R63	R64	R65	R66	R67	$\tilde{w}_{R6f}$
R61	1	$1/\tilde{5}$	$\tilde{3}$	$\tilde{1}$	$\tilde{1}$	$\tilde{1}$	$1/\tilde{3}$	(0.041,0.093,0.332)
R62	$\tilde{5}$	1	$\tilde{5}$	$\tilde{7}$	$\tilde{3}$	$\tilde{5}$	$1/\tilde{3}$	(0.109,0.307,0.765)
R63	$1/\tilde{3}$	$1/\tilde{5}$	1	$\tilde{5}$	$\tilde{5}$	$\tilde{5}$	$1/\tilde{3}$	(0.052,0.135,0.380)
R64	$\tilde{1}$	$1/\tilde{7}$	$1/\tilde{5}$	1	$\tilde{3}$	$\tilde{3}$	$\tilde{1}$	(0.038,0.096,0.284)
R65	$\tilde{1}$	$1/\tilde{3}$	$1/\tilde{5}$	$1/\tilde{3}$	1	$1/\tilde{3}$	$1/\tilde{3}$	(0.021,0.050,0.153)
R66	$\tilde{1}$	$1/\tilde{5}$	$1/\tilde{5}$	$1/\tilde{3}$	$\tilde{3}$	1	$1/\tilde{3}$	(0.025,0.063,0.207)
R67	$\tilde{3}$	$\tilde{3}$	$\tilde{3}$	$\tilde{1}$	$\tilde{3}$	$\tilde{3}$	1	(0.068,0.256,0.712)

$M_{S6}: \lambda_{max}=8.9025, CR=0.24$

图 5.12　BOT 公路项目运营阶段风险两两对比模糊判断矩阵 M_{S6}

S7	R72	R72	$\tilde{w}_{R7f}$
R71	1	$\tilde{7}$	(0.649,0.875,1.168)
R72	$1/\tilde{7}$	1	(0.097,0.125,0.174)

$M_{S7}: \lambda_{max}=2, CR=0$

图 5.13　BOT 公路项目移交阶段两两对比模糊判断矩阵 M_{S7}

表 5.4　BOT 公路全寿命期风险因素综合模糊权重、α-截距值、绝对权重值及排序

$\widetilde{w}_{RS_if}$		$[w^{\alpha}_{RS_if1}, w^{\alpha}_{RS_if3}]$		$w^{\alpha}_{RS_if}$		排序
$\widetilde{w}_{R11}$	(0.025 4, 0.199 8, 1.060 7)	$[w^{\alpha}_{R111}, w^{\alpha}_{R113}]$	[0.144 0, 0.475 3]	w^{α}_{R11}	0.309 7	1
$\widetilde{w}_{R12}$	(0.004 2, 0.026 3, 0.174 4)	$[w^{\alpha}_{R121}, w^{\alpha}_{R123}]$	[0.019 2, 0.073 7]	w^{α}_{R12}	0.046 4	11
$\widetilde{w}_{R13}$	(0.008 7, 0.072 4, 0.510 0)	$[w^{\alpha}_{R131}, w^{\alpha}_{R133}]$	[0.052 0, 0.212 4]	w^{α}_{R13}	0.132 2	5
$\widetilde{w}_{R21}$	(0.012 9, 0.081 2, 0.509 0)	$[w^{\alpha}_{R211}, w^{\alpha}_{R213}]$	[0.059 3, 0.218 0]	w^{α}_{R21}	0.138 7	3
$\widetilde{w}_{R22}$	(0.005 7, 0.027 1, 0.227 6)	$[w^{\alpha}_{R221}, w^{\alpha}_{R223}]$	[0.020 2, 0.091 2]	w^{α}_{R22}	0.055 7	9
$\widetilde{w}_{R31}$	(0.006 6, 0.051 2, 0.343 4)	$[w^{\alpha}_{R311}, w^{\alpha}_{R313}]$	[0.036 9, 0.144 7]	w^{α}_{R31}	0.090 8	6
$\widetilde{w}_{R32}$	(0.001 6, 0.008 8, 0.086 8)	$[w^{\alpha}_{R321}, w^{\alpha}_{R323}]$	[0.006 5, 0.033 8]	w^{α}_{R32}	0.020 1	20
$\widetilde{w}_{R33}$	(0.001 7, 0.010 0, 0.114 2)	$[w^{\alpha}_{R331}, w^{\alpha}_{R333}]$	[0.007 4, 0.043 4]	w^{α}_{R33}	0.025 4	17
$\widetilde{w}_{R34}$	(0.002 3, 0.020 1, 0.147 5)	$[w^{\alpha}_{R341}, w^{\alpha}_{R343}]$	[0.014 4, 0.060 9]	w^{α}_{R34}	0.037 7	14
$\widetilde{w}_{R41}$	(0.005 2, 0.023 1, 0.236 0)	$[w^{\alpha}_{R411}, w^{\alpha}_{R413}]$	[0.017 4, 0.091 2]	w^{α}_{R41}	0.054 3	10
$\widetilde{w}_{R42}$	(0.011 5, 0.069 4, 0.527 6)	$[w^{\alpha}_{R421}, w^{\alpha}_{R423}]$	[0.050 9, 0.216 0]	w^{α}_{R42}	0.133 4	4
$\widetilde{w}_{R51}$	(0.002 4, 0.016 8, 0.081 7)	$[w^{\alpha}_{R511}, w^{\alpha}_{R513}]$	[0.012 1, 0.037 5]	w^{α}_{R51}	0.024 8	18
$\widetilde{w}_{R52}$	(0.001 2, 0.006 6, 0.052 6)	$[w^{\alpha}_{R521}, w^{\alpha}_{R523}]$	[0.004 9, 0.021 3]	w^{α}_{R52}	0.013 1	23
$\widetilde{w}_{R53}$	(0.000 4, 0.001 9, 0.015 0)	$[w^{\alpha}_{R531}, w^{\alpha}_{R533}]$	[0.001 4, 0.006 1]	w^{α}_{R53}	0.003 8	25
$\widetilde{w}_{R54}$	(0.001 7, 0.008 2, 0.065 6)	$[w^{\alpha}_{R541}, w^{\alpha}_{R543}]$	[0.006 1, 0.026 6]	w^{α}_{R54}	0.016 4	22
$\widetilde{w}_{R55}$	(0.000 5, 0.002 0, 0.016 7)	$[w^{\alpha}_{R551}, w^{\alpha}_{R553}]$	[0.001 5, 0.006 7]	w^{α}_{R55}	0.004 1	24
$\widetilde{w}_{R61}$	(0.002 1, 0.012 8, 0.159 2)	$[w^{\alpha}_{R611}, w^{\alpha}_{R613}]$	[0.009 4, 0.059 6]	w^{α}_{R61}	0.034 5	15
$\widetilde{w}_{R62}$	(0.005 5, 0.042 3, 0.366 5)	$[w^{\alpha}_{R621}, w^{\alpha}_{R623}]$	[0.030 5, 0.146 1]	w^{α}_{R62}	0.088 3	7
$\widetilde{w}_{R63}$	(0.002 6, 0.018 6, 0.181 8)	$[w^{\alpha}_{R631}, w^{\alpha}_{R633}]$	[0.013 5, 0.070 8]	w^{α}_{R63}	0.042 2	12
$\widetilde{w}_{R64}$	(0.001 9, 0.013 1, 0.136 0)	$[w^{\alpha}_{R641}, w^{\alpha}_{R643}]$	[0.009 6, 0.052 5]	w^{α}_{R64}	0.031 1	16
$\widetilde{w}_{R65}$	(0.001 0, 0.006 8, 0.073 4)	$[w^{\alpha}_{R651}, w^{\alpha}_{R653}]$	[0.005 0, 0.028 1]	w^{α}_{R65}	0.016 6	21
$\widetilde{w}_{R66}$	(0.001 2, 0.008 7, 0.099 4)	$[w^{\alpha}_{R661}, w^{\alpha}_{R663}]$	[0.006 3, 0.037 7]	w^{α}_{R66}	0.022 0	19
$\widetilde{w}_{R67}$	(0.003 4, 0.035 2, 0.341 3)	$[w^{\alpha}_{R671}, w^{\alpha}_{R673}]$	[0.025 1, 0.133 2]	w^{α}_{R67}	0.079 2	8
$\widetilde{w}_{R71}$	(0.048 3, 0.207 5, 0.794 7)	$[w^{\alpha}_{R711}, w^{\alpha}_{R713}]$	[0.156 6, 0.395 4]	w^{α}_{R71}	0.276 0	2
$\widetilde{w}_{R72}$	(0.007 2, 0.029 6, 0.118 5)	$[w^{\alpha}_{R721}, w^{\alpha}_{R723}]$	[0.022 5, 0.058 1]	w^{α}_{R72}	0.040 3	13

(4) 对模糊权重进行去模糊计算（去模糊化过程）

水平截距——本次调查中，根据打分专家的工作经验和对工程的熟悉程度确定的置信水平 α 平均值为 0.68，根据公式（3.12）和式（3.13）进行 α 截距值计算，结果列于表 5.4 的第 4 列。

根据风险态度确定绝对权重值——通过对打分专家的询问调查，得知他们的风险态度均为中性，即 $\lambda=0.5$，将该值代入公式（3.14），得到各风险因素的绝对权重值，见表 5.4 的第 6 列。

5.3.4　BOT 公路项目全寿命期风险因素排序

BOT 高速公路项目各风险因素按照表 5.4 计算出的绝对综合权重值进行排序。结果列于表 5.4 的第 7 列和图 5.14。

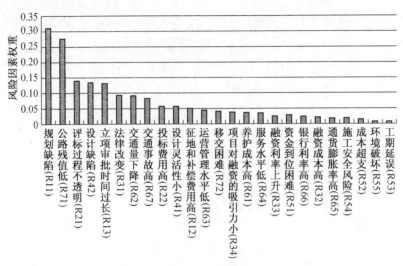

图 5.14 BOT 公路全寿命周期风险排序图

5.4 使用者角度的 BOT 公路项目使用质量风险识别与评价

5.4.1 BOT 公路项目使用质量风险识别

BOT 公路项目的 7 个阶段中(图 5.4),公路使用者参与的阶段主要是项目的运营阶段。公路使用者虽然只参与一个阶段,但这个阶段占项目实施阶段的时间最长,以特许期为 30 年的项目来说,通常建设期占 2~3 年,剩下的 27~28 年均为运营期。项目的运营离不开公路使用者的使用,他们是公路运输服务的接受者,也是公路运营交通量的供应方。

风险的识别采用文献总结法。相对于投资商角度的风险文献,有关公路使用者的使用风险的文献不多,已有的相关文献主要集中在以影子费率支付的 BOT/PPP 公路的特许合同中。作为重要的合同条件,这些合同文本都对公路的服务水平做了详尽的要求和描述。本文选取了 6 个合同文本,分别来自美国、英国、阿根廷、巴西、印度和乍得,此外,本风险清单还参考了世界银行、美国和法国相关部门就公路服务水平所做的调查问卷。

因为这些风险主要集中在运营阶段,因此,本风险清单不再采用全寿命期的项目阶段划分风险,主要采取风险源法来划分。在参考 9 篇(表 5.5)文献的基础上,本文归纳了公路的 3 个核心使用价值,即可移动性、舒适性和安全性,并以它们作为风险划分的类别。表 5.5 列出了公路使用者的使用质量风险。

表 5.5 BOT 公路使用质量风险清单

	1	2	3	4	5	6	7	8	9	总数
可移动性(Free-flowing traffic)										
公路行车速度达不到设计速度		√				√	√	√	√	5
收费站等待时间长	√				√	√		√	√	5
车道经常关闭或半关闭	√	√				√		√		4
交通拥堵		√			√			√	√	4

续表 5.5

	1	2	3	4	5	6	7	8	9	总数
行车舒适性(Trip comfort)										
行车路面障碍	✓	✓	✓		✓	✓			✓	6
路面颠簸	✓	✓	✓	✓	✓	✓	✓	✓	✓	9
道路景观单调	✓	✓	✓	✓	✓		✓		✓	7
路线指示牌不清晰	✓	✓	✓	✓	✓	✓	✓	✓	✓	9
服务区少					✓			✓	✓	3
道路安全性(Road and Driving Safety)										
防护篱、防护墙和边坡可靠	✓	✓		✓	✓	✓		✓		6
路面积水多	✓	✓	✓	✓	✓	✓	✓	✓	✓	9
危险标志不清	✓	✓	✓	✓	✓	✓	✓	✓	✓	9
车道划分不清	✓	✓	✓	✓	✓	✓	✓	✓	✓	9
公路照明差				✓	✓	✓		✓	✓	5
事故急救措施不足	✓		✓	✓	✓					4

1—Argentina;2—Brazil;3—USA;4—India;5—English MAC;6—Chad;1,2,3,4,5,6—都来自 PPIAF 网站[176];7—World Bank;8—U. S. A;9—France;7,8,9—都来自欧洲公路委员会报告[64]

5.4.2　BOT 公路项目使用质量风险问卷调查

1) 问卷设计

该问卷结构与全寿命期风险问卷结构设计相同,依然包括 3 部分。第一部分为问卷简介,第二部分为填表人信息,第三部分为问卷正文。调查问卷正文包括 2 部分,第一部分为填表人对收费公路的态度调查;第二部分为公路使用质量风险调查(见附件 C)。

调查问卷正文第一部分为使用者对公路收费的态度调查,主要了解使用者是否赞成通过收费促进公路建设和是否赞成公路收费。第二部分为公路使用质量风险调查表,是在参考表 5.5 的公路使用者使用质量风险清单的基础上,结合我国目前主要存在的高速公路使用问题产生。如根据第 1 章我国 BOT 公路项目存在的问题和第 4 章的案例和访谈,可知通行费率高、收费年限长、超载等问题在我国比较突出,引起了使用者的强烈不满,因而把它们加入了使用质量风险清单,同时对表 5.5 中出现的有些比较细化的驾驶舒适度问题进行了合并。对于我国高速公路中问题较少的风险因素,如防护篱、防护墙和边坡可靠性、车道划分不清等问题,则没有列入风险调查表中。最终调查问卷选定了 10 个使用质量风险因素(见表 5.7)进行调查,填表人可补充他们认为应该补充的风险因素。

2) 问卷调查

本调查选取三类人群为调查对象,第一类为私家车主,发出表格 20 份,回收 16 份;第二类为政府部门和事业单位的小汽车驾驶员,发出表格 21 份,回收 21 份;第三类为某物流公司的驾驶员,发出表格 30 份,回收 27 份,这部分人又分两类,一类为小汽车驾驶员 18 人,一类为货车驾驶员 9 人。填表人基本情况如表 5.6 所示。其中,近 80%的驾驶员驾龄在 6 年以上,绝大多数都具有丰富的驾驶经验,所填信息的可靠性高,但为了更好地反映公路使用者的意见,本调查也包含了近20%的驾龄在0~5年的驾驶员。从以上数据来看,表格的回收率在90%以上,满足调查要求。

表 5.6 公路使用者被调查人员情况表

公路使用者类别				驾龄			
私家车驾驶员	政府部门小汽车驾驶员	物流公司驾驶员		0~5年	6~10年	11~15年	>15年
		小汽车	货车				
16	21	18	9	13	27	16	8

5.4.3 BOT 公路项目使用质量风险评价

1) 风险因素确认

风险因素的确认原则是风险因素的勾选次数须大于填表人数的一半,否则不视为风险因素。按照这一原则,10个风险因素中有8个勾选次数过半,因而最终确定的使用风险有8个,见表5.7。

表 5.7 BOT 公路使用质量风险调查结果

编号	风险因素	勾选(次数)				
		私家车驾驶员(16人)	单位驾驶员(21人)	公司小汽车驾驶员(18人)	公司货车驾驶员(9人)	总数(64人)
1	交通拥挤	11	21	18	9	59
2	通行速度低(低于设计速度)	9	21	17	9	56
3	通行费率高	12	19	17	8	56
4	逃费车辆多	3	14	5	2	24
5	收费年限长	12	20	13	7	52
6	超载严重	11	18	10	4	43
7	管理水平低(如对超载,车辆分道行驶等管理不力等)	13	18	16	7	54
8	车道经常关闭(由于维修等原因)	13	21	11	5	50
9	收费等待时间长	7	20	11	7	45
10	驾车舒适度低(路面颠簸、标志不清、服务区少等)	4	17	5	1	27

2) 使用质量风险评价

对于调查问卷正文第一部分的问题,直接在符合条件的条目后打钩即可;对于调查问卷正文第二部分的使用质量风险调查,首先在选择栏里确认风险因素,然后对所确认的风险因素,在排序栏里,按照严重到不严重的顺序,分别按1~10的分值进行打分。1为最重要,10为最不重要,如果同等重要,排序值相同。重要程度采用每个风险因素的重要度平均分,按式(5.1)计算。

$$\bar{R}'_i = \frac{\sum_{j=1}^{n} R_{ij}}{n} \tag{5.1}$$

式中,R_i 为评价者对风险因素 i 的排序值,n 为填表人总数。本书对不同的调查者群采用式(5.1)评价各风险因素的平均重要性得分,计算结果见表 5.8。

表 5.8 BOT 公路项目使用质量风险因素评价结果

编号	风险因素	重要性得分				
		私家车驾驶员 $\bar{R}'_1$	单位驾驶员 $\bar{R}'_2$	公司小汽车驾驶员 $\bar{R}'_3$	公司货车驾驶员 $\bar{R}'_4$	加权平均 $\bar{R}$
1	交通拥挤	3.09	3.48	2.44	1.75	2.52
2	通行速度低(低于设计速度)	3.56	3.81	3.47	2.88	3.33
3	通行费率高	3.00	2.79	3.29	2.57	2.89
4	收费年限长	2.50	1.60	2.15	2.33	2.22
5	超载严重	4.09	1.94	2.10	3.50	3.06
6	管理水平低(如对超载、车辆分道行驶等管理不力等)	4.00	2.78	3.56	4.00	3.71
7	车道经常关闭(由于维修等原因)	4.08	3.19	4.45	3.80	3.94
8	收费等待时间长	5.57	2.45	4.45	4.43	4.42

由于各打分人群对公路收费的态度不尽相同,如私家车和公司驾驶员对收费较政府部门驾驶员的收费敏感性高,货车驾驶员比小汽车驾驶员的收费敏感性高。为突出公路收费敏感性高的人群的意见,风险因素的最终得分采用不同打分人群的加权平均值。本调查有四组人群,其中私家车驾驶员和公司小汽车驾驶员对收费敏感性接近,因此权重系数均采用平均权重,即 0.25。四类人群中,政府部门驾驶员对公路收费的敏感性最低,而货车驾驶员对公路收费的敏感性最高,因此政府部门驾驶员的权重定为 0.15,而货车驾驶员的权重定为 0.35。因此,风险因素综合重要性分值计算见式(5.2):

$$\bar{R} = 0.25\bar{R}'_1 + 0.15\bar{R}'_2 + 0.25\bar{R}'_3 + 0.35\bar{R}'_4 \tag{5.2}$$

式中,各符号表示和风险因素综合重要性分值见表 5.8。

5.4.4 BOT 公路项目使用质量风险评价结果

1) 公路使用者支付意愿调查

本部分调查内容是为了调查公路使用者的支付意愿(Willingness to Pay)。本部分内容设置两个问题,一为对公路收费作用的看法,对这个问题的看法是使用者愿意付费的基础;第二个问题是对公路使用者支付意愿的直接了解,即使用者支付意愿的反映。

(1) 公路使用者对收费公路作用的看法

从图 5.15 来看,超过一半的公路使用者赞成公路收费对公路建设的促进作用,这为公路收费带来了良好的认识基础,但值得注意的是,有 1/3 的使用者一直是不赞成依靠收费来促进公路建设的,有少量的使用者不关心公路建设的资金来源。

(2) 公路使用者对公路收费的态度

图 5.16 显示了公路使用者对公路收费的态度。与对公路收费作用的认识不同,这个问题上,大多数驾车人对公路收费仍持反对态度,赞成收费的人仅占 30%,53% 的人反对收费,17% 的人持无所谓的态度。尽管这一结果不是收费公路的投资商所愿意看到的,但收费使用公路是目前的趋势,并且这一方式也确实促进了我国公路建设的发展,所以这种方式可能会在比较长的时间内存在。为了达到投资者和使用者双赢的目的,公路使用者的感受也应当受到重视,并加以解决。

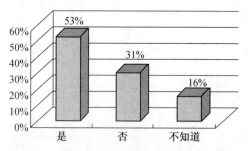

图5.15 公路使用者对公路收费的作用的看法

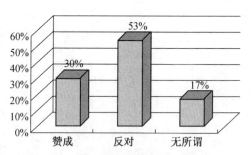

图5.16 公路使用者对公路收费的态度

事实上,从第一个问题的调查结果来看,大多数人对收费公路作用的认识是积极的,这就为争取更多的驾车人支持收费打下了基础,还有一部分人持无所谓的态度,这部分人的态度也可以转变,解决问题的关键在于,公路服务水平的高低。公路投资者和运营者只有积极提高公路服务水平,并在可能的情况下降低收费水平,才能减少公路运营者和使用者之间的矛盾,使更多的使用者在自愿情况下支持公路收费。

2) 公路使用者使用质量风险调查

不同使用者对公路使用风险的综合排序见图 5.17。

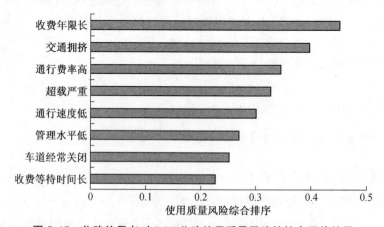

图 5.17 公路使用者对 BOT 公路使用质量风险的综合评价结果

5.5 BOT 公路项目风险分配

虽然 BOT 公路项目的利益相关者有三方,但由于公路项目 BOT 合同是政府方和投资商签订的,所以风险分配应主要集中在政府方和投资商之间。公路使用者风险是从使用者角度识别的风险,属于服务风险,严格说来,应属投资商方风险,但为了突出其与使用者的紧密相关性,将其单独列为一类风险进行考虑。

5.5.1 公路项目BOT合同全寿命期风险分配

风险分配是划分合同责任的关键步骤,按照3.4.4给出的风险分配原则,对图5.14已排序的全寿命期风险在政府方和投资商之间进行分配,以明确双方责任。

风险分配的最基本分配原则为,风险应由最有控制力的一方承担。对BOT公路项目而言,规划缺陷、评标过程不透明和立项审批时间长等风险均发生在BOT合同授标前,这个阶段只是政府方在参与项目,因此这些风险属政府方风险。合同授标后,并不意味着政府方将所有责任都移交给特许公司。为了使合同公平合理,发挥双方的积极性,在特许合同期内,由政府方引起的风险,如政府方原因引起的设计缺陷、设计灵活性小、移交困难、成本超支、工期延误等,依旧由政府方承担相应的合同责任。

Ke Y. J.等(2010)[177]针对我国PPP项目的风险分配问题,对我国PPP项目实践工作者进行了两轮德尔菲调查。调查结果发现实践人员认为政府方应对"征收和国有化"风险负完全责任,对政府方或政府方官员造成的相关风险承担大部分责任,投资商对与项目相关的风险承担大部分的责任,政府方和投资商对既非政府方责任又非投资商责任的风险,如公众反对、不可抗力、支付风险、环境保护等风险共同承担责任。

有些风险,虽然理论上政府方最有控制力,但是属有经验的投资商可以预见的,如法律的一般调整(如特许公司的营业税率政策,有关环境保护的政策等),是在特许公司监控范围内的,因此,特许公司投资商承担相应的合同责任,但有些法律风险,如有关基础设施特许合同的政策,与公路建设成本相关的征地拆迁政策,是特许公司毫无控制力的,依旧由政府方承担。

与BOT公路项目直接相关,而且特许公司有控制能力或可以监控的风险由特许公司承担,这些风险包括市场风险,如交通量下降、投标费用高、征地和补偿费用高等;经营和管理风险,如公路残值低、运营管理水平低、养护成本高、服务水平低等;经济风险,如融资利率上升、资金到位困难、银行利率高、融资成本高、通货膨胀率高等;施工风险,如施工安全风险、环境破坏等。

公路项目BOT合同风险分配如表5.9所示。

表5.9 BOT公路项目风险分配表

风险因素		风险承担方
规划缺陷、评标过程不透明、立项审批时间过长、通货膨胀率高、融资利率上升		政府方
公路残值低、交通量下降、投标费用高、征地和补偿费用高、运营管理水平低、养护成本高、资金到位困难、银行利率高、融资成本高、施工安全风险、环境破坏		特许公司
设计缺陷	招标文件不合理的技术要求	政府方
	设计单位责任	特许公司(可向设计单位追究)
法律改变	一般法律调整(如税率,环境保护等)	特许公司
	与特许公司直接相关的涉及合同改变的法律改变	政府方

续表 5.9

风险因素		风险承担方
交通事故高	驾驶人原因引起(如疲劳驾驶,违反交规等)	驾驶人
	道路缺陷和运营管理水平所致	特许公司
设计灵活性小	招标文件技术要求不合理	政府方
	对交通需求预测不足	特许公司
移交困难	政府方原因,如移交程序不清,政府人员更换等	政府方
	特许公司原因,如公路使用条件达不到移交要求等	特许公司
服务水平低	由于自然交通增长量高而导致的交通拥挤、通行速度低等原因造成	政府方
	由于管理和维护不善引起的交通服务水平低	特许公司
成本超支工期延误	政府方原因引起的延误,如使用要求改变引起的变更等,或在政府方承担的不可抗力风险范围内	政府方
	特许公司方原因引起的延误,如管理不善、返工等,或由特许公司承担的不可抗力风险范围内	特许公司
	已投保的不可抗力风险	保险公司

5.5.2 BOT 公路项目各方风险分析

1)政府方风险

政府方和投资方的风险在 5.5.1 中已作了分配。政府方风险中的规划缺陷风险是投资商角度识别的全寿命期风险中排在第一位的风险(图 5.14)。规划缺陷,对于 BOT 公路来说,可能是路线选址不合适,也有可能是路线布局不合理,周围存在竞争道路,这些情况在一定程度上存于南京三桥和福州四桥的案例中,此种情况下,最直接的后果就是交通量不足,交通量不足会导致交通收入不能保证,进而难以保证投资商盈利水平。

评标过程不透明、设计缺陷和立项审批时间过长是次于前两位但风险度接近的位于三、四、五位的风险因素。评标过程不透明是目前 BOT 公路招标中存在的普遍问题,由于目前国内 BOT 项目的招标以议标为主,手续繁杂,使 BOT 项目的投标成本高,项目不中标,则承包商损失一大笔投标费用,项目即使成功,也需增加上百万的投标费用,这对于有投标意向的投资商来说是很大的顾虑。设计缺陷风险多由设计水平不高导致,设计缺陷的危害很大,在建设期,设计如存在缺陷,可导致设计变更频繁,从而增加总的建设成本,在运营期,设计缺陷则有可能带来高交通事故率(如泉州刺桐大桥的蛇形弯)或运能不足(需要扩建,或交通服务水平下降)或运能过大的后果,不管发生在哪个阶段,都会造成成本上升,间接减少了交通收入。立项审批时间过长不仅耽误建设工期,运营日期也不得不推后,损失了潜在的交通收入,立项审批时间长不仅使政府部门和投资商耗费大量的精力,也增加了承包商的贷款利息,由于运营日期推后,这些都增加了项目的成本。

法律改变列风险第六,这个风险因素的重要程度高,与 BOT 项目的特点有关,BOT 项目合同期超过 30 年,在如此长的合同期内,税率,尤其是营业税率通常会随国家对项目的扶持程度而改变,对公路运营成本的影响有限,这类风险因素是投资商可预见的,通常都由投资商自己承担。但有些重大政策,会依据项目执行的整体情况而调整,如第 4 章案例中的固定回报率问题,曾经作为吸引投资的政策推出,也吸引了一大批 BOT 项目,但随着执行过程当中政府负担过大、风险分担不公平等问题的出现,政府中止了这一政策,从而造成一大批 BOT 项目的终止,这些则是投资商不可预知的,对投资商而言,会造成巨大的经济损失。此外,政府人员交替也会影响政策和法律的调整,对 BOT 项目产生影响,这些都是投资商不可预知但会对项目产生重大影响的风险,因此,法律风险在很大程度上最有控制力的一方是政府方。

本书将通货膨胀率和融资利率风险分配给政府方,因为这些风险受经济环境和政策的变化而变化,属投资商无法控制的不可抗力因素。服务水平低的风险,表面上看应该由承包商承担,但如果服务水平低是由于经济发展水平加速而带来的自然交通量增长快而造成的,则政府应考虑通过其他措施解决,如修建其他道路或控制交通量增长等,所以服务水平低的风险由政府方和投资商分担。

从图 5.14 来看,在投资商最担心的前六位风险中,除了第二项公路残值低的风险,承担者为代表投资商的特许公司外,其他五项风险,承担者或全部或部分都是政府,分别是排位第一的规划缺陷(全部承担),第三的评标过程不透明(全部承担),第四的设计缺陷(部分承担),第五项立项审批时间过长(全部承担)和第六项法律改变(部分承担)。这五个风险,都对 BOT 公路项目的运营和收入有决定性的影响,但这些重要性最高的风险,都超出投资商控制范围,这加大了他们对投资安全性的担心。为了降低这些风险可能带来的损失,投资商最有效的应对方式,就是获取足够高的交通收入来抵御风险可能带来的损失。

2) 投资商风险

根据公路项目 BOT 合同风险分配结果(表 5.9),投资商的风险重要度最高的风险是公路残值低(图 5.14),这一排序反映了投资商对工程使用功能是否能达到政府部门的要求特别担心,目前工程建设和运营过程中,重建设轻维护,这样一来,到 30 年运营期结束,交到政府手里的很可能是一条"破路"。此外,从京沈高速和南京三桥的访谈中可以得知,由于目前车辆超载现象严重,道路损坏日益严重,如果要达到合同中移交的要求,投资商必须加大对道路维护的投入。据统计,目前我国高速公路的年维修费占年收入的 15% 左右,有的甚至高达 25%[178],这些支出对投资商来说,无疑是很大一笔投入,从另一个角度来看,降低了投资商的交通收入。

交通量下降、交通事故高的风险,重要度与法律改变风险接近,分别列第七和八位。交通量下降的风险对代表投资商的特许公司而言,是最现实的风险,因为交通量是影响交通收入最直接的风险,这一风险虽然排名靠前,但相对它的重要性而言,不仅不高,反而显得有些靠后,这也许与我国近 10 年来,受经济发展的影响,交通量持续升高(如第 4 章案例中,除福州闽江四桥由于开放了竞争道路导致交通量下降外,其他的 BOT 公路的交通量上升幅度都很高),使投资商对其下降的潜在风险体会不深有关。交通量风险分配给投资商,与 BOT 公路项目的商业属性有关,经营者承担需求风险,是经济学中一般的风险分配规律。

交通事故高的风险列第八,资料显示,我国由于路线布局问题(如断头路较多)、多数路线等级较低、驾驶员交通安全意识低等多种因素的影响,交通事故率一直居高不下[13]。交通事故的产生,虽然多数不是道路运营者的责任,但交通事故处理过程中,需要投入人力和精力,外加交通中断的影响,也带来了不小的事故处理成本,变相地降低了交通收入。

上述前 8 位的风险,重要度相对较高,而且绝大多数都在投资商的控制之外,出于对这些风险的担心,我国近些年来,民间资本投资公路项目的比重在公路总投资中是下降的。这种情况,需要引起合同制定者的重视。其他的 17 个风险主要由投资商承担,重要程度虽然也有高低,但互相之间的风险重要度下降比较平缓。从图 5.14 可以看出,这 17 个风险基本上都与项目相关,涉及融资阶段、招投标阶段、设计阶段、施工阶段、运营阶段和移交阶段。

融资阶段中,项目对融资的吸引力小的风险因素排位较高,这个风险与项目自身的吸引力有关,但也与外界因素相关,如与融资渠道较少紧密相关。其他几个融资阶段的风险,融资利率上升、融资成本高等风险排位较低,也许与投资商对这些风险的确定性较大、容易预见及采取预防措施有关系,但毋庸置疑,这些因素都会增加投资商的财务成本。

招投标阶段的风险因素较少,除前已叙及的评标不透明的风险因素外,投标费用高无疑更直接地显示出投资商对成本增加的担心,这一风险因素排位第九,说明了投资商对这一风险因素非常重视。

设计阶段的风险因素有一个名列前八,另一个风险因素为设计灵活性小,列第十,这也许与国内交通量增速快,公路建成不久就扩建(如京津塘高速、沪宁高速等)的情况有关,这一风险的直接后果是扩建会进一步加大投资,也意味着需要更多的交通收入来弥补投资。

施工阶段的风险因素较多,但除资金到位困难风险外,大多数排位较低。资金到位困难是目前 BOT 项目中比较严重的风险,目前以国内企业为主的 BOT 项目投资中,资金来源主要为自有资金和银行贷款,其中以银行贷款为主,银行贷款如果不能及时供应,就很容易造成工程停工,由于建设期资金不到位的情况比较普遍,为防止这种情况发生,BOT 特许合同往往规定如果因资金不到位停工达到一定期限或破产,特许合同将终止,合同一旦终止,投资商先前的投入将会有巨大的损失(如福州四桥项目),因此施工阶段这一风险的排位比较靠前。其他风险如施工安全风险、成本超支、环境破坏、工期延误等,基本上都处于排在最后的风险,这些风险因素在传统的工程项目中都是重要性较高的风险,在 BOT 项目中排位如此低,原因也许在于相对 BOT 项目的其他风险,投资商对于这些风险较易控制,把握性更大的缘故。但无疑,这些风险一旦发生,都会大大加大工程的建设成本。

运营阶段的风险因素在 BOT 项目中最多,因为运营阶段在 BOT 项目中时间最长,面临的不确定性因素也最多,除了已在前面讨论过的交通量下降和交通事故风险,这一阶段的风险还包括运营管理水平低、养护成本高、服务水平低、银行利率高等风险因素,这些风险因素中,运营管理水平低风险的排位比较靠前,居十二位,这一风险与投资商对 BOT 项目缺乏了解、缺乏 BOT 项目管理人才的现状有关,经对沪宁高速公路的历年来的管理成本统计,该公路年平均管理成本占到年运营成本的 25%,而发达国家的平均管理成本占年运营成本的 15%左右[171],这一事实也说明了管理水平低将造成成本增加的后果。其他几个风险因素,除服务水平低外,都是构成成本的重要因素,它们的上升直接导致了运营成本的增加,而服务水平低则会造成交通量的减少,会直接导致交通收入的减少。

移交阶段的风险除公路残值低外,移交困难风险排位也较高,这反映出投资商对移交过程缺乏了解,其实也是对移交可能带来的费用补偿的担忧。

3) 使用者使用质量风险

根据 5.4.4 的使用质量风险评价结果(图 5.17),使用质量风险综合评价第一的风险因素为收费年限长。BOT高速公路的特许经营期一般为25~30年,但从公布的数据来看,由于经济的高速发展,我国近些年来交通量持续增长,BOT公路的投资都可提前收回(如第4章案例中投资回收期均在10年左右),剩下的年份的交通收入可为公路投资者或经营者带来巨额利润,公路使用者的道路使用成本也将居高不下,因此导致了很多使用者的不满。这不利于提高公路使用者的付费意愿。

综合排名第二位的使用质量风险为交通拥挤,这也许从另一个侧面反映了交通量的持续增长,高速公路上的交通量从刚开始运营时的交通量不足到交通拥挤,往往只经过不到10年的时间,举例来说,沪宁高速公路、广深高速公路等都在使用不到10年的时间就开始了扩建工程。交通拥挤是早期修建的一些高速公路面临的普遍问题,这个问题,不仅加重了大家对通行费率高的不满,也降低了公路使用者的付费意愿。

通行费率高是综合排名第三的风险因素。但不同的使用者对此感受也不尽相同。私家车驾驶员与货车驾驶员对这一风险因素的排序都比较高,这可能是因为私家车驾驶员需要自己承担过路费用,而货车会因此而增加运输成本的缘故。公司小汽车驾驶员与单位小汽车驾驶员对此风险的排位稍低,可能是因为他们无需自己付费,也无经营成本的压力。但值得注意的是,私家车驾驶员和货车驾驶员是交通量的主要来源,因此通行费率高会对交通量产生较大的抑制作用。

综合排位第四的风险因素是超载。对这一风险因素,驾龄较长,经验也较丰富的单位和公司的小汽车驾驶员对超载车辆比较敏感,对这一风险的排位都很靠前。而驾龄相对较短的私家车驾驶员由于缺少经验及使用高速公路的频率相对较少,对此风险感受不深。货车驾驶员可能是因为货车自身超载的缘故,对此风险因素不敏感。从访谈中可以看出,超载的问题在我国很突出,其后果一是容易导致路面损坏,造成行车颠簸,另一个重要的后果,它也是高速公路上的安全隐患。由于超载车辆货物散落、倾倒或泄漏引起的人员伤亡或火灾事故不时见于报端,这也是经验丰富的老驾驶员比较敏感的原因。从使用质量风险总体排名来看,因为与行驶舒适性相关的风险普遍排位较低,所以超载与运营安全性关系更密切。

通行速度低的风险因素在综合排位中位于第五,这也许与道路越来越拥挤,公路占道维修频繁等原因有关,但总的来说,此风险不是太突出,重要度居中,说明大家对BOT公路目前的通行速度比较满意。

排在后三位的风险因素分别为管理水平低、车道经常关闭和收费等待时间长,这些因素都与公路驾驶的舒适性关系比较紧密。这三个风险因素排位低,说明公路使用者对高速公路舒适性比较满意,虽然对收费等待时间、车道关闭等情况时有抱怨,但这种情况不经常发生,所以总体上来说,大家对公路便捷和舒适度都比较满意,这也许是高速公路近年来吸引了越来越多交通量的原因之一。

从以上的风险评价结果的分析可以看出,使用质量风险主要与使用者的付费意愿和交通量有关,付费意愿影响交通量。造成使用者支付意愿低的前四位的使用质量风险分别是特许期限长、交通拥挤、通行费率高和超载,特许期限长和通行费率高说明使用者对BOT公路的意见还是在收费问题上,交通拥挤和超载代表着服务水平的因素之一。降低交通收费,提高服务水平符合公路使用者的利益,也有利于提高使用者的付费意愿和促进交通量增加。

5.6 BOT 公路项目可变合同条件的主要风险因素分析

根据投资收益率计算公式,决定投资收益率的直接因素有四个:交通量、收费费率、特许年限和成本(包括建设期成本和运营成本)。从投资商的角度识别的 BOT 公路的全寿命期风险都与交通收入或成本相关,这说明,影响 BOT 公路项目收益的风险因素存在于项目的各个阶段。将本书 5.5 章节中识别出的各方风险与上述四个影响因素相对应,各阶段的风险因素对交通收入/成本的影响关系如表 5.10 所示。这些有影响的风险因素中,有些影响作用是可计量的,有些影响作用则是不可计量的,而不可计量的风险因素的影响往往体现在可计量的风险因素或成本因素上。

表 5.10 BOT 公路项目全寿命期风险影响关系表

| 交通量/ | 相关的风险因素 | |
成本因素	不可计量风险	可计量风险
交通量	<u>规划缺陷</u>,服务水平低,<u>设计灵活性小</u>	
建设成本	<u>评标过程不透明</u>,<u>立项审批时间过长</u>,投标费用高,<u>征地和补偿费用高</u>,设计缺陷,资金到位困难,施工安全风险,环境破坏,设计灵活性小	成本超支,工期延误
运营成本	公路残值低,设计缺陷,<u>法律改变</u>,交通事故高,运营管理水平低,环境破坏,<u>移交困难</u>	养护成本高,通货膨胀率高
财务成本	<u>法律改变</u>	融资成本高,<u>融资利率上升</u>,银行利率高

注:带下划线的风险为非投资方责任风险,即合同条件调整因素

根据风险承担原则,合同双方对自己风险责任以内的风险承担控制责任。如果一方的利益受损是由于不可抗力或对方原因引起的,则应考虑采用合同手段对受损一方的利益进行补偿。所以,在确定可变合同条件的调整因素时,一个重要的考虑原则为非投资商方责任引起的风险,才考虑通过可变合同条件进行调整。

从表 5.10 可看出,造成交通量不稳定的风险有三个:规划缺陷、服务水平低、设计灵活性小。其中规划缺陷和设计灵活性小是政府方责任,如果是这些原因引起的投资方的交通量少,则政府应出台相应政策扶持,这两个风险属不可测量风险,但可以通过监测交通量来确定其影响作用并决定调整策略,如由于规划时交通量预测过大,而实际运营时交通量过少,则政府应考虑补贴,通常可通过模拟远期交通量增长来延长特许期限补偿。如果由于规划时交通量预测过低,运营后交通量快速增长,造成交通服务水平降低,则政府部门应该考虑调整,对公路而言,最直接的调整方式是修建竞争道路,以分流其交通量。

BOT 公路的服务水平是影响着 BOT 公路交通量高低的主要影响因素,但服务水平高低与使用者的感受相关,属不可测因素,本书将引入与服务水平相关的便利性系数来表示(见下一章),从而将其从不可测因素转化为可测因素。

造成运营成本上升的风险有很多,大部分是由投资方原因引起成本上升,如日常养护质量不高、管理不善等,这些原因引起的成本上升不应调整。但由于通货膨胀而引起的运营成本上升,属不可抗力,应进行调整。投资方承担的部分风险中,如设计缺陷、交通事故等风险

涉及其他责任方的,投资方也可向责任方追偿,但这些一般不出现在特许合同调整条件中。造成运营成本上升的风险因素中,移交困难如果是由于政府方原因造成的,其增加的成本列入运营成本中。

财务成本中融资利率是政府方承担的不可抗风险,因此也在成本调整范围内。通货膨胀率上升、利率上升和移交困难造成的成本上升风险造成的后果是属于可测算的,可直接作为调整因素。

综上所述,BOT合同可变合同条件的调整因素,第一焦点是交通量。所以,与以往只将利率、通货膨胀率作为主要调整因素不同,本书将交通量的变化作为重要的调整因素,以往交通量的变化,主要以供求关系考虑。本书则将在考虑供求关系的基础上,将考虑使用者的付费意愿对交通量的影响,付费意愿将采用代表服务水平的相关便利性系数来量化。

6 BOT 公路项目运营系统反馈和结构模型

本章导读：本章的主要目的是建立 BOT 公路项目运营系统的主要系统因果回路和反馈-结构模型。公路项目 BOT 可变合同条件要达到调节和平衡合同各方利益，提高效益的目的，必须考虑到风险因素对各方利益带来的影响，这种影响是同步的、复杂的、交互的。只有站在系统的高度，着眼于可变合同条件（利益平衡杠杆），分析主要风险因素对可变合同条件的交互影响机理，才能对风险的影响进行接近真实的认识。从上章的分析可以看出，交通量是影响可变合同条件的第一焦点风险。为充分体现这一风险在可变合同条件中的影响，本章将基于 Logit 模型的 MNL(MultiNomial Logit) 交通量分配模型，建立以交通收益率为调节杠杆的 BOT 公路项目运营系统动力学的反馈和结构模型（系统动力学模型的中间模型）。该反馈和结构模型中，汽车增长量模型是影响 BOT 公路运营系统动力学模型的重要基础模型，本章将在获取 1997—2010 年全国汽车增长量数据的基础上，结合国家其他宏观和微观经济数据，建立汽车增长量子系统动力学模型，通过计算机模拟，验证其可靠性，为建立 BOT 公路项目的运营系统动力学模型做准备。

6.1 柔性交通分配模型——基于出行者需求行为的 MNL 模型

交通量是 BOT 公路收入的主要来源。从文献综述可以看出，目前对交通量的预测，主要是依据交通量与价格的弹性关系确定，这是不符合实际的，所以导致了交通量预测不准的普遍问题。对于个人出行者来说，对于交通路线的选择，不仅与收费价格有关，还与出行者的付费意愿、公路服务水平等多项非经济因素有关，这可被看作是交通选择行为上的柔性。本书为了反映出行者对路线选择的灵活多变性，选择基于出行者需求行为的 MNL 模型作为 BOT 公路交通量的内在调整机制的理论基础。在这个理论模型中，交通量既受经济因素，如收费价格、出行成本的影响，又受出行者的付费意愿和主观感受到的使用效益(Utility)的影响。

6.1.1 出行者动态路线选择行为的经济学特点

公路项目的交通量，取决于交通量自然增长率和公路自身的吸引力。公路对交通的吸引力，不仅取决于该条路线的快捷、舒适性，还取决于通行费率的高低，公路使用者对道路收费的认可程度、支付意愿、出行目的、车辆类型等多种因素，因此，路线的选择是复杂的，是基于社会经济影响因素的个人选择行为。传统的经济学选择理论认为个体是最基本的选择单元，他们下意识地按照喜好，对所有可能的方案进行排序。但传统的经济选择行为主要考虑看得见的经济因素,如费用、时间等,没有考虑到人们由于在接受和认知过程中的心理因素影响。现代的选择理论对传统的选择理论做了改进,加入了人的心理因素,目前得到了广泛的应用。

在交通规划领域,学者们假设,消费者(公路使用者)在消费交通服务的过程中,存在由消费行为和交通属性共同决定的效益函数,以此为基础研究消费者的选择行为和交通问题之间的关系。个体的路线选择不仅受出行预算限制,而且受不同区域的工作模式、消费活动和这些区域的交通模式所限制。因为伴随着各种消费行为的交通出行费用相对来说比较"固定"(但是会上下波动),因此交通出行的消费行为不同于一般消费理论上的简单的"预算型"消费,所以,不适宜用现有的消费理论中的"边际成本"的理论来分析。

McFadden(1974)[179]论述了一个动态个体选择行为模型,该模型是将个体的满意度描述为一个满足一阶差分状态变量的函数,不同阶段的消费活动水平影响着状态变量,从而影响着消费者的选择行为。这个模型使得在考虑消费者的选择行为时,既考虑到一些相对稳定和长期的状态变量,如工作地点、居住地点、汽车的所有权等,也考虑到一些短期的活动变量,如出行目的地、出行模式等。总的来说,这个模型可望顾及不同时期的出行预算的变化,由于喜好改变而变化的出行态度,以及相对"稳定"条件下选择行为的"波动"对出行行为的影响。

回到 BOT 公路出行路线选择的问题上,任何公路在运营过程中,交通量会一直受到个体选择行为的影响,上述个体选择行为模型也适用于个体交通路线选择行为。上述的个体选择行为模型可以表达为随时间变化出行效用函数,该函数是"短期"消费活动水平和"长期"的状态变量所决定的"效用"值之和。所以,公路使用者的出行路线决策问题可以分解为不同阶段的"效用"最大化的问题。该"效用值"考虑到状态变量,如不同时期的出行预算限制,还有一些"静态"变量,如一般出行模式,虽然这些已足以计算"最大效用值",但在 BOT 公路路线选择问题中,还将考虑车辆类型,公路使用者对收费的态度、支付意愿、道路服务水平等状态变量对出行路线的影响。这样的出行效用计算模型对所有出行方式都具有一定的普适性,但上述状态变量的选择也反映了 BOT 公路的路线选择特点,因而对于本书来说,具有比较强的适用性。

6.1.2 出行路线选择分配模型

前已叙及,公路使用者的出行效用函数是由消费行为和交通属性共同决定的。路线的交通属性包括路线的服务水平、出行模式等,消费者的消费行为又受个体的喜好和社会经济背景决定。这些变量中,有的是可以直接观察得到的,有些是难以直接观察的。例如,公路使用者的收入和路上行驶的时间,通常是可以观察到的,但是,公路使用者的付费意愿,对收费的态度是不可直接观察的。

在均质市场条件下,个体的行为选择模型可进一步量化为路线选择概率模型,即在可观察变量的值的基础上,路线选择概率取决于影响出行效用函数的那些不可观察的变量的概率分布[公式(6.1)]。个体的出行效用函数可定义为平均效用和效用偏差之和[公式(6.2)]。平均效用指某一区域内所有个体的平均效用值,效用偏差是由不可观察的变量的概率分布所决定的,这些不可观察的变量的分布取决于由个体偏好和路线特点所决定的特质变量。

$$u_i = U(LOS^i, ULOS^i, SE, USE) \tag{6.1}$$

式中,LOS^i 表示可观察的路线服务水平向量;$ULOS^i$ 表示不可观察的路线服务水平向量;SE 表示可观察的社会经济向量;USE 表示不可观察的社会经济向量。

$$U(LOS^i, ULOS^i, SE, USE) = V(LOS^i, SE) + (ULOS^i, USE; LOS^i, SE) \tag{6.2}$$

式中,V 表示平均效用函数,$i = (ULOS^i, USE; LOS^i, SE)$ 表示由不可观察变量决定的效用偏差,其他符号意思同式(6.1)。

第 i 条路线的选择概率就等于第 i 条路线上不可观察的变量所决定的效用偏差高出其他路线上的效用偏差的概率,如公式(6.3)所示。

$$P(i|LOS, SE) = Prob\{(ULOS1, ULOS2, \cdots, ULOSJ, USE) | U(LOS^i, ULOS^i, SE, USE) > U(LOS^j, ULOS^j, SE, USE) \quad 其中,j=1,2,\cdots,J, j \neq i\} \tag{6.3}$$

式中,$P(i|LOS, SE)$ 表示选择第 i 条路线的概率,"$Prob$"代表不可观察变量的概率分布。

6.1.3 基于出行者社会经济心理的交通出行选择概率模型——MNL 模型

公式(6.3)的计算基础是,在均质市场条件下,路线选择概率的值等于不可观察的变量所决定的效用偏差高出其他路线上的效用偏差的概率,假设某条路线的效用偏差大于其他路线上的效用偏差的概率是可以定量计算的,那么根据公式(6.3),该出行路线的选择概率也可以得以准确计算。但事实上,大多数不可观察的变量的效用值是不可以定量计算的,这使得公式(6.3)难以被应用到实际分析。从个体选择行为模型可知,在一个均质市场,个体在选择不同路线时,不同于平均效用值之处在于,每条路线上的效用偏差互相独立,其概率分布呈现极限值分布,即 Gumbel 分布。该分布的形态呈现类似于正态分布的钟形,但比正态分布的分布范围更集中,右半边的分布范围大于左半边的分布范围。根据这一特点,McFadden(1973)[180] 及 Domencich 和 McFadden (1975)[181] 给出了 MNL (MultiNomial Logit)模型如下:

$$P(i | LOS, SE) = \frac{\exp V(LOS^i, SE)}{\sum_{j=1}^{J} \exp V(LOS^j, SE)} \tag{6.4}$$

式中,$i = 1, 2, \cdots, J$ 代表 J 条路线;LOS^j 代表第 J 条路线的可观察的线路服务水平;SE 代表可观察的社会经济变量;$V(LOS^j, SE)$ 代表第 j 条路线的平均效用函数;$P(LOS^j, SE)$ 代表第 j 条路线的选择概率。

其中,平均效用函数通常用式(6.5)表示:

$$V(LOS^j, SE) = 变量1 \times 系数1 + 变量2 \times 系数2 + \cdots + 变量k \times 系数k \tag{6.5}$$

式中,变量 $1 \sim k$ 表示可观察的路线服务水平变量或者社会经济变量,系数 $1 \sim k$ 可看作是在计算每条路线的效用时,对每一个变量所赋予的权重。

路线服务水平通常包括路上行驶时间、行驶速度、运营成本等变量。社会经济变量只考虑随不同路线变化而变化的变量,因为对于那些不随路线变化的社会经济变量来说,它们同时出现在式(6.4)的分子分母中,可以被约去而忽略不计。随路线不同而变化的社会经济变量可定义为特殊变量,它包括与路线服务水平相关的量(如行驶舒适度、每公里耗油量)和线路特有的变量(如收费公路的收费)等。特殊变量的系数可看作是平均效用函数中无法观察的变量对平均效用的影响程度。相对于特殊变量,每条路线共有的其他服务水平变量,如行驶时间、行驶速度等可称为一般变量。

某条线路的个体行为效用[式(6.1)],取决于可观察和不可观察的一般变量的大小,因为该函数要反映的是大多数人对于某条路线的综合感受。但是特定线路上的平均效用函数[式(6.5)],很大程度上取决于特殊变量的大小,因为这些变量可以模拟不可观察的变量的影响程度。例如,对于几条可互相取代的路线来说,存在一个平均舒适度。某条路线的个体行为效用取决于路上平均行驶时间乘以平均舒适度,而该条路线的平均效用函数则取决于路上平均行驶时间乘以与该行驶时间相关的舒适度,即平均效用中包含了一个系数,反映了平均时间对平均舒适度的影响程度。

6.1.4 MNL模型的数学表达式

公式(6.4)虽然给出了出行路线选择概率的一般表达式,但仍然无法计算出行路线的实际选择概率。McFadden等(1977)[182]提出对个体来说,出行路线的效用取决于个体在该条路线的目的地所进行的购物、休闲和娱乐等活动带来的效用,每种活动都具有不同的时间价值。McFadden等(1977)[182]进一步假设,个体的效用受其收入限制,即以上各种活动的成本之和小于等于个体的工作内的收入和其他收入之和。因此,个体在选择路线时,会考虑自己的收入,考虑不同活动的时间价值,并在休闲活动和工作之间进行时间分配,其目的是为了使其效用最大化。

基于此理论,考虑到不可观察变量在特定路线的影响,McFadden等(1977)[182]给出了平均效用的代数表达式:

$$V_i = -b_T \cdot T_i - b_C \cdot C_i + b_A \cdot A_i \tag{6.6}$$

式中,V_i 表示第 i 条路线的平均效用;T_i 表示第 i 条路线的运行时间;C_i 表示第 i 条路线的运行成本;A_i 表示第 i 条路线的便利性;b_T, b_C, b_A,待定参数,表示各变量的边际效用。

将式(6.6)代入公式(6.4),得到基于出行者社会经济心理的交通出行选择概率模型为:

$$P_i = \frac{\exp(-b_T \cdot T_i - b_C \cdot C_i + b_A \cdot A_i)}{\sum_{j=1}^{J} \exp(-b_T \cdot T_j - b_C \cdot C_j + b_A \cdot A_j)} \tag{6.7}$$

式中,P_i 代表第 i 条路线的选择概率,$j=1,2,\cdots,J$。

6.2 交通收益率模型

BOT公路最初作为融资项目,投资回报率是投资商关注的主要指标。投资回报率主要取决于交通量,也取决于其他建设成本、运营成本、财务成本、税金等多种因素,投资回报率与上述诸多因素之间的关系可用融资项目的净收益模型和投资收益率模型来表示。

社会投资方投资BOT项目的首要目的是追求投资收益率,这些因素都直接影响着投资收益率。这些风险因素之间是互相影响的,其影响关系可见融资项目的净收益模型和投资收益率模型[183]。

1）净收益模型

$$R_{Bt} = \left\{[(P-K) \cdot Q - F] \cdot \prod_{i=1}^{t}(1+INF_i) - E_t \cdot D_t \cdot R_{dt}\right\}(1-T) + C_d \cdot T - A \cdot E_t \tag{6.8}$$

式中，R_{Bt} 为第 t 年净收益；P 为单位产品初始价格（公路项目，初始通行费率）；K 为单位产品可变成本（公路项目，运营费用）；F 为固定成本（不包括折旧）；Q 为产品销售数量（公路项目，交通量）；$\prod_{i=1}^{t}(1+INF_i)$ 为第 t 年的通货膨胀因素；E_t 为第 t 年付息日汇率（年末汇率）；D_t 为第 t 年初贷款余额；R_{dt} 为第 t 年浮动利率；T 为所得税率；C_d 为折旧（按平均年限法计算）；A 为年金，即项目每年偿还的本金额。

2）投资收益率模型

投资收益率的公式如下：

$$R_i = \frac{\sum_{t=1}^{N} R_{Bt}(1+R_i)^{-t}}{I_0} \tag{6.9}$$

式中，R_i 为投资收益率，N 为特许期限的长度，I_0 为投资额。

6.3 交通量增长预测

一个区域内的交通量的生成是由许多相关因素决定，如该地区的经济发展水平、产业结构、资源分布、自然地理条件、人的行为因素、政策因素、发展规划、建设规划等[156]。根据《公路建设项目交通量预测试行办法》，项目的远景交通量总体上由自然交通量、诱增交通量和转移交通量三种形式的交通量组成。自然交通量指正常规划的社会经济发展、人口增长、汽车数量增加等因素所引起交通量的增长，转移交通量指由于新建道路距离缩短、车速提高、行车条件改善，而将邻近区域或其他运输方式上的部分交通量吸引到新线上的交通量。诱增交通量指由于修建了新路后，促进了各相关行业的发展速度，所诱发、新生的交通量[184]。

6.3.1 自然交通增长量

从第 4 章 BOT 公路项目案例来看，我国目前大部分 BOT 公路的投资回收速度较快，其中一个重要的原因就是，我国近年由于经济高速发展，而引发了汽车拥有量的快速增长，最明显的例子如刺桐大桥（见 4.2.1）经过了一波三折的变故，依然盈利势头旺盛，主要得益于交通量的快速增长。本书引入了两个变量作为模拟自然交通增长量的基础变量，即汽车增长率和千人汽车拥有量。

1）汽车增长率

本书采用系统动力学方法计算汽车增长率。从 3.5.1 可知，系统动力学是在时域系统中分析研究系统，它采用状态空间法描述系统结构。在一维空间向量中（时间维），系统向量形式的状态方程为

$$x' = f(x) \tag{6.10}$$

该公式为一阶微分方程式,根据泰勒公式展开,并保留低阶变量后,公式可变为

$$x' = a_1 x \tag{6.11}$$

求式(6.11)的微分方程解,可得

$$x = x_0 e^{a_1 t} \tag{6.12}$$

系统动力学中,可用差分方程式描述式(6.13)所示的公式:

$$LEV.K = LEV.J + (DT) \cdot (RT.JK) \tag{6.13}$$

式中,$LEV.K$ 表示状态变量现在的值;$LEV.J$ 表示状态变量过去的值;$RT.JK$ 为 J 时刻到 K 时刻的增长速率;DT 为时间间隔。此式可改写为

$$(LEV.K - LEV.J)/DT = RT.JK \tag{6.14}$$

当 DT 趋于 0,可得微分方程式:

$$\mathrm{d}LEV(t)/\mathrm{d}t = RT(t) \tag{6.15}$$

设 $RT(t) = CONST * LEV(t)$,则可解得

$$LEV(t) = LEV(0) e^{CONST \cdot t} \tag{6.16}$$

$CONST$ 为比例常数,也是差分方程中 $RJ.JK$ 的数学表达,时间常数 T 定义为 $CONST$ 的倒数。T 取决于状态变量的倍增时间 Td,即状态变量增加一倍所需要的平均时间,根据公式(6.16),可推知:

$$Td \approx 0.69T, \quad T \approx Td/0.69 \tag{6.17}$$

所以,

$$CONST \approx 0.69/Td \tag{6.18}$$

在计算汽车增长率时,只需统计近些年来汽车的平均倍增时间,即可根据式(6.18)计算出汽车增长率。

2) 汽车拥有量限值——千人汽车拥有量

汽车的增长是有限度的,这是系统自我调节、维持平衡的方式。汽车增长达到一定限度后,增长速率会下降到零甚至负增长,与其相关的交通量增长速率也将为零或负增长。汽车增长限值一般采用每千人汽车拥有量来表示。千人汽车拥有量,顾名思义,就是每一千人拥有汽车的数量,是衡量各国人均汽车拥有量的重要指标[185]。千人汽车拥有量是有限值的,这可以从两个方面分析。

一方面,汽车的增长受能源和环境的承受能力限制。如从全世界范围来看,千人汽车保有量为 128 辆,而我国目前千人汽车保有量只有 52 辆,不到世界平均水平的一半。但过去 5 年,我国新增 1 亿吨炼油能力,全部被新增的 3 500 万辆汽车吞噬掉。如果我国千人汽车保有量达到美国的水平,全世界的石油都供应不起。目前由于汽车拥有量的快速增长,环境和出行形势已十分严峻,全国五分之一的大城市由于汽车尾气排放,空气污染严重,全国 110 个中大城市达不到二级空气标准。对全国几乎所有大城市来说,堵车已经成为常态,几乎所有国内大城市都面临停车难的问题。汽车与行人、汽车与社会、汽车与环境的矛盾日益突出。如果不顾我国的国情,盲目追求汽车的高速发展,那么汽车带给人们的将不是出行的方便、生活水平的提高,而是环境的严重污染、城市交通的严重拥堵,以及生活质量的严重下降[186]。

另一方面,从发达国家的经验来看,发达国家已经出现了汽车保有量的负增长,这也加强了我国汽车增长存在极限的推测。截至 2008 年年底,美国汽车保有量为 2.5 亿辆,但 2009 年该国汽车保有量出现自 1960 年开始统计以来的首次显著下滑。2009 年,在汽车市场萎缩和油价上涨等因素影响下,美国新车销量仅有约 1 000 万辆,而在政府实施的"旧车换新车可获退款"政策刺激下,该年美国报废了约 1 400 万辆汽车。故截至 2009 年底,美国的汽车保有量已由 2.5 亿辆降至 2.46 亿辆,预计到 2020 年美国汽车保有量还将进一步减少 2 500 万辆。日本的汽车保有量也在逐渐减少。日本汽车检查登录情报协会公布的家用轿车(含微型汽车)的普及情况调查结果显示,截至 2009 年 3 月底,日本每户家庭的汽车保有量为 1.086 辆,比 2008 年同月减少了 0.009 辆,连续 3 年减少。截至 2009 年 4 月底,日本包括微型车和两轮摩托车在内的机动车保有量为 7 914.288 2 万辆,比上年同期减少 16.972 2 万辆。据报道,这是自 1946 年 4 月日本开始有此项统计记录以来,首次出现汽车保有量连续 5 个月下降的情况。这可能与人口下降、油价上升、消费者开始疏远汽车等因素有关[187]。

6.3.2 转移交通增长量

转移交通量指从其他公路吸引的交通量,为定量表示其大小,本书在 6.1.4 节基于出行者需求行为的 MNL 模型上,发展了 BOT 公路交通分配模型——结合 Logit 模型的 MNL 模型。

1) BOT 公路出行平均效用的确定

BOT 公路提供的是交通服务,交通量是衡量这种服务被消费数量的重要指标。交通量代表服务出售的数量,决定着交通收入的大小,因此,受到政府部门和投资商的高度关注,同时,是影响其他合同条件制定的基础。

根据基于出行者社会经济心理的交通出行选择概率模型[式(6.7)],本书认为在有竞争道路存在的情况下,使用者对路线的选择,不仅依据在每条路线上行走的经济成本,也取决于其对路线是否认可的心理感受,这个综合成本被称为社会经济成本,用平均效用来表示[式(6.6)]。出行者会考虑自己的收入、不同活动的时间价值选择线路,其目的是为了使其效用最大化。

平均效用取决于可观察的路线服务水平变量或者社会经济变量,以及特殊变量对可观察的路线服务水平和社会经济变量的影响。根据式(6.6),平均效用考虑了某条路线的运营成本、运行时间和该条路线的便利性。这些效用因素有些是可直接观测,有些则不可直接观测。

(1) 运营成本

运营成本是可直接观测的效用因素。对于 BOT 公路来说,运营成本包括通行费用、油耗和汽车磨损等成本,因为单次运行的汽车磨损成本低,且计算复杂,为简化计算,本书将忽略运营成本中的汽车磨损成本这一项,主要考虑通行费用和油耗。

(2) 运行时间

运行时间也属可直接观测的效用因素。但运行时间与通行费用和油耗的测量单位不一致,运行时间的单位为小时(或分钟),而通行费用和油耗通常用元来表示,所以三者不可直接进行交互运算。为提高可计算性,本书将引进时间价值参数,将通行成本和油耗转化为等值时间,这个等值时间也被称为广义的时间,因此本书中的平均效用也可以被称作线路的广义时间。

(3) 便利性

便利性属于不可观察的效用因素,属特殊因素,虽然不可直接观测,但影响着出行者实际感受的平均效用水平,如在旅行中,快捷和舒适性是不可以直接观察的,但它们影响着公路使用者对 BOT 公路服务水平的看法、支付意愿等,公路使用者对 BOT 公路服务水平的感受进而影响公路使用者对运行时间的感受,如人们在交通量小、路线平稳、景观美丽的路线上行驶,主观感受的时间会比实际行驶时间短,反之则长。公路的便利性对公路使用者的支付意愿也会产生影响,如 BOT 公路运营初期,人们对公路收费运营的方式比较抗拒,付费意愿低,主观上对收费水平的感受高于实际收费水平,但随着时间增加,公路使用者体会到了公路的快捷舒适,外加对于付费方式的逐步适应,付费意愿会有所提高,在主观上对收费水平的感受也会比收费初期的感受为低。

由于出行者在选择路线时,对路线的选择取决于实际感受的效用,所以本书在进行平均效用(广义时间)的计算中,将引进参数表示这些不可观察的变量,这些参数主要包括与 BOT 公路运营时间相关的运行时间影响系数,支付意愿对收费的影响系数和快捷舒适性对时间的影响系数等。

(4) BOT 公路平均效用的计算

根据以上定义和公式(6.6),BOT 公路的平均效用计算如下:

$$M_i = a_{i1}t_i/\gamma_{i1} + (a_{i2}r_i + p_e)l_i/v_t \tag{6.19}$$

式中,t_i 为第 i 条路线的运行时间;r_i 为第 i 条路线的通行费率;p_e 为汽油价格;l_i 为第 i 条路线的长度;a_{i1} 为第 i 条路线上与时间相关的运行时间影响系数;a_{i2} 为第 i 条路线上与支付意愿相关的收费阻抗系数;γ_{i1} 为第 i 条路线上与服务水平相关的舒适系数;v_t 为公路使用者的时间价值。

2) BOT 公路交通量分配模型——基于 Logit 模型的 MNL 模型

王玮等人(2006)在多路径分配模型的改进模型节点分配法中,应用了改进 Logit 路径选择模型,该模型认为出行者在选择出行路线时,总是希望选择最短(或最快)的路线出行,称之为最短路因素。但由于交通网络及交通状况的复杂性,出行者选择的路线可能不是最短路,称之为随机因素。这两种因素存在于出行者的整个出行过程中,也就是说,尽管大家都希望走最短路线,但总有一部分出行者选择的实际上并不是最短路线,出行路线越短,被出行者选用的可能性越大,出行路线越长,被选用的可能性就越小。出行路线被出行者选用的概率用 $P(n,s,i)$ 计算。

$$P(n,s,i) = \exp(-\sigma t_i/t) \sum_k \exp(-\sigma t_k/t) \tag{6.20}$$

式中,t_i 为节点 n 处第 i 条有效出行路线的出行时间;t 为节点 n 处 k 条有效出行路线的行程时间平均值;σ 为无量纲分配参数,对于通常的交通网络,取值范围在 3.00~3.50 之间[158]。

很显然,式(6.20)中平均效用仅仅考虑了出行过程中的时间因素,但从基于出行者社会经济心理的交通出行选择概率模型[式(6.7)]来看,交通出行者感受的效用不仅仅只有时间的长短,而是基于社会经济成本的平均效用,平均效用决定了他们的路线选择行为。因此,本书在综合式(6.19)和式(6.20)的基础上,采用平均效用代替时间效用,用式(6.21)来表示基于公路使用者社会心理和经济成本的路线选择概率。

$$\begin{cases} P_i = \exp(-\sigma M_i/M) / \sum_k \exp(-\sigma M_k/M) \\ M_i = a_{i1}t_i/\gamma_{i1} + (a_{i2}r_i + p_e)l_i/v_t \end{cases} \quad (6.21)$$

式中,P_i 为公路使用者对第 i 条路线选择的选择概率;M_i 为第 i 条路线平均效用(广义出行时间);M 为 k 条有效出行路线的平均效用(平均广义出行时间);σ 为无量纲分配参数,本书取值为 3.00[158]。

6.4 BOT 公路运营系统动力学模型建立

6.4.1 BOT 公路项目运营机理分析

BOT 项目一开始是作为新型融资方法被广泛使用的,因此,BOT 项目的现金流和投资收益率是衡量项目是否正常运营的重要因素,这一点在第 4 和第 5 章已得到了证实。BOT 公路在建设阶段,只有投入,没有收入,没有交通收益。只有进入运营阶段,BOT 公路才能出售交通服务,获得收入,才有可能计算投资收益率。这个阶段也是 BOT 公路中的直接利益方,投资商/运营商和公路使用者共同参与的阶段,是可以揭示供需矛盾,有调整需要的阶段。从抓住主要矛盾的目的出发,BOT 公路的运营阶段是最合适的系统模拟阶段。因此,本书 BOT 公路项目系统动力学建模的主要对象是 BOT 公路项目的运营阶段。

根据公式(6.8),BOT 公路现金流的组成要素有收入、成本和税金等。运营过程中,最大的变量为交通收入,它受交通量、收费费率和收费年限三个变量的影响,其中,收费费率和收费年限可通过合同条件进行调整,而交通量主要受经济发展水平和市场因素影响,自然增长交通量主要与经济发展水平相关,其他交通量的增长均取决于市场因素,从上一节的分析可知,主要取决于公路使用者感受到的平均效用,从式(6.19)可知,平均效用取决于多项因素,运营成本、服务水平所决定的运行时间和运行的便利性等,此外,平均效用的高低还与经济发展水平相关。成本分三部分,分别为建设成本、运营成本和财务成本。本书中,由于不把建设期作为系统模拟对象,对在公路开始运营之前,影响建设成本的风险因素,本书暂不做考虑,这样做一是为了集中解决问题,二也是受本书的时间和篇幅所限。因此,本书将建设成本作为常数考虑。财务成本受利率、通货膨胀率等的影响,是可变变量,运营成本受管理水平和通货膨胀率等因素影响,也是可变变量。税金主要与税率有关,由于税率在运营期内相对稳定,因此也作为常量。

在运营过程中,BOT 公路运营者(即投资商)提供运输服务,用户缴纳费用使用服务,由此产生交通收入,运营者在综合成本、税金的基础上计算出投资收益率,政府部门则负责监控各项数据的真实性,然后根据投资收益率进行调控,调整条件应在特许合同中给出。调整条件应根据本书第 4 章提出的调整原则设置,即投资收益率应该有合理范围,在合理范围内,BOT 公路项目的运营保持不变,但如果投资收益率超出合理范围,则其对收费费率和特许年限都要产生影响,收费费率发生改变后,有可能引发交通量的改变,这些变化都会迫使投资收益率落回到合理范围内。

上述 BOT 公路项目运营机理的示意图见图 6.1。

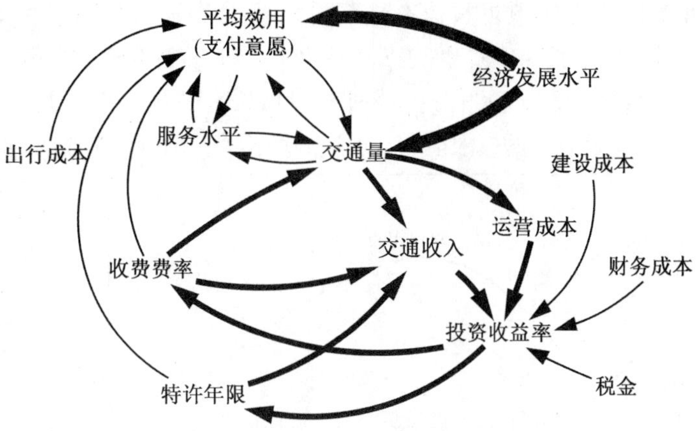

图 6.1　BOT 公路项目运营机理图

6.4.2　BOT 运营系统变量确定

为保证 BOT 公路项目动力学系统的可运行性,系统变量的选择一要简练,即选取关键变量即可;二可定量表示。

BOT 公路运营模拟系统的系统变量确定,主要依据图 6.1 中的相关变量,对于图 6.1 不能明确定量表示的变量,如平均效用,则借助式(6.19),对其进行进一步的确定。根据式(6.19),增加了油耗、旅行便利性系数等变量;为清楚表示运营成本,将其按成本要素进一步拆分为年维修费、人员工资和管理费用等。经济发展水平是影响交通量的重要变量,为了定量表示其对交通量的影响,本书将其用汽车增长率表示,为了计算汽车增长的上限,系统变量还引入了人口增长率等宏观经济变量。

为了便于模拟,表 6.1 将 BOT 公路系统的内生变量划分为三种类型:一类为控制变量,决定了系统是否维持平衡和稳定,包括投资回报率和千人汽车拥有量;第二类为基础变量,是进行模拟和编程计算时不可缺少的基础数据,该类数据须结合所模拟的项目,经统计后确定,为常量;第三类为可调整变量,这一类变量种类的确定依据本书 5.6 章节的分析确定,其初始值也需要与项目结合后统计确定,但随着控制变量的调整,或在不可抗力的影响下,可调整。

表 6.1　BOT 公路运营系统的系统变量

变量类别	系统变量		
	控制变量	基础变量	可调整变量
内生变量	投资回报率	所得税率、建设成本、年维修费、人员工资、管理费用、油耗	交通量、通行费率、特许期限、出行便利性、通行速度、利率、通货膨胀率、汇率(如果有外资)
外生变量	千人汽车拥有量	人口增长率,汽车增长率	

6.4.3　BOT 公路运营系统行为的参考模式

为帮助建立 BOT 公路项目运营模型,对表 6.1 中的关键变量,如汽车增长率、交通量(增长率和年累积交通量)、通行费率和特许年限等重要变量的增长足迹做参考模式如下。

1) 汽车增长速率假设

汽车保有量在增长过程中,其增长速率是不同的,前半段通常呈加速发展,这一点可从我国近十年来汽车拥有量的增长速度看出(表 6.2),由于人口、资源和道路的限制,到一定时间后增速减缓,直至为 0[184],汽车增长速度保持动态平衡。增长速率由正转负的点,称为增长拐点,增长速率为 0 的点称为汽车拥有量的极限值点。上述的增长关系图可绘制成图,如图 6.2 所示。

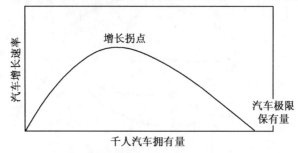

图 6.2　汽车增长速率示意图

2) BOT 公路运营时的三种状态模式假设

(1) 市场均衡的 BOT 公路的动态特性

图 6.3 模拟的是市场均衡条件下的 BOT 公路的运营特性。这种市场存在于经济发展速度均衡,人口总量相对稳定的时期,这种条件下,区域交通量稳中有升或降,没有大幅度增长或降低的现象。特许年限内,初期由于公路使用者对公路收费的抗拒,BOT 公路吸引到的交通量增长缓慢,随着人们对公路的便捷舒适性的认识和对收费的适应,交通量开始大幅攀升,表现为交通量增长加速,到达一定数量后,交通量增长速度减慢直至为零,交通量保持平稳态势。通行费率开头较高,随着交通量的大幅攀升,通行费率可逐渐减小,交通量稳定后,由于有稳定交通量的支撑,通行费率可进一步下降,为移交后免费做准备。

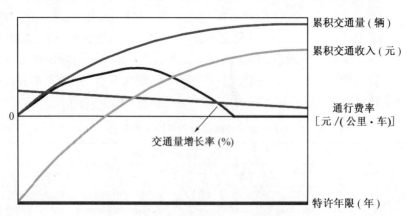

图 6.3　市场均衡条件下 BOT 公路的运营特性

交通收入方面,初期受交通量增长缓慢的影响,收入增加比较缓慢,交通量大幅攀升后,累积交通收入也大幅增长,交通量稳定后,受通行费率下降的影响,累积交通收入的增长趋缓,直至特许期限结束时增长速度接近为零。

这种情况之所以被称为均衡市场,是因为交通量的增长较少受外界因素的干扰,基本上是供方和需方相互作用的结果,交通量在均衡双方利益上起到了重要作用。

(2) 交通量快速增长的市场状态下的 BOT 公路动态特性

此种情况下 BOT 公路项目运营情况的动态特性如图 6.4 所示。

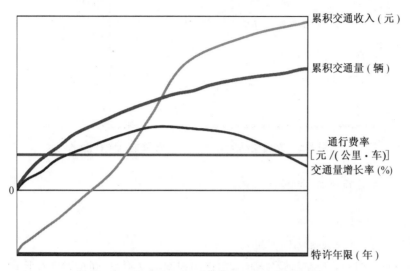

图 6.4 交通量快速增长情况下 BOT 公路的运营特性

这种情况下交通量的大增不是供方和需方的相互作用所致,而是由于外界因素改变,最典型的就是经济水平增长,带动了自然交通量的持续上升,但周边又没有条件相当的公路可以分流,因而 BOT 公路上交通量快速上升。这种情况下,即使服务水平下降,人们依然也不得不选择该路。这种情况下,BOT 公路处于卖方市场状态,投资商/运营商不会轻言降低通行费率,两方面的因素会使投资商的投资回报率急剧上升,这种情况对于投资商是有利的。

但从公路使用者的角度来说,不得不缴纳相对较高的通行费用后,也不一定能得到他们要求的服务质量,因为他们没有发言权。因此,他们对收费的反对意见会越来越大,和投资商/运营商的矛盾和摩擦也会越来越多,对政府的意见也会越来越大。这时,就需要政府部门出面解决矛盾,按照经济学规律,最好的方法是加大供给,即扩建公路或修建新的道路;或者,缩短特许期限,早日恢复公路的公益特性。

(3) 交通量不足状态下的 BOT 公路动态特性

此种情况下 BOT 公路项目运营情况的动态特性如图 6.5 所示。

这种情况的发生存在几种情况。一种是外界因素,如经济和人口,对交通量增长的促进有限,周边有竞争道路可以分流,BOT 公路相对较高的通行费率难以吸引出行者,从而抑制了需方的出行需求,造成了 BOT 公路的交通量不足,悉尼穿城隧道就属于这种情况;还有一种情况,虽然区域交通量在增长,但由于公路位置选择过于偏远,或公路沿线的经济发展水平不够,没有足够的吸引力,也会造成交通量不足,南京三桥就属于这种情况。这两种情况下,为吸引交通量,供方应考虑适当降低费率以吸引交通量,为保护投资商/运营商的利益,政府可考虑采用延长特许年限的做法来增加运营商的收入。特许年限的延长必须在政府的监管下,通过调整特许合同条件进行。所有的调整都应在国家法律法规的框架下进行。此种情况下 BOT 公路运营情况的动态特性如图 6.5 所示。

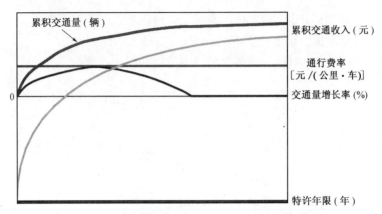

图 6.5　交通量不足情况下 BOT 公路的运营特性

6.4.4　BOT 公路项目运营过程的动态假设

1）反馈机制分析

（1）BOT 公路系统内部的反馈机制

① 供需反馈　BOT 公路运营过程中,投资回报率与交通量、通行费率和特许期限等重要变量之间的反馈回路。从三个参考模式可看出,投资回报率(用累积交通收入表示)应与交通量、通行费率和特许期限等变量维持动态平衡,如果这一平衡被打破,则必有一方的利益受损。当投资回报率过高时,应考虑修建新道路/扩建现有道路,或缩短特许年限,或降低通行费率,或综合调节等方式来降低投资回报率,如果投资回报率过低,则应考虑通过延长特许期限,或降低费率吸引交通量,或政府补贴,或综合调节的方式来增加 BOT 公路的投资回报率。

② 交通分配反馈　BOT 公路项目的自然交通增长量依赖于汽车增长量,并于汽车增长达到限值后,增长量为零。但转移交通量和诱增交通量取决于交通分配率的大小,交通分配率的大小与使用者感受的 BOT 公路的平均效用形成反馈。使用者感受到的平均效用高,则可带动交通量增高,但交通量增高后,由于交通拥挤,运行时间加大等又会降低平均效用。这条回路即成为交通分配反馈回路。

③ 特许年限反馈　特许年限取决于投资回收率的大小,如投资商的投资回报率高,则可适当缩小特许年限,反之,则可依法延长特许年限。

（2）BOT 公路系统外部的反馈机制——汽车增长反馈

促进交通量增长的一个重要的外部因素是汽车拥有量的大幅增长。汽车拥有量的增长与经济发展水平和人口增长呈正相关关系,但汽车的增长也不是无限制的,它受能源、环境、道路资源等诸多因素的限制。因此,汽车的增长和增长限制之间的矛盾构成了一条反馈回路,即在一定的增长幅度内,受经济发展和人口增长的带动,汽车数量呈增长状态,但受能源、环境、道路资源等因素的限制,当汽车数量达到一定限制后,汽车的增长速度变缓,直到增长速度为零,然后在此点维持动态平衡状态。

2）绘制 BOT 公路项目因果回路图

根据以上的 BOT 公路问题分析、系统分析、变量分析和反馈机制分析,可绘制 BOT 公路运营系统的因果回路图(图 6.6)。

6 BOT公路项目运营系统反馈和结构模型

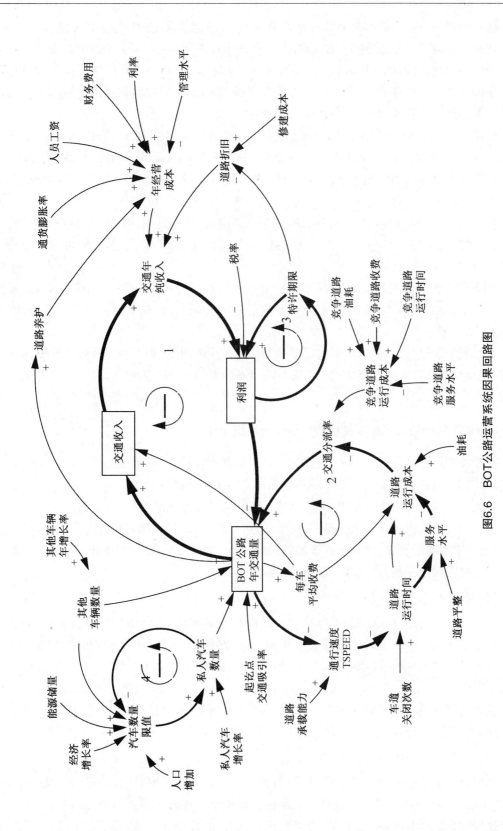

图6.6 BOT公路运营系统因果回路图

图 6.6 中的 4 条主要因果回路分别表示 BOT 公路运营系统的四条反馈回路。

回路 1：表示 BOT 公路的供需反馈回路，在这个反馈回路中，BOT 公路的年交通量和每车平均收费越高，交通收入则越高，交通年纯收入也增高，同时，利润（投资回报率）也越高。但利润高会对年交通量或/和每车平均收费有抑制作用，也会导致特许年限缩短，反之亦然。因此反馈回路为负反馈回路，可以达到动态平衡状态。

回路 2：为交通分配反馈回路，交通量越大，则道路通行速度越低，运行时间越长，服务水平越低，由此导致的道路广义运营成本越高，使得交通分流率低，从而迫使交通量下降。该回路包括 5 个负反馈回路和 1 个正反馈回路，所以整个回路为负反馈回路，可以达到动态平衡状态。

回路 3：为特许年限回路，该回路只有两条反馈路线，利润过高，则应缩短特许年限，特许年限长，则会加大利润率，一正一负 2 条回路，整个因果回路则为负反馈回路，可达到动态平衡状态。

回路 4：为汽车的增长反馈，私人汽车和其他民用车辆的数量增长有一个限值，这个限值受经济水平、能源、道路等条件限制，当汽车增长达到此限制后，汽车增长率会减缓，直到为零，达到动态平衡。

从以上的回路分析来看，主要的反馈回路都为负反馈回路，如果各项合同条件设计合理并得到及时的调整，系统达到如图 6.3 市场均衡条件下的动态平衡状态，各方的利益可得到有效平衡。

6.4.5　BOT 公路动力学反馈和结构模型——系统流图

因果关系图虽然能反映 BOT 公路运营系统的基本反馈结构，但该图不区分状态变量和流量，所以无法表达 BOT 公路系统的状态和速率变量之间的结构关系，因而无法通过 BOT 公路系统各因素之间的相互作用关系，反映其随时间发展变化的趋势。

系统动力学流图是在因果回路图的反馈回路基础上，根据变量之间的内在关系，确定状态变量、速率和辅助变量，建立起系统的物理结构图，因而也被称为反馈和结构模型。本书各反馈回路的状态变量、速率和主要辅助变量建立如下。

1) 供需子系统流图

以融资项目的净收益模型[式(6.8)]和投资收益率模型[式(6.9)]为建模基础，确定两个状态变量，分别为 BOT 公路交通收入和 BOT 公路利润率，BOT 公路交通收入所对应的速率为 BOT 公路年交通收入（流入速率）和年经营成本（流出速率），BOT 公路利润率对应的速率对应于 BOT 公路年纯收入（流入速率），辅助变量为年经营成本要素、税率、修建成本等。该子系统流图的平衡受利润率的控制，通过利润率控制价格和/或交通量和/或特许年限，进而控制交通收入，再由交通收入调节利润率的大小。

2) 交通量增长子系统流图

以基于社会经济的交通量分配 MNL 模型[式(6.21)]为建模基础，确定一个状态变量，为 BOT 公路年交通量，对应的速率为交通量年增长率。年增长率受两方面因素的控制，一是交通量的自然增长率，二是 BOT 公路的年交通分流率。交通量增长率可正可负，辅助变量为行驶时间,由时间和交通服务水平综合决定的公路使用者付费意愿参数,公路通行价格等社会和经济成本变量。该子系统流图的平衡状态受 BOT 公路年交通分流率(内部)和交通量自然增长率的双重控制。

3) 特许年限子系统流图

该子系统流图不设状态变量和速率,特许年限根据 BOT 公路利润率的反馈直接确定。

4) 汽车量增长子系统流图

该子系统流图的状态变量为汽车数量的累积增长量,分为两个状态变量,私人汽车数量和其他车辆数量(除私人汽车以外的其他汽车),私人汽车数量对应的是与经济增长相关的私人汽车年增长率,其他车辆数量对应的是与经济增长相关的其他车辆年增长率,主要辅助变量是受人口、能源和道路等影响的汽车增长限值。该子系统流图的平衡状态受汽车增长限值的控制。

BOT 公路运营系统的系统动力学的整体流图见图 6.7。

6.4.6　BOT 公路运营系统动力学规范模型

系统动力学流图虽可反映系统内部因素之间的结构关系,但其关系的含义常常是模糊不清的,这些模糊的关系必须通过数学方程进行"翻译",把非正规的、概念的构思转换成正式的定量的数学表达式,即规范模型。建立在该规范模型基础上的系统动力学模型才能用于计算机模拟,用来研究模型假设中隐含的动力学特性,并确定解决问题的方法。

图 6.7 所示的 BOT 公路系统包括供需子系统、交通量增长子系统、特许年限子系统和汽车量增长子系统。其中前三个子系统是 BOT 公路系统内部的子系统,其各参数和运营指标依赖于具体的项目条件;第四个子系统汽车量增长子系统是外部系统,与国家的经济发展水平、人口数量等宏观指标相联系。BOT 公路内部系统的模拟如果脱离具体项目,就无法依据项目情况确定参数和运营指标,也无法建立 BOT 公路项目的规范模型。因此,下一章将选取案例公路,建立 BOT 公路项目系统动力学的规范模型,用于通过计算机模拟来进行BOT 可变合同条件的分析调整。

6.4.7　BOT 公路项目系统动力学检验

所有的建模者都关心基于模型模拟得到的有关客观系统的模拟结果可靠性如何,换言之,也就是模型的正确性、有效性和信度如何,这一工作步骤称为模型的检验。本书的模型检验分为模型结构与实际系统一致性检验、模型结构适合性检验、行为适合性检验和模型行为与实际行为系统一致性检验[146]。

模型结构一致性检验可在建模过程当中核查,结构适合性检验包括量纲、界限等检验,这部分工作在模型运营前必须通过程序测试和系统运营测试完成,行为适合性检验已在模型调试运行时通过调试完成。前三种检验和测试都是在模型建立、程序调试和系统调试中完成,因而无法进行结果呈现和论述。模型行为和实际行为系统一致性检验是关于模拟结果的检验,可对实际结果和模拟结果做定量的对比分析,是直观和有说服力的检验,本书对于系统动力学的检验论述,主要集中在实际行为和模型行为系统一致性的检验上。

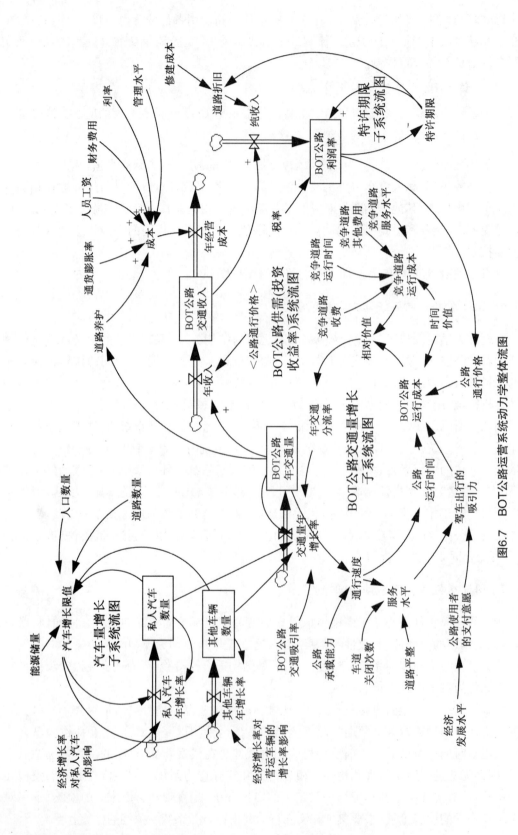

图6.7 BOT公路运营系统动力学整体流图

6.5 汽车量增长子系统 Vensim 规范模型及检验

汽车量增长是自然交通增长量的基础,我国目前正处于汽车持续增长的阶段,准确预测汽车量增长趋势是准确预测 BOT 公路交通量增长的前提,同时也是准确预测 BOT 公路运营系统运营趋势的前提。汽车量增长取决于国家经济发展水平、人口数量、能源、环境、道路资源等诸多宏观因素,本节通过国家统计局网站获得相关数据,经过统计分析后,在汽车量增长子系统流图基础上,书写其各变量的规范方程式,得到 Vensim 规范模型。该规范模型经过计算机模拟并检验其可靠性后,可作为基础模型用于 BOT 公路项目运营系统动力学规范模型的组成部分。

6.5.1 汽车量增长系统流图分析

本子系统流图包括两个反馈回路:私人汽车回路和其他车辆反馈回路。之所以这样划分,是因为私人汽车和其他车辆的增长速率差别很大。从表 6.2 中可以看出,1997 年至 2009 年这 13 年中,私人车辆的年平均增长率为 91%,其他车辆的年平均增长率仅仅为 8%,这说明,推动我国民用汽车保有量快速增长的主要因素是私人车辆的增长。为准确预测我国汽车拥有量的变化趋势,特将两种车辆的增长反馈分开来分析。

表 6.2 1997—2010 年汽车增长率统计表

年份	民用汽车增长量 (万辆)(a)	私人汽车增长量 (万辆)(b)	其他汽车增长量 (万辆)(a-b)
1997 年	1 219.09	358.36	860.73
1998 年	1 319.3	423.65	895.65
1999 年	1 452.94	533.88	919.06
2000 年	1 608.91	625.33	983.58
2001 年	1 802.04	770.78	1 031.26
2002 年	2 053.17	968.98	1 084.19
2003 年	2 382.93	1 219.23	1 163.7
2004 年	2 693.71	1 481.66	1 212.05
2005 年	3 159.66	1 848.07	1 311.59
2006 年	3 697.35	2 333.32	1 364.03
2007 年	4 358.36	2 876.22	1 482.14
2008 年	5 099.61	3 501.39	1 598.22
2009 年	6 280.61	4 574.91	1 705.697
2010 年	7 801.83	5 938.71	1 863.12
总增长率	540%	1 557%	1 164%
年平均增长率	38.5%	111%	8.3%

来源:国家统计局网站

汽车增长和限制之间的关系见图 6.8"汽车量增长子系统流图"。

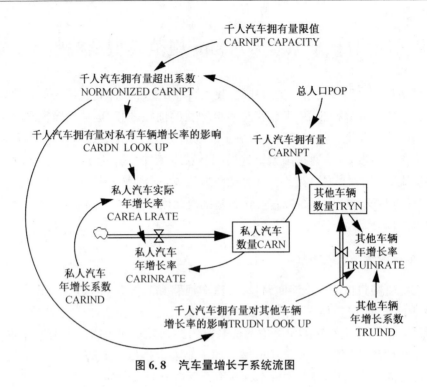

图 6.8　汽车量增长子系统流图

6.5.2　汽车增长量子系统参数

1）我国人口数量取值

图 6.9 显示了从 1997 年到 2031 年的我国人口数量统计和预测曲线（人口实际增长曲线与统计和预测曲线重合），结果显示，这 35 年间，我国年平均人口为 137 845 万人，人口总增长率为 22%，年平均增长率仅为 0.63%。根据系统动力学的变量处理原则，这类增长缓慢的变量可作为常量处理[135]。因此，本书取研究期内人口变量为 138 000 万人。

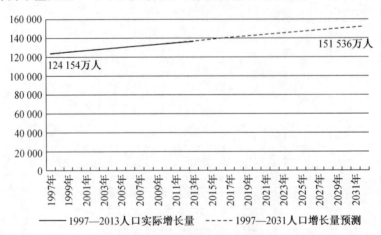

图 6.9　1997—2031 年我国人口增长量统计和预测曲线

资料来源：国家统计局网站

2) 千人汽车拥有量

(1) 增长拐点处的千人汽车拥有量

前已叙及,目前全世界千人汽车保有量为128辆,一些国家的千人小汽车保有量列于表6.3。我国目前千人汽车保有量只有52辆,还不到世界平均水平的半数,但我国的人口基数大,据统计,截至2010年底,我国汽车保有量已达到8 500多万辆,已经超过7 500万辆左右的日本,仅次于拥有约2.5亿辆的美国,成为全球汽车保有量第二大国[187]。

表6.3 部分国家千人小汽车保有量

国家	美国	澳大利亚	意大利	德国	日本	韩国	新加坡	俄罗斯	印度
千人小汽车保有量(辆)	765	619	566	546	543	293	158	124	12

数据来源:维基百科[185]

我国工程院副院长杜祥琬院士在院士大会学术报告会上说,如果我国人像美国人那样,两个人拥有一辆汽车或更多的话,不仅对我国意味着灾难,而且对世界也意味着灾难[188]。我国2009年的车市也出现了汽车保有量高速增长后降速的端倪,尽管有诸多刺激汽车消费政策的支持,但汽车市场在2008年井喷之后,2009年已开始初显疲态,最明显的就是经销商的库存量开始增加[188]。

综合各方面的情况,本书将拐点处的千人汽车拥有量定为60辆/千人。

(2) 极限千人汽车保有量

工信部装备司副司长王富昌2010年9月在天津我国汽车产业国际发展论坛上说,预计到2020年我国汽车保有量将超过2亿辆,但由此带来的能源安全和环境问题将更加突出。我国千人汽车保有量,如果达到世界平均水平,我国汽车保有量应该是1.7亿辆多一些。清华大学欧阳明高教授的团队,根据我国道路、能源等综合因素分析,前几年得出一个结论,我国汽车保有量的极限是1.5亿辆。2010年,欧阳明高教授又把这一数据修改为2亿辆[189]。参考以上专家意见,本书将我国汽车保有量的极限定为2亿辆。

(3) 我国极限千人汽车拥有量

根据极限汽车拥有量的推测和全国人口数量的假设,我国极限千人汽车拥有量约为$2 \times 10^8 / 1.38 \times 10^6 \approx 150$辆/千人。

6.5.3 私人汽车增长反馈回路中的主要变量和方程式

1) 状态变量

私人汽车的状态变量取私人汽车数量CARN,初始值为1997年的私人汽车保有量3 583 600辆。用数学式表示为:

L　CARN.K=CARN.J+(DT)*CARINRATE.KJ

N　CARN=3583600

2) 速率

从表6.2可知,从1997年开始,私人汽车的倍增时间平均约为3年,因此,根据公式(6.9),私人汽车的增长速率为比例常数$CONST \approx 0.69/3 \approx 0.23$。

在未达到60辆/千人汽车拥有量前,通过求解速率变量可知,汽车的年增长比例常数为0.23,但根据图6.3,当汽车保有量超过60辆/千人后,汽车增长率的速度减缓,直至为0,相应地,年增长的比例常数也应当减小。前已推断,我国汽车拥有量的极限值是150辆/千人,为适宜数值60辆/千人的2.5倍。为提高本子系统模拟模型的准确性,我们按直线减小的方法,估计千人汽车拥有量对小汽车比例常数的影响系数见表6.4。

表6.4 千人汽车拥有量对私人汽车年增长率比例系数的影响

NORMONIZED CARNPT(千人汽车拥有量/60)	0	0.2	0.75	1	1.25	1.5	1.75	2	2.25	2.5
CARDN(对私有车辆比例常数的影响系数)	1	1	1	1	0.8	0.6	0.4	0.2	0.1	0

以上关系可表示为系统动力学公式:

R CARINRATE.KJ=CAREALRATE*CARN.K
C CARIND=0.23
A CAREALRATE=CARIND*CARDN.K
A CARDN.K=TABLE(TCARDN,NORMONIZED CARNPT.K,0,2.5,0.25)
T TCARDN=1/1/1/1/1/0.8/0.6/0.4/0.2/0.1/0

6.5.4 其他车辆增长反馈回路中主要状态变量与速率

1) 状态变量

其他汽车的状态变量取其他车辆数量 TRYN,初始值为1997年的其他车辆保有量8 607 300辆。用数学式表示为:

L TRYN.K=TRYN.J+(DT)*TRUINRATE.KJ
N TYRN=8607300

2) 速率

从表6.2可知,从1997年开始,其他车辆的倍增时间约为13.2年,因此,根据公式(6.9),其他车辆的增长速率,即比例常数 $CONST \approx 0.69/13.2 \approx 0.054$。

千人汽车拥有量对其他车辆比例常数的影响系数见表6.5。该表格中影响系数的选取与表6.4的取值略有不同。因为其他车辆的增长速度远小于私人车辆的增速,因此它的速率拐点也假设迟于私人车辆,当千人小汽车拥有量超出60辆/千人的值为1.25时,其他车辆的增速才减缓,因此,超出系数为1.25时,对比例常数的影响系数仍为1,超出系数大于1.25时,影响系数才等比例下降。

表6.5 千人小汽车拥有量对其他车辆年增长率比例系数的影响

NORMONIZED CARNPT（千人汽车拥有量/60）	0	0.2	0.75	1	1.25	1.5	1.75	2	2.25	2.5
TRUDN(对私有车辆比例常数的影响系数)	1	1	1	1	1	0.8	0.6	0.4	0.2	0

以上关系可表示为系统动力学公式：

R　TRUINRATE.KJ＝TRUIND * TRUDN.K * TRYN.J
C　CARIND＝0.054
A　TRUDN.K＝TABLE(TTRUDN, NORMONIZED CARNPT.K, 0, 2.5, 0.25)
T　TCARDN＝1/1/1/1/1/0.8/0.6/0.4/0.2/0

6.5.5 汽车量增长子系统规范模型模拟

本书采用Vensim软件进行系统BOT公路运营系统动力学模型的模拟工具。模拟结果如表6.6所示。表6.6列出了1998年到2010年间全国私人汽车实际增长量和SD模拟增长量及其他车辆实际增长量和SD模拟增长量，并列出了各年份模拟量与实际运营量之间的误差率。为直观地显示模拟运营结果，1998年到2010年间全国私人汽车实际增长量和SD模拟增长量及其他车辆实际增长量和SD模拟增长量的对比图分别图示于图6.10和图6.11。

表6.6 1998—2010年全国私人汽车实际增长量和SD模拟增长量及全国其他汽车实际增长量和SD模拟增长量

年份	全国私人汽车增长量（万辆/年）(1)	全国私人汽车SD模拟增长量（万辆/年）(2)	实际增长量与模拟增长量的误差率[(2)−(1)]/(1)	全国其他车辆增长量（万辆/年）(3)	全国其他车辆SD模拟增长量（万辆/年）(4)	实际增长量与模拟增长量的误差率[(4)−(3)]/(3)
1998	423.65	441	4.10%	895.65	907	1.27%
1999	533.88	542	1.52%	919.06	956	4.02%
2000	625.33	667	6.66%	983.58	1 010	2.69%
2001	770.78	820	6.39%	1 031.26	1 060	2.79%
2002	968.98	1 010	4.23%	1 084.19	1 120	3.30%
2003	1 219.23	1 240	1.70%	1 163.70	1 180	1.40%
2004	1 481.66	1 530	3.26%	1 212.05	1 240	2.31%
2005	1 848.07	1 880	1.73%	1 311.59	1 310	−0.12%
2006	2 333.32	2 310	−1.00%	1 364.03	1 380	1.17%
2007	2 876.22	2 840	−1.26%	1 482.14	1 460	−1.49%
2008	3 501.39	3 490	−0.33%	1 598.22	1 540	−3.64%
2009	4 574.91	4 300	−6.01%	1 705.70	1 620	−5.02%
2010	5 938.71	5 285	−11.00%	1 863.12	1 705	−8.48%
误差率绝对值的平均误差率			3.5%	误差率绝对值的平均误差率		2.7%

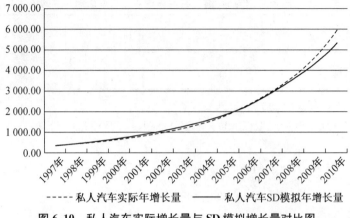

图6.10 私人汽车实际增长量与SD模拟增长量对比图

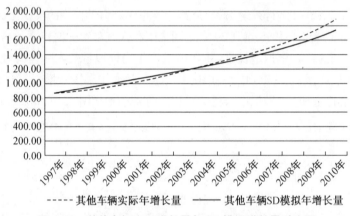

图6.11 其他车辆实际增长量与SD模拟增长量对比图

6.5.6 汽车量增长子系统规范模型检验

1) 汽车量增长子系统实际行为与模型行为一致性的检验

汽车量增长子系统选用私人小汽车增长量和其他车辆增长量作为检验变量,因为它们是本子系统模拟的目标变量。从表6.6可知,本子系统全国私人汽车实际增长量和SD模拟增长量的误差率的绝对值的平均误差率为3.5%,其他车辆实际增长量和SD模拟增长量误差率的绝对值的平均误差率为2.7%,这个结果表明,本子系统模型与实际系统高度一致,可靠性强,完全可以用于模拟实际汽车增长量系统。

2) 汽车量增长子系统模型与参考模型对比

图6.12表示了沪宁高速特许期内私人汽车和其他车辆的年增长量和年增长率发展趋势图。从图中可以看出,私人车辆和其他车辆经过一个快速增长期后,受增长上限的限制,年增长率逐渐减缓,表现在汽车增长量上,以私人汽车为例,可以从图上看出,私人车辆保有量(累积增长量)先是快速上升,过了增长率顶点后,增长量上升幅度趋缓,在年增长率趋于0的位置,私人车辆保有量趋于平缓,保有量相对稳定。其他车辆的增长趋势与私人汽车的增长趋势相同。

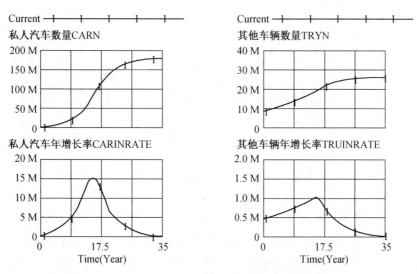

图 6.12 私人汽车和其他车辆 SD 模拟年增长量和年增长率

从图中可以看出,汽车保有量平缓处的车辆数,私人汽车为 179 893 000 辆,其他车辆为 25 751 400 辆,两者之和为 205 644 400 辆,约为 2 亿辆汽车,未超出推测汽车增长上限。

从以上分析可以看出,汽车量增长子系统模型行为符合参考模式的行为,模拟预测者也与推测值相符,系统可靠性高,可为后续的系统动力学模型提供准确的、可靠性高的基础数据支持。

7 BOT 公路项目运营系统动力学规范模型

本章导读：本章选取 BOT 公路案例，利用国家相关的微观和宏观的经济数据、案例公路 14 年的运营数据，根据其经营状况确定的使用者的平均效用参数和 Vensim 语言，编写了系统中的状态、速率、辅助变量的 Vensim 规范方程式，建立了案例公路项目系统动力学规范模型，即系统动力学模型。基于案例公路运营初期的基础数据，对该案例公路运营系统的系统动力学模型进行了计算机模拟，通过对案例公路前 14 年实际经营数据和该模型 SD 模拟数据的对比分析，验证了该规范模型高度可靠，是模拟 BOT 公路长期运营状况的科学和可靠工具。

7.1 案例公路简介

本章将以某高速公路作为案例，建立 BOT 公路运营系统动力学的规范模型。如前所述，系统动力学流图虽可反映系统内部因素之间的反馈和结构关系，但其关系的含义常常是模糊不清的，这些模糊的关系必须使用 Vensim 语言，建立数学方程进行"翻译"，把非正规的、概念的构思转换成正式的定量的数学表达式，即规范模型。案例高速公路运营动力学系统建模的基础数据来自于对案例高速公路过去 14 年运营数据的统计，以及我国近 10 年来宏观和微观经济数据的统计，这些数据的来源，将在规范模型建立过程中做详细说明。本章建立的 BOT 公路项目系统动力学 Vensim 规范模型在通过可靠性检验后，可作为案例公路的"虚拟运营实验室"，用于模拟案例公路未来的运营情况，为关键合同条件的调整提供科学依据。

某高速公路于 1996 年 9 月建成通车，为双向四车道全封闭高速公路，西起南京，东至上海，主线全长 248.21 公里，沿线设有 6 个服务区、18 个收费站，建设总投资人民币 61.57 亿元，收费经营期 30 年。作为苏沪交通主动脉，某高速公路自通车以来交通流量及通行费收入一直保持着较快的增长速度。2004 年 6 月，该高速公路公司投资约人民币 105.4 亿元将其江苏段扩建为双向八车道，扩建工程于 2006 年全部完成。扩建完成后的该高速公路江苏段收费经营期延长 5 年至 2032 年。

本书选择某高速公路作为案例，基于三个方面原因：

第一个原因，案例高速公路在我国虽然不属于 BOT 项目，但具有 BOT 公路的要素和特征。虽然按照国务院 2004 年公布的《收费公路管理条例》(417 号令)的定义，收费还贷公路和经营性公路性质不同，但在实际运营工程中，除了公路运营公司的收支渠道不同，其他在定价、运营、回收投资和投资回报等问题上，并无明显区分(见第 4 章访谈资料)。为方便管理,省级收费公路管理部门与收费公路运营公司之间都签有特许协议,规定了收费期限和收费费率等关键合同条款[15]。在欧洲,BOT 公路划分为国营 BOT 公路与民间资本参与 BOT 公路,我国的收费还贷公路其实质上相当于欧洲的国营 BOT 公路。

因此,本书选择案例高速公路来研究 BOT 公路项目的共性问题。

第二个原因,是案例高速公路具有的竞争环境。宁沪之间的直达公路通道共有 2 条,该高速公路和其竞争道路(见图 7.1),这两条公路等级不同,通行的车型和目的也不尽相同,但形成了竞争关系,相对于缺乏竞争公路的 BOT 公路(垄断公路)而言,更有研究的条件和必要性。

图 7.1　案例高速公路和其竞争道路路线示意图

第三个原因,案例高速公路是上市公司,从 1997 年至今,每年发布有完整的定期运营报告,报告中提供了案例高速公路的交通通行情况和每年的财务报告,可为本书提供研究所需数据。案例高速公路的收费期从 1996 年 9 月开始,至 2032 年结束,共 35 年,至 2010 年已运营 14 年。由于 1996 年只运营了 3 个月,属试运营阶段,无相关数据,本书将选取 1997 年以后的运营数据用于研究。本书将在深入研究案例高速公路 1997—2010 年经营状况数据的情况下,统计平均效用[式(6.19)]所需要的基础数据,并将 1997 年的运营数据作为起始数据,对 35 年的运营情况进行模拟。

基于以上原因,本书选择案例高速公路作为研究对象。

7.2　案例高速公路交通量子系统规范模型

7.2.1　案例高速公路年交通量子系统研究假定和分析

1) 研究假定

案例高速公路年交通量子系统规范模型的建立目的在于预测收费期内各年交通量。沪宁两地之间的直达公路有 2 条,案例高速公路和 312 国道,为简化计算,不考虑两条公路各区间的交通量差异,取折算后的年全程交通量作为模拟依据和对象。计算过程中,沪宁之间区域交通量只考虑这两条公路的交通量之和,按照公式(6.21),在案例高速公路和 312 国道之间进行模拟和分配。

2) 年交通量子系统分析

对应于汽车量增长子系统流图,本子系统设两个交通量反馈回路,小汽车交通量反馈回路和营运车辆交通量反馈回路。之所以分开模拟小汽车和营运车辆的交通量增长,是因为:

(1) 私人车辆增长率远高于其他车辆,私人车辆的增长,又主要得益于小型客车拥有量的快速激增,这可从表7.1中看出。系统动力学模拟过程中,速率是影响系统改变的重要因素,决定着系统模拟的精确性,为了模拟准确,本书将增长率高的小汽车作为一个反馈回路,将增长率相近的营运车辆作为另外一个反馈回路。这里,营运车辆指的是除小汽车之外的其他车辆,主要以客运和货运车辆为主。

表 7.1 2002—2009 年私人车辆各组成车辆的增长率

车型	汽车拥有量总增长率	汽车拥有量年增长率	车型	汽车拥有量总增长率	汽车拥有量年增长率
载客汽车	510.54%	63.82%	载货汽车	120.75%	15.09%
大型	−11.81%	−1.48%	重型	125.25%	15.66%
中型	67.17%	8.40%	中型	53.54%	6.69%
小型	741.21%	92.65%	轻型	211.95%	26.49%
微型	78.98%	9.87%	微型	−59.73%	−7.47%
			其他汽车	234.39%	29.30%

资料来源:国家统计局

(2) 小汽车和其他车辆的行驶参数不同,如高速公路上,一般平原地区小汽车的行车速度为 100~120 公里/小时,大客车为 90 公里/小时,大货车为 60 公里/小时,由于行车速度不同,单车道的交通通行能力也不同,这些都直接影响到对道路服务水平的评价。

在图 6.7 和相关计算公式基础上,分别绘制细化的小汽车年交通量子系统流图和营运车辆年交通量子系统流图,如图 7.2 和图 7.3 所示。

7.2.2 案例高速公路小汽车年交通量子系统 Vensim 规范模型

1) 小汽车年交通量子系统状态变量、速率及 Vensim 方程式

(1) 主要状态变量

① 沪宁两地交通量 TRAVLM

为案例高速公路与 312 国道之间小汽车的通过量之和。取案例高速公路与 312 国道 1997 年的日均小汽车通行量之和 22 215 辆/天作为初始值。交通量 TRAVLM 的 Vensim 方程为:

L　TRAVLM.K=TRAVLM.J+(DT) * RCARATE.KJ

N　TRAVLM=22 215

② 收费公路交通量 TRTRAVLM

为案例高速公路收费期间日均小汽车交通量,初始值为0,其他各年日均交通量按交通量增长率计算确定。收费公路交通量 TRTRAVLM 的 Vensim 方程为:

L　TRTRAVLM.K=TRTRAVLM.J+(DT) * TRTRVRATE.KJ

N　TRTRVLM=0

7 BOT 公路项目运营系统动力学规范模型

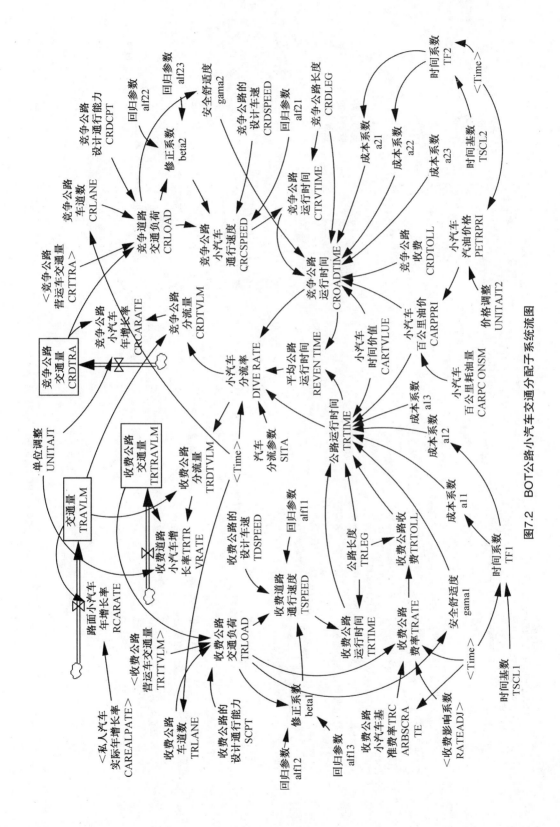

图 7.2 BOT 公路小汽车交通分配子系统流图

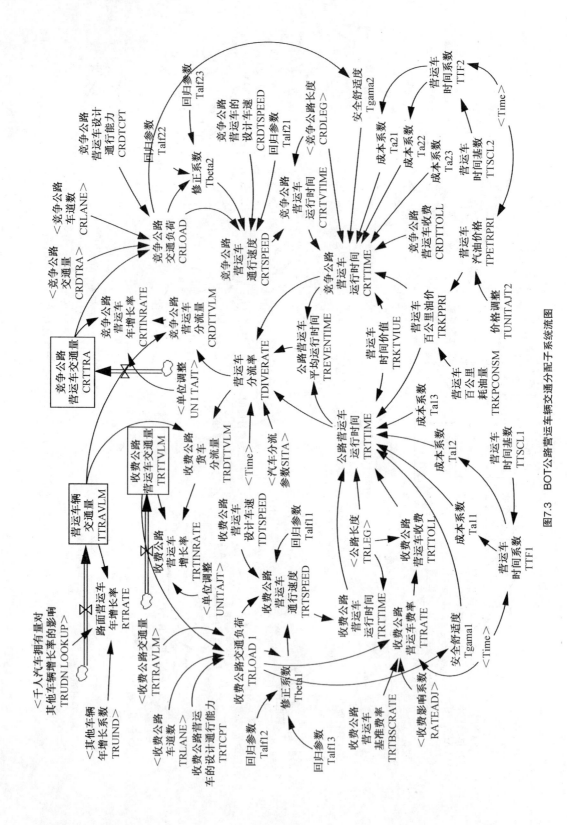

图7.3 BOT公路营运车辆交通分配子系统流图

③ 竞争道路交通量

为案例高速公路的竞争道路 312 国道的小汽车交通量，初始值为 0，以后各年日均交通量按交通量增长率计算确定。竞争道路 312 国道交通量 CRDTRA 的 Vensim 方程为：

L　CRDTRA.K=CRDTRA.J+(DT)*CRCARATE.KJ

N　CRDTRA=0

（2）主要速率变量

① 路面小汽车年增长率 RCARATE

为沪宁两地之间小汽车交通量的年增长量。本书沪宁公路小汽车交通量的年增长量主要参照私人汽车的年增长率和 MNL 模型模拟计算的交通分配率来确定。

表 7.2 列出了 1998—2010 年间沪宁两地的小汽车增长量、案例高速公路小汽车增长量与全国私人汽车拥有量的增长，从表中可看出，案例高速公路与 312 国道小汽车通过量之和的年增长率仅为 8%，案例高速公路上小汽车通过量的年增长量为 33.12%，同一时期内，私人汽车的年增长量为 111.04%。由于 312 国道与地方公路有很多的连接出口，大量的小汽车可以绕开收费站，所以其依收费站的收费数量统计的小汽车通过量严重失真，这种情况下，依案例高速公路与 312 国道小汽车实际通过量之和与全国私人小汽车增长量之间的比例关系，推算出的沪宁之间小汽车交通量增长量便不可靠。

表 7.2　1998—2010 年沪宁两地的小汽车增长量、案例高速公路小汽车增长量与全国私人汽车拥有量的增长

年份	案例高速公路与 312 国道小汽车通过总量（万辆/年）(1)	案例高速公路小汽车通过量（万辆/年）(2)	私人汽车拥有量（万辆/年）(3)	(2)/(3)
1998	810.86	231.25	423.65	0.55
1999	964.97	269.27	533.88	0.50
2000	1 055.49	303.92	625.33	0.49
2001	1 119.14	338.89	770.78	0.44
2002	1 158.84	391.37	968.98	0.40
2003	1 237.28	462.09	1 219.23	0.38
2004	1 345.13	549.48	1 481.66	0.37
2005	1 374.04	579.61	1 848.07	0.31
2006	1 338.93	818.44	2 333.32	0.35
2007	1 455.45	959.26	2 876.22	0.33
2008	1 440.18	939.32	3 501.39	0.27
2009	1 521.90	1 093.74	4 574.91	0.24
2010	1 655.79	1 226.94	6 539.00	0.19
总增长率	104%	430.57%	1 443.49%	0.30
平均增长率	8%	33.12%	111.04%	0.30
案例高速公路小汽车通行量与私人汽车拥有量的平均比值 $\dfrac{\sum_{13}\frac{(2)}{(3)}}{13}$				0.37

资料来源：国家统计局网站，1997—2010 江苏省宁沪高速公路公司年度报告[190]

因为采取严格的收费制度且全程封闭，案例高速公路小汽车交通量的统计真实可信。

因为高速公路吸引了大量的小汽车交通量,本书做了近似假定,即案例高速公路小汽车交通量的增长率与全国私人汽车的增长率成正比。这样,案例高速公路小汽车交通量与全国私人汽车拥有量之比就可以代替沪宁两地间小汽车交通总量与全国私人汽车拥有量之比。

在上述假设的前提下,统计 1998 年到 2010 年间案例高速公路的小汽车通过量与全国私人汽车拥有量之间的比值,可知该值在 13 年之间的平均值约为 37%,因此沪宁两地小汽车交通量的增长率也为私人汽车年增长率的 37%,考虑到 312 国道的小汽车增长率低于案例高速公路的小汽车增长率,该值调整为 33%。

汽车自然增长率是区间交通量增长的一个重要原因,但具体到每条公路的交通量,主要利用 MNL 交通分配率模型[式(6.21)]计算确定。

小汽车交通量年自然增长率 RCARATE 的 Vensim 方程式如下:

R　RCARATE.KJ=0.35 * TRAVLM.J * CAREALRATE

② 收费公路小汽车增长率 TRTRVRATE

指案例高速公路小汽车年增长率(可正可负),Vensim 方程式如下:

R　TRTRVRATE.KJ=TRDTVLM−TRTRAVLM.J　收费公路交通吸引量与上一年交通量之间的差值

A　TRTRAVLM.J=RCARATE.J * DIVERATE　收费公路年吸引交通量

③ 竞争道路小汽车增长率

竞争道路 312 国道小汽车年增长率 CRCARATE(可正可负),Vensim 方程式如下:

R　CRCARATE.KJ=CRDTVLM−CRDTRA.J　竞争公路交通吸引量与上一年交通量之间的差值

A　CRDTRA.J=RCARATE.J * (1−DIVERATE)　竞争公路年吸引交通量

2) 小汽车交通分配率主要 Vensim 方程式

(1) 案例高速公路运行时间 TRTIME

指案例高速公路小汽车的单趟广义运行时间。根据式(6.19),平均效用由案例高速公路运行时间 TRTIME,通行费用 TRTOLL 和油耗(小汽车百公里油价 CARPPRI 与线路长度之积)的等值时间,与案例高速公路的便利性参数(成本系数 a11,安全舒适度 gama1,成本系数 a12,成本系数 a13)组合构成。

收费道路的运行时间等于道路长度除以平均运行速度。公路上汽车的平均运行速度受混合车流、车流密度、中间休息等原因的影响,一般都达不到公路的设计行驶速度。本书采用王玮等提出的任意等级任意交通负荷下的车速—流量通用模型[158](式 7.1),来计算汽车的平均运行速度。

$$\left. \begin{array}{l} U = \dfrac{\alpha_1 \cdot U_s}{1+(V+C)^\beta} \\ \beta = \alpha_2 + \alpha_3 (V/C)^3 \end{array} \right\} \qquad (7.1)$$

式中,U_s 为各等级公路的设计车速(公里/小时);V/C 为各等级公路的交通负荷,V 为交通量,C 为公路通行能力;U 为与交通负荷相对应的平均行驶速度(公里/小时);α_1,α_2,α_3 为回归参数,对于高速公路,取 $\alpha_1=0.93$,$\alpha_2=1.89$,$\alpha_3=4.86$[158]。

根据运行时间计算公式,收费道路运行时间 TRTIME 的 Vensim 方程式为:

A　TRTIME=TRLEG/TSPEED.K
C　TRLEG=248.41
A　TSPEED=alf11*TDSPEED.K/(1+TRLOAD.K^beta1)
C　TDSPEED=120
A　TRLOAD.K=(TRTRAVLM.K+TRTTVLM.K)*365/SCPT/TRLANE
A　beta1=alf12+alf13*TRLOAD.K^3
C　a11=0.93
C　a12=1.89
C　a13=4.86

(2) 竞争公路运行时间 CROADTIME

竞争公路的广义运行时间的计算过程与收费公路的广义运行时间的计算过程完全相同,只是相关变量和计算参数不同。

根据运行时间计算公式,竞争公路运行时间 TRTIME 的 Vensim 方程式为:

A　CTRTIME=CRDLEG/CRSPEED.K
C　CRDLEG=282
A　CRSPEED=alf21*CRDSPEED.K/(1+CRLOAD.K^beta2)
C　CRDSPEED=80
A　CRLOAD.K=(CRDTRA.K+CRTTRA.K)*365/CRDCPT/CRLANEA
A　beta2=alf22+alf23*CRLOAD.K^3
C　a11=0.98
C　a12=1.88
C　a13=4.88

(3) 小汽车分流率 DIVERATE

指的是案例高速公路与312国道之间的小汽车交通量的分配率,根据公式(6.21),小汽车分流率 DIVERATE 的 Vensim 方程式如下:

A　DIVERATE.K=EXP(−SITA*TRTIME/REVENTIME)/(EXP(−SITA*CROADTIME/REVENTIME)+EXP(−SITA*TRTIME/REVENTIME))
N　DIVERATE=0.28
C　SITA=3.0
A　REVENTIME=(CROADTIME+TRTIME)/2

3) 案例高速公路小汽车年交通量子系统参数(辅助变量)及 Vensim 方程式

(1) 收费道路收费

① 案例高速公路收费 TRTOLL

案例高速公路自收费以来,从1997年4月5日至2003年12月28日执行的小汽车的收费费率为0.40元/(公里·车),自2003年12月28日起至今的收费费率为0.45元/(公里·车),公路收费 TRTOLL 的 Vensim 方程如下:

C　If Time≤6,TRTOLL=0.4,Else TRTOLL=0.45

② 312国道公路收费 CRDTOLL

312国道的小汽车收费费率,自收费开始,均为全程30元,因此,其Vensim方程为:

C　CRDTOLL=30

(2) 道路长度

① 案例高速公路长度TRLEG

取案例高速公路的实际长度248.21公里,其Vensim方程式为:

C　道路长度TRLEG=248.21

② 312国道长度CRDLEG

取312国道的实际长度282公里,其Vensim方程式为:

C　道路长度CRDLEG=282

(3) 小汽车百公里油耗CARPPRI

小汽车百公里油价取决于汽油的价格和百公里的耗油量。

小汽车普遍使用的是93(现92)号汽油,根据网上整理的历年的93号汽油价格如表7.3。

表7.3　1998—2010年的我国平均93号汽油价格

年份	1998	1999	2000	2001	2002	2003	2004
93号汽油价格(元/升)	2.32	2.38	2.95	2.89	2.82	3.14	3.56
年份	2005	2006	2007	2008	2009	2010	
93号汽油价格(元/升)	3.98	4.87	4.90	5.16	6.27	6.35	

资料来源:互联网

对上述价格做回归模拟,如图7.4,回归后汽油初始值为1.527元/升,随时间每年的价格增长率为0.348 7。

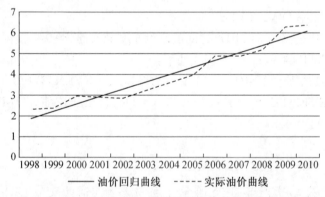

图7.4　1998—2010年93号汽油的实际价格曲线和回归线

小汽车百公里的耗油量,据我国汽车技术研究中心标准化研究所副总工程师金约夫介绍,目前我国在售的984款轿车平均油耗约为百公里8.06升。其中,综合油耗最低的为百公里5.2升,综合油耗最高的为百公里12.2升[191]。考虑到小汽车综合油耗在测定时是在匀速状态下进行的,而在实际行驶时难以做到匀速,会增加耗油量,所以本书中取百公里油耗值为8.5升/百公里。

小汽车百公里油耗CARPPRI的Vensim方程式如下:

A CARPPRI=PETRPRI * CARPCONSM
A PETRPRI=1.527+Time * 0.348 7
C CARPCONSM=8.5/100

(4) 小汽车时间价值 CARTVLUE

时间价值指的是公路使用者消耗在旅途中的时间所具有的货币价值,从机会成本的角度考虑,由于旅行者在旅途中耗用的时间存在着机会成本,因此,旅行时间的价值就是由这种机会成本所产生的价值[192]。从时间资源角度考虑,时间价值是指由于节约时间和合理利用时间而产生的效益值增量以及由于时间的非生产性消耗而造成的效益损失量的货币表现。本书引入时间价值的目的在于,利用其等值地统一广义时间成本的单位。

不同的出行方式,不同的出行路线以及不同的出行目的等,旅客的旅行时间价值是不同的。符韦苇等(2010)[193]利用 MNL 模型估算 2005 年北京市各种收入群居民的城市公共交通出行时间价值时,得出收入群的时间价值分布为[4.38,29.17]元/小时,其中较高收入以上的人群,乘坐公共汽车出行的时间价值是 15.05 元/小时～29.17 元/小时。赵胜川等(2009)[194]结合大连市私家车出行者的经济收入、出行特性等具体情况,计算私家车出行者通勤出行时间价值为 27.82 元/小时。

案例高速公路所在的华东地区经济发达,人们平均收入高于大连,低于北京,小汽车出行的人群应为较高收入以上的人群,考虑到诸多因素,时间价值应位于 27.82～29.17 元/小时之间,但由于缺乏历史数据,考虑到通货膨胀等因素,本书将收费期内的平均时间价值的取值定为 22 元/小时。其 Vensim 方程式为:

C CARTVLUE=22

(5) 案例高速公路小汽车出行便利性参数

① 成本系数 a11

成本系数 a11 表示的是与运行时间相关的影响系数。公路使用者在使用高速公路时,在心理上,对其快捷性有一个感受和接受的过程,因此,在开始使用时,心理感受时间和实际运行时间相同,随着使用时间增加,心理感受时间会逐渐少于其实际运行时间,因此,该影响系数会逐渐变小。但在 2004—2005 年,案例高速公路曾进行 4 车道改 8 车道的扩建工程,出于施工需要,高速公路只开放半幅,运行时间增加,且行车不舒适,大大增加了公路使用者感受到的心理运行时间,因此,为模拟这两年的实际情况,其影响系数定为 1.6。以上各系数的确定,都参照了历史行车数据资料。成本系数 a11 的取值见表 7.4,时间系数为实际运行时间除以 10。

表 7.4　案例高速公路与运行时间相关的影响系数表函数

时间系数	0.1	0.2	0.3	0.4	0.5	0.6	0.7	0.8	0.9	1
a11	1	0.95	0.95	0.9	0.9	0.9	1.6	1.6	0.85	0.85

a11 的 Vensim 方程式为:

A a11.K=TABLE(Ta11,TF1.K,0,1,0.1)
T Ta11=1/0.95/0.95/0.9/0.9/0.9/1.6/1.6/0.85/0.85
A If TIME<=10,TF1=TIME/10,Else TF1=1

② 安全舒适度 gama1

安全舒适度 gama1 是与服务水平相关的舒适系数。根据王玮等(2006)[158],公路的服务水平的主要影响因素是公路的交通负荷度 V/C 与平均行驶车速,因为平均行驶车速受 V/C 影响较大,因此本书在考虑 gama1 时,主要考虑 V/C 的影响。根据王玮等(2006)[158],V/C ≤0.3 时,交通状况为畅行车流,这时,人的心理感觉最安全舒适,我们取值为 1.2,高于实际舒适度,当 0.3<V/C<0.6 时,为稳定车流,但有少量的延误,这时,舒适度也较高,因而将人的心理感觉到的安全舒适度定为 1.15,当 0.6≤V/C<0.75 时,仍然为稳定车流,但有司机可以接受的延误,这时舒适度降低,司机开始感觉到行车不舒适,所以将人的心理感觉到的安全舒适度定为 1 和 0.8,此后,当 V/C 不断加大时,车流开始不稳定,延误也越来越长,司机感受到的安全舒适度也越来越低,因此其取值也越来越小,V/C 为 1 时,其舒适系数将为 0.5。安全舒适度的取值见表 7.5。

表 7.5 案例高速公路与服务水平相关的安全舒适系数表函数

交通负荷(V/C)	0.1	0.2	0.3	0.4	0.5	0.6	0.7	0.8	0.9	1
gama1	1.2	1.2	1.2	1.15	1.15	1	0.8	0.7	0.6	0.5

gama1 的 Vensim 方程式为:

A　gama1.K=TABLE(Tgama1,TRLOAD.K,0,1,0.1)

T　Tgama1=1.2/1.2/1.2/1.15/1.15/1/0.8/0.7/0.6/0.5

③ 成本系数 a12

成本系数 a12 表示与支付意愿相关的收费阻抗系数。公路使用者对于公路收费的收费意愿与收费水平高低和对收费的接受程度相关。案例高速公路开始运营时,司机对付费通行这种做法非常抗拒,外加收费水平较高,所以司机心理感受到的通行费用要高于实际付费水平。因为人们付费意愿很低,所以前 5 年的与支付意愿相关的收费阻抗系数最高,为 2,尤其是 2003 年,由于扩建行车速度和安全舒适度都大大降低,但收费费率没变,司机的心理阻抗系数略有增长,定为 2.1。2006 年恢复正常通车后,行车比扩建前更为宽畅、舒适、快捷,外加对付费使用公路的逐步接受,司机的心理阻抗系数逐渐有较大幅度的降低,仅为 1.5。但 2008 年的全球金融危机放缓了全球包括中国在内的经济发展脚步,所以支付阻抗系数再一次升高,为 1.8。随着金融危机影响的消退,2009 年开始回落,2010 年支付阻抗系数再一次降低,恢复至金融危机以前的水平,甚至更低,定为 1.4。以上各系数的确定,都参照了历史行车数据资料。与支付意愿相关的收费阻抗,成本系数 a12 取值见表 7.6。

表 7.6 案例高速公路与支付意愿相关的收费阻抗系数表函数

时间系数	0.1	0.2	0.3	0.4	0.5	0.6	0.7	0.8	0.9	1	1.1	1.2	1.3
a12	2	2	2	2	2	2.1	2	1.9	1.5	1.8	1.7	1.55	1.4

a12 的 Vensim 方程式为:

A　a12.K=TABLE(Ta12,TF1.K,0,1.3,0.1)

T　Ta12=2/2/2/2/2/2.1/2/1.9/1.5/1.8/1.7/1.55/1.4

A　If TIME<=10,TF1=TIME/10,Else TF1=1

④ 成本系数 a13

成本系数 a13 表示与耗油量相关的耗油系数。因为高速公路全封闭,行车速度较均匀,所以取高速公路的耗油系数为 0.9。其 Vensim 方程式为:

C　a13=0.9

(6) 竞争道路(312 国道)小汽车出行便利性服务参数

① 成本系数 a21

成本系数 a21 的含义同案例高速公路的成本系数 a11。但与案例高速公路不同的是,随着案例高速公路的运营时间增加,人们对公路的快捷性要求的提高,公路使用者对比较低速的 312 国道的心理行车速度的感受越来越低于实际行车速度。由于 312 国道通行费大大低于案例高速公路,吸引了大量的货车运行,客货交织程度较高,进一步降低了 312 国道的实际行车速度和心理感受速度,愿意付费使用 312 国道的小汽车越来越少,大多数小汽车都从位于城市周边的、可以绕过收费站的替代道路上行驶,所以随着时间的增加,a21 的取值一直在加大。成本系数 a21 的取值见表 7.7。

表 7.7　312 国道与时间相关运行时间影响系数表函数

时间系数	0.1	0.2	0.3	0.4	0.5	0.6	0.7	0.8	0.9	1
a21	1.1	1.2	1.2	1.3	1.4	1.6	1.8	2	2.2	2.4

a21 的 Vensim 方程式为:

A　a21.K=TABLE(Ta21,TF2.K,0,1,0.1)
T　Ta21=1.1/1.2/1.2/1.3/1.4/1.6/1.8/2/2.2/2.4
A　If TIME≤=10,TF2=TIME/10,Else TF2=1

② 安全舒适度 gama2

安全舒适度 gama2 的含义也与案例高速公路的相同,不同的是,由于 312 国道的行车速度较低,路线技术水平低于高速公路等因素,因此在考虑 gama2 的取值时,安全舒适度系数低于案例高速公路。当 V/C≤0.3 时,交通状况为畅行车流,这时,人的心理感觉最安全舒适,我们取值为 1,与实际舒适度相符;当 0.3<V/C<0.6 时,为稳定车流,但有少量的延误,这时,舒适度也较高,但因为出现延误,故将舒适度定为 0.85 和 0.8;当 0.6≤V/C<0.75 时,仍然为稳定车流,但有司机可以接受的延误,这时不仅舒适度降低,司机也开始感觉到行车速度受影响,司机的心理感觉到的安全舒适度进一步下降,定为 0.7 和 0.6。此后,当 V/C 不断加大时,车流开始不稳定,延误也越来越长,司机感受到的安全舒适度也越来越低,因此其取值也越来越小,V/C 为 1 时,其舒适度系数降为 0.4。安全舒适度的取值见表 7.8。

表 7.8　312 国道与服务水平相关的安全舒适系数表函数

交通负荷(V/C)	0.1	0.2	0.3	0.4	0.5	0.6	0.7	0.8	0.9	1
gama2	1	1	1	0.85	0.8	0.7	0.6	0.5	0.4	0.4

gama2 的 Vensim 方程式为:

A　gama2.K=TABLE(Tgama2,TRLOAD.K,0,1,0.1)
T　Tgama1=1/1/1/0.85/0.8/0.7/0.6/0.5/0.4/0.4

③ 成本系数 a22

成本系数 a22 的意义同案例高速公路,表示与支付意愿相关的收费阻抗系数。312 国道的全程收费较低,刚开始收费时,公路使用者对收费有些抗拒,但随着时间的增长,外加收费公路的增加,公路使用者对于公路收费的收费意愿改善,阻抗系数也随之走低,所以,前 1、2 年阻抗系数为 1.15,第 3、4 年为 1.13。由于平行高速公路全程收费上百,公路使用者对 312 国道的收费水平更接受,再往后各年,阻抗系数为 1,即心理收费成本与实际收费成本相符。成本系数 a22 取值见表 7.9。

表 7.9 312 国道与支付意愿相关的收费阻抗系数表函数

时间系数	0.1	0.2	0.3	0.4	0.5	0.6	0.7	0.8	0.9	1
a22	1.15	1.15	1.13	1.13	1	1	1	1	1	1

a22 的 Vensim 方程式为:

A　a22.K=TABLE(Ta22,TF2.K,0,1,0.1)

T　Ta22=1.15/1.15/1.13/1.13/1/1/1/1/1/1

A　If Time≤=10,TF1=TIME/10,Else TF1=1

④ 成本系数 a23

成本系数 a23 表示与耗油量相关的耗油系数。因为 312 国道为开放式公路,且货车多,行车干扰较多,耗油量加大,所以取 312 国道的耗油系数为 1.1。其 Vensim 方程式为:

C　a23=1.1

7.2.3 案例高速公路营运车辆年交通量子系统规范模型

1) 营运车辆年交通量子系统状态变量、速率及 Vensim 方程式

(1) 主要状态变量

① 营运车辆交通量 TTRAVLM

为案例高速公路与 312 国道之间营运车的通过量之和。取案例高速公路与 312 国道 1997 年的日均营运车辆通行量之和作为初始值。交通量 TTRAVLM 的 Vensim 方程为:

L　TTRAVLM.K=TTRAVLM.J+(DT)*RTRATE.KJ

N　TTRAVLM=30 981

② 收费公路营运车交通量 TRTTVLM

为案例高速公路收费期间日均营运车交通量,初始值为 0,以后每年日均交通量按交通量增长率计算确定。收费公路交通量 TRTTVLM 的 Vensim 方程为:

L　TRTTVLM.K=TRTTVLM.J+(DT)*TRTINRATE.KJ

N　TRTTVLM=0

③ 竞争道路交通量

为案例高速公路的竞争道路 312 国道的营运交通量,初始值为 0,以后每年日均交通量按交通量增长率计算确定。竞争道路交通量 CRTTRA 的 Vensim 方程为:

L　CRTTRA.K=CRTTRA.J+(DT)*CRTINRATE.KJ

N　CRTTRA=0

(2) 主要速率变量

① 案例高速公路路面营运车年增长率 RTRATE

与小汽车年增长率类似,案例高速公路营运车辆年增长率也按沪宁区间的交通量自然增长率和 MNL 模型模拟计算的交通分配率确定。沪宁高速区间的交通自然增长率取案例高速公路营运车辆的增长速度和全国其他车辆的增长速度作为数据统计依据。表 7.10 列出了 1998—2010 年间案例高速公路和 312 国道营运车辆通行量之和、案例高速公路营运车辆和全国其他车辆拥有量。从 1998 年至 2010 年案例高速公路通行量与全国其他车辆的拥有量的比例来看,其平均比例为 0.41,考虑到 312 国道的营运车辆增长率低于案例高速公路的营运车辆的增长率,将沪宁两地营运车辆的增长率定为全国其他车辆增长率的 0.4。

表 7.10 1998—2010 年沪宁两地的营运车增长量、案例高速公路营运车增长量与全国其他车拥有量增长表

年份	案例高速与 312 国道营运车辆通行量之和(万辆/年)(1)	案例高速营运车通行量(万辆/年)(2)	其他汽车拥有量(万辆/年)(3)	(2)/(3)
1998	1 130.81	278.24	895.65	0.31
1999	1 104.81	322.92	919.06	0.35
2000	1 041.29	355.09	983.58	0.36
2001	1 083.03	427.82	1 031.26	0.41
2002	1 161.53	533.90	1 084.19	0.49
2003	1 228.73	670.31	1 163.70	0.58
2004	1 131.41	488.46	1 212.05	0.40
2005	917.61	213.00	1 311.59	0.16
2006	1 188.77	621.52	1 364.03	0.46
2007	1 289.07	807.65	1 482.14	0.54
2008	1 189.75	751.62	1 598.22	0.47
2009	1 086.20	763.97	1 705.70	0.45
2010	1 115.96	826.54	2 547	0.32
总增长率	−1.3%	197.1%	184.4%	
年平均增长率	−0.1%	15.2%	14.2%	
案例公路营运车通行量与其他车辆拥有量的平均比值 $\sum_{13}(2)/(3)/13$				0.41

资料来源:国家统计局网站,1997—2010 案例高速公路公司年度报告[190]

案例高速公路的交通分配率仍按照 MNL 交通分配率模型[式(6.21)]计算确定。

案例高速公路营运车交通量年自然增长率 RTRATE 的 Vensim 方程式如下:

R　RTRATE.KJ＝0.4 * TRUINF.J * TTRAVLM * TRUDNLOOKUP

② 收费公路营运车增长率 TRTINRATE

指案例高速公路营运车年增长率(可正可负),Vensim 方程式如下:

R　TRTINRATE.KJ＝TRDTTVLM−TRTTVLM.J　收费公路交通吸引量与上一年交通量间的差值

A　TRTTVLM.J＝RTRATE.J * TDIVERATE　收费公路年吸引营运车交通量

③ 竞争道路营运车辆年增长率

指案例高速公路竞争公路 312 国道营运车年增长率 CRTINRATE(可正可负),Vensim 方程式如下:

R CRTINRATE.KJ=CRDTTVLM−CRTTRA.J 竞争公路交通吸引量与上一年交通量之间的差值

A CRTTRA.J=RTRATE.J*(1−TDIVERATE) 竞争公路年吸引营运车交通量

2) 营运车交通分配率主要 Vensim 方程式

(1) 案例高速公路营运车运行时间 TRTTIME

指案例高速公路营运车的单趟运行时间。计算过程同小汽车运行时间。

根据运行时间计算公式和公式(7.1),收费运行时间 TRTTIME 的 Vensim 方程式为:

A TRTTIME=TRLEG/TRTSPEED.K

C TRLEG=248.41

A TRTSPEED=Talf11*TDTSPEED.K/(1+TRLOAD1.K^Tbeta1)

C TDTSPEED=90

A TRLOAD1.K=(TRTRAVLM.K+TRTTVLM.K)*365/TRTCPT/TRLANE

A Tbeta1=Talf12+Talf13*TRLOAD1.K^3

C Ta11=0.95

C Ta12=1.88

C Ta13=4.93

(2) 竞争公路营运车辆运行时间 CRTTIME

竞争公路营运车辆的运行时间的计算过程与收费公路营运车辆的运行时间的过程完全相同,只是相关变量和计算参数不同。

根据运行时间计算公式和公式(7.1),竞争公路运行时间 CRTTIME 的 Vensim 方程式为:

A CRTTIME=CRDLEG/CRTSPEED.K

C CRDLEG=282

A CRTSPEED=Talf21*CRDTSPEED/(1+CRLOAD^Tbeta2)

C CRDSPEED=60

A CRLOAD.K=(CRDTRA.K+CRTTRA.K)*365/CRDTCPT/CRLANEA

A Tbeta2=Talf22+Talf23*CRLOAD.K^3

C Ta11=0.98

C Ta12=1.88

C Ta13=4.88

(3) 营运车分流率 TDIVERATE

指的是案例高速公路与312国道之间的营运车交通量的分配率,根据公式(6.21),营运车分流率 TDIVERATE 的 Vensim 方程式如下:

A TDIVERATE.K=EXP(−SITA*TRTTIME/TREVENTIME)/(EXP(−SITA*CRTTIME/TREVENTIME)+EXP(−SITA*TRTTIME/TREVENTIME))

N TDIVERATE=0.25

C SITA=3.0

A REVENTIME=(CROADTIME+TRTIME)/2

3) 营运车年交通量子系统参数(辅助变量)及Vensim方程式

(1) 收费公路营运车基准费率

① 案例高速公路营运车基准费率

根据江苏宁沪高速公路公司2007年和2009年的年报,案例高速公路的收费2005年之前对货车的收费系数高,因此吸引到的货车以缴费少的5吨到10吨的货车为主,平均的单程全程收费以中型货车为主,这个阶段取重型货车的收费系数2乘以小汽车的收费标准0.45,其值为0.9元/(车·公里),考虑到其他部分重型车辆,该平均费率调整为1.1元/(车·公里)。2005年案例高速公路的收费标准调整,降低了货车的收费系数,但对超载车辆实行计重收费,2006年,案例高速公路扩建结束,重新对货车开放交通后,使用高速公路的重型货车开始增加。

根据王军华等(2009)[195]的统计,江苏苏南公路网重车平均载货量和平均运距的统计(表7.11),可知载货货车在5~20吨之间,但从平均运距来看,以15吨以上的货车居多,对照案例高速公路收费标准,10~20吨之间的收费系数为3,即是小汽车收费费率0.45元/(车·公里)的3倍,即1.35元/(车·公里),江苏宁沪高速公路公司2007年和2009年的年报中2007年和2009年营运货车的全程单车通行费分别为309元和332元,折合成每公里费率分别为1.245元/公里和1.33元/公里,但考虑到案例高速公路上营运车辆有增加的趋势,且超重车辆越来越多,在当前计重收费的条件下,营运车的收费费率有继续增加的趋势,考虑到增长因素,收费系数取3.5,即平均费率为1.575元/公里。但2006年除外,因为2006年是案例公路扩建后开放的第一年,交通营运车数量仍偏少,因此收费依然使用1.25元/公里。

表7.11 江苏苏南公路网重车平均载货量和平均运距

	穿越	到达	发送	网内
平均载货量(吨)	17.85	12.24	12.28	5.94
平均行驶里程(公里)	155.69	77.21	82.07	56.83

资料来源:王军华等(2009)[195]

收费公路营运车基准费率TRTBSCRATE的Vensim方程如下:

C If Time<8 TRTBSCRATE=1.1 Else Time=8 TRTBSCRATE=1.25
Else TRTBSCRATE=1.575

② 竞争公路营运车辆收费CRDTTOLL

竞争公路营运车辆收费CRDTTOLL是指312国道全程单车收费。与案例高速公路相比,312国道上行驶的营运货车载重多为5~10吨,且多为网内运营车辆,5~10吨营运货车和载客量为20~39座的中型客车的收费价格为全程80元/车,因此取80元/车作为小汽车收费费率,其Vensim方程为:

C CRDTTOLL=80

(2) 营运车百公里油价 TPKPPRI

营运车百公里油价取决于汽油的价格和百公里的耗油量。

营运车普遍使用的是90号汽油或柴油,而90号汽油或柴油的价格与93号汽油价格基本相同,因此油价公式也采用93号汽油的回归价格。

营运车百公里的耗油量，无权威的统计资料，根据网上资料，以 CA141C 为例，核定载重 5 吨车型，空载市区油耗 15～18 升，满载的市区油耗 26～28 升，该数字是业界比较广泛认可的数字，如果超载或者频繁刹车、加油的话，油耗会更大，35 升都正常。金龙大巴每百公里为 24 升左右[196]，因高速公路营运车辆一般为满载运行，故本书的营运车百公里耗油量的统计估算值取 27 升/百公里。

营运车小汽车百公里油耗的 Vensim 方程式如下：

A　TPKPPRI＝TPETRPRI * TRKPCONSM

A　TPETRPRI＝1.527＋Time * 0.348 7

C　TRKPCONSM＝27/100

（3）营运车时间价值 TRKTVLUE

营运车时间价值包括两个部分，驾驶员的时间价值和货物的时间价值。营运车驾驶员在客车/货车运营期间为工作时间，因此其时间价值可参考宗芳等（2009）[197]计算的佛山南海地区 2007 年的出行时间价值，为 28.65 元/小时；货物的时间价值，本书参考田志立和周海涛（1995）[198]预测的海南某公路 2000 年的汽车时间价值，分别为客车 36.86/小时和货车 7.37 元/小时，根据国家统计局公布的 2001—2010 年交通费用的价格指数，从 2001—2010 年交通费用共上涨了 1.35 倍，所以根据 2000 年的数据，考虑物价上涨因素，客车和货车的时间价值分别约为 50 元/小时和 10 元/小时，根据案例高速公路年报的数据，案例高速的客货车比例约为 20%：80%，所以营运车辆的时间价值约为 20%×50＋80%×10＝18（元/小时）。将驾驶员和营运车辆的时间价值相加，即 28.65＋18≈47（元/小时），可知营运车辆的时间价值约为 47（元/小时）。其 Vensim 方程式为：

C　TRKTVLUE＝47

（4）案例高速公路营运车辆出行便利性参数

① 成本系数 Ta11

成本系数 Ta11 的取值思路与小汽车的成本系数 a11 类似。但在 2003—2005 年，案例高速公路进行 4 车道改 8 车道的扩建工程期间，对货车先是 2003 年采取限行措施，2005 年又关闭货车通行，这段时间内的限制和关闭，使得公路使用者感受到的运营速度无限降低。通过数值模拟试验，这段时间与运行时间相关的成本影响系数设定为 2.5,8.5,4。2006 年案例高速公路重新开放后，营运车辆正常行驶，影响消除，对时间的感受系数回落为 1。2007 年，Ta11 逐渐回落到 0.9，随着越来越多营运车被吸引到高速公路，公路使用者对时间的心理感受系数进一步降低，为 0.7。以上各系数的确定，都参照了历史行车数据资料。成本系数 Ta11 的取值见表 7.12，时间系数为实际运行时间除以 10。

表 7.12　案例高速公路营运车辆与时间相关运行时间影响系数表函数

时间系数	0.1	0.2	0.3	0.4	0.5	0.6	0.7	0.8	0.9	1	1.1
Ta11	1	1	0.95	0.95	0.95	2.5	8.5	4	1	0.9	0.7

Ta11 的 Vensim 方程式为：

A　Ta11.K＝TABLE(TTa11,TTF1.K,0,1.1,0.1)

T　TTa11＝1/1/0.95/0.95/0.95/2.5/8.5/4/1/0.9/0.7

A　If Time≤10,TTF1＝TIME/10,Else TTF1＝1

② 安全舒适度 Tgama1

安全舒适度 Tgama1 的取值也与小汽车的安全舒适度取值过程类似,与服务水平相关,其值根据 V/C 变动,安全舒适度的取值见表 7.13。

表 7.13　案例高速公路营运车辆与服务水平相关的安全舒适系数表函数

交通负荷(V/C)	0.1	0.2	0.3	0.4	0.5	0.6	0.7	0.8	0.9	1
Tgama1	1.2	1.2	1.2	1.15	1	1	1	0.9	0.8	0.7

Tgama1 的 Vensim 方程式为:

A　Tgama1.K＝TABLE(TTgama1,TRLOAD1.K,0,1,0.1)

T　TTgama1＝1.2/1.2/1.2/1.15/1/1/1/0.9/0.8/0.7

③ 成本系数 Ta12

成本系数 Ta12 表示与支付意愿相关的收费阻抗系数。案例高速公路营运车的收费大大高于小汽车的收费,因此支付意愿的抗拒系数也高于小汽车。收费公路的阻抗系数的变化过程与小汽车相似,公路使用者对公路收费开始都很抗拒,随着对高速公路运输优势的认可,这种支付抗拒心理稍有下降,但由于收费支付水平一直较高,系数下降有限。2004—2005 年,由于案例高速公路扩建,2004 年限制货车通行,2005 年关闭货车通行,阻抗系数再一次提高。2006 年,案例高速公路再次通车,由于感受到改建后高速公路的运输优势,支付意愿提高,降为 1.6。但之后的金融危机,使得公路使用者对付费的阻抗系数再次加大,为 1.7。金融危机结束后,随着对高速公路快捷的认可,营运车的收费阻抗系数迅速下降,为 1.4。以上各系数的确定,都参照了历史行车数据资料。与支付意愿相关的收费阻抗,即成本系数 Ta12,取值见表 7.14。

表 7.14　案例高速公路营运车辆与支付意愿相关的收费阻抗系数表函数

时间系数	0.1	0.2	0.3	0.4	0.5	0.6	0.7	0.8	0.9	1	1.1	1.3
Ta12	2.5	2.4	2.4	2.2	2.1	2.2	2.2	2.1	1.6	1.7	1.7	1.4

Ta12 的 Vensim 方程式为:

A　Ta12.K＝TABLE(TTa12,TTF1.K,0,1.3,0.1)

T　TTa12＝2.5/2.4/2.4/2.2/2.1/2.2/2.2/2.1/1.6/1.7/1.7/1.4

A　If Time≤10,TTF1＝TIME/10,Else TTF1＝1

④ 成本系数 Ta13

成本系数 Ta13 表示与耗油量相关的耗油系数。因为高速公路全封闭,行车速度较均匀,所以取高速公路的耗油系数为 0.9,其 Vensim 方程式为:

C　Ta13＝0.9

(5) 竞争道路营运车辆出行便利性参数

① 成本系数 Ta21

指 312 国道的与运行时间有关的影响系数。与案例高速相反,随着案例高速公路吸引了越来越多的交通量,312 国道的速度慢和行车相对不舒适的问题越来越凸显,这可从 312

国道的交通量节节下降得到印证,因此成本系数 Ta21 的取值越来越大,见表 7.15,时间系数为实际运行时间除以 10。

表 7.15　312 国道营运车辆与时间相关运行时间影响系数表函数

时间系数	0.1	0.2	0.3	0.4	0.5	0.6	0.7	0.8	0.9	1
Ta21	1.1	1.1	1.2	1.3	1.4	1.6	1.8	2	2.2	2.4

Ta21 的 Vensim 方程式为:

A　Ta21.K=TABLE(TTa21,TTF2.K,0,1,0.1)

T　TTa21=1.1/1.1/1.2/1.3/1.4/1.6/1.8/2/2.2/2.4

A　If Time≤10,TTF2=TIME/10,Else TTF2=1

② 安全舒适度 Tgama2

安全舒适度 Tgama2 的取值主要与 312 国道的服务水平相关,其值根据 V/C 变动而变,安全舒适度的取值见表 7.16。

表 7.16　312 国道公路营运车辆与服务水平相关的安全舒适系数表函数

交通负荷(V/C)	0.1	0.2	0.3	0.4	0.5	0.6	0.7	0.8	0.9	1
Tgama2	1	1	1	0.7	0.7	0.6	0.5	0.4	0.4	0.4

Tgama2 的 Vensim 方程式为:

A　TTgama2.K=TABLE(TTgama2,TCRLOAD.K,0,1,0.1)

T　Tgama2=1/1/1/0.7/0.7/0.6/0.5/0.4/0.4/0.4

③ 成本系数 Ta22

成本系数 Ta22 表示与支付意愿相关的收费阻抗系数。与案例高速公路营运车收费相比,312 国道的全程收费较低,刚开始收费时,公路使用者对收费也有些抗拒,但随着时间的增长,外加收费公路的增加,公路使用者对于公路收费的收费意愿改善,阻抗系数也随之走低,但由于营运车收费水平自身较高的原因,公路使用者心理感知的收费水平始终大于实际收费水平,成本系数 Ta22 取值见表 7.17。

表 7.17　312 国道营运车辆与支付意愿相关的收费阻抗系数表函数

时间系数	0.1	0.2	0.3	0.4	0.5	0.6	0.7	0.8	0.9	1
Ta22	1.15	1.15	1.13	1.13	1.1	1.1	1.1	1.1	1.1	1.1

Ta22 的 Vensim 方程式为:

A　Ta22.K=TABLE(TTa22,TTF2.K,0,1,0.1)

T　TTa22=1.15/1.15/1.13/1.13/1.1/1.1/1.1/1.1/1.1/1.1

A　If Time≤10,TTF2=TIME/10,Else TTF2=1

④ 成本系数 Ta23

成本系数 Ta23 表示与耗油量相关的耗油系数。因为 312 国道为开放式公路,行车干扰较多,耗油量加大,所以取 312 国道的耗油系数为 1.1,其 Vensim 方程式为:

C　Ta23=1.1

7.2.4 案例高速公路年交通增长量子系统规范模型计算机模拟

由于交通增长量依赖于全国汽车拥有量的模拟数据,案例高速公路年交通增长量模型必须与汽车增长量模型联动运行。通过联动运行全国汽车量 Vensim 规范模型和案例高速公路交通量分配 Vensim 规范模型,以案例高速公路 1997 年的交通量为起始数据,得到了案例高速公路 1998 年至 2010 年的模拟交通量,表 7.18 列出了 1998—2010 年案例高速公路小汽车实际通行量,小汽车 SD 模拟通行量,营运车实际通行量,营运车 SD 模拟通行量。为直观地表示案例高速公路年交通增长量模型实际值和模拟值的对比效果,分别作案例高速公路小汽车实际通行量和 SD 模拟量的对比图及案例高速公路营运车实际通行量和 SD 模拟量的对比图,分别为图 7.5 和图 7.6。

表 7.18 1998—2010 年案例公路小汽车实际通行量,案例公路小汽车 SD 模拟通行量,案例公路营运车实际通行量,案例公路营运车 SD 模拟通行量

年份	沪宁小汽车实际通行量(万辆/年)(1)	沪宁小汽车SD模拟通行量(万辆/年)(2)	实际通行量与模拟通行量的误差率[(2)−(1)]/(1)	沪宁营运车实际通行量(万辆/年)(3)	沪宁营运车SD模拟通行量(万辆/年)(4)	实际通行量与模拟通行量的误差率[(4)−(3)]/(3)
1998	6 335	6 220	−1.82%	7 623	7 745	1.60%
1999	7 377	6 886	−6.66%	8 847	8 678	−1.92%
2000	8 327	8 728	4.81%	9 729	9 870	1.45%
2001	9 285	9 559	2.95%	11 721	11 590	−1.12%
2002	10 723	11 647	8.62%	14 627	14 732	0.72%
2003	12 660	13 307	5.11%	18 365	16 782	−8.62%
2004	15 054	15 415	2.40%	13 383	13 481	0.74%
2005	15 880	16 083	1.28%	5 836	6 413	9.89%
2006	22 423	22 728	1.36%	17 028	17 752	4.25%
2007	26 281	26 133	−0.56%	22 128	22 441	1.42%
2008	25 735	26 080	1.34%	20 592	20 445	−0.72%
2009	29 965	29 699	−0.89%	20 931	21 585	3.13%
2010	33 615	34 024	1.22%	22 645	22 729	0.37%
平均误差率			1.47%	平均误差率		0.86%
误差率绝对值的平均误差率			3.00%	误差率绝对值的平均误差率		2.76%

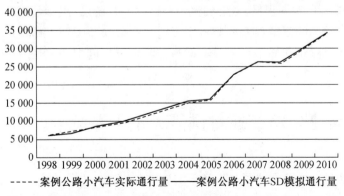

图 7.5 案例高速公路小汽车实际通行量和 SD 模拟通行量对比图

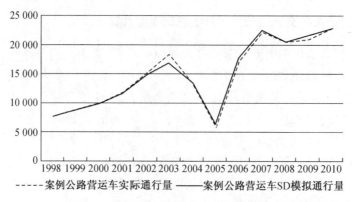

图 7.6 案例高速公路营运车实际通行量和 SD 模拟通行量对比图

7.2.5 案例高速公路年交通增长量子系统规范模型检验和测试

案例高速公路年交通增长量模型必须与汽车增长量模型联动运行。案例高速公路年交通增长量模型的检验变量选案例高速公路小汽车年通行量和营运车通行量。从图 7.5 和图 7.6 来看,案例高速公路小汽车实际通行量和 SD 模拟量高度拟合,营运车实际通行量和 SD 模拟量也高度拟合。这一结果一方面验证了交通量分配率模型的准确性,另一方面也验证了交通量增长子系统 Vensim 模型的可靠性。值得指出的是,由于在交通量分配率模型中引入了模拟使用者使用心理的交通便利性系数 a11、a12、a21 和 a22,使得交通分配率模型的灵活性大大增加,不仅可以模拟一般情况下行驶时间和收费费率对人的心理感受的影响,而且还可以模拟突发事件对人的心理感受的影响,如 2004 年到 2005 年的沪宁公路改建,可以通过改变公路使用者对行驶时间的心理感受 a11 和 a21 来模拟此事件对人们使用心理的影响,2008 年的金融危机事件,可以通过改变公路使用者对收费费率的感受系数 a12 和 a22 来模拟此事件对人的使用心理的影响,结果证明,这些模拟结果完全符合实际情况。因此可以推断,沪宁高速公路在未来运营中,如果能预测到一些突发情况,完全可以在该系统模型中模拟突发情况对交通量的影响作用。

从表 7.18 的误差率统计来看,案例高速公路小汽车实际通行量和 SD 模拟通行量的误差率绝对值的平均误差率为 3%,营运车实际通行量和 SD 模拟通行量的误差率绝对值的平均误差率为 2.76%,误差率很低,考虑到汽车增长量子系统已存在轻微误差,这些误差值实际上是复合误差,单纯的系统误差率应该小于这一复合误差率值。即使从复合误差率统计值来看,案例高速公路年交通增长量模型也与实际系统高度契合,可靠性高,完全可以达到系统模拟要求。

7.3 案例高速公路交通量供需关系子系统 Vensim 规范模型

7.3.1 案例高速公路交通量供需关系子系统流图分析

交通量供需关系子系统是案例高速公路的主系统回路,该回路建立的数学模型为净现金流量模型[式(6.8)]和净收益模型[式(6.9)]。该反馈回路表示了案例高速公路的投资回报率与交通量,通行费率和特许期限等重要变量之间的反馈关系,是 BOT 公路项目根据合同条件预测项目运营状况的重要参考回路。如图 7.7 所示,状态变量为案例高速公路项目利润额,速率方程是案例高速公路项目年净现金流量,由项目交通收入、经营成本、年折旧率和年所得税率等决定,项目的利润额与 BOT 项目的总投资额决定了案例高速公路项目的投资利润率,投资利润率决定了案例高速公路的收费影响系数,收费影响系数通过案例高速公路的年交通量子系统影响着案例高速公路的交通吸引量,交通吸引量反过来再影响到案例高速公路项目的净现金流量和投资利润率。投资利润率还可影响收费公路的年限,通过观察投资利润率的大小,可改变系统运营的时限,观察投资利润率的变化,从而实现投资利润率和特许年限之间的反馈运行。

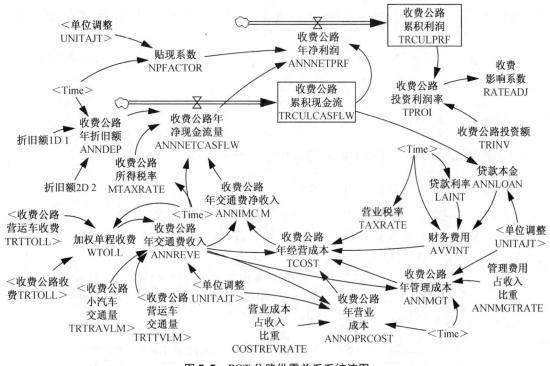

图 7.7 BOT 公路供需关系系统流图

7.3.2 交通量供需关系子系统的主要状态变量、速率和主要 Vensim 方程式

1) 状态变量

(1) 收费公路累积现金流量 TRCULCASFLW

为案例高速公路交通量供需关系子系统的累积净现金流量,初始值为负的案例高速公路修建的总投资,其对应的速率变量为收费公路年净现金流量 ANNNETCASFLW。项目收费公路累积现金流量 TRCULCASFLW 的 Vensim 方程为:

L TRCULCASFLW.K=TRCULCASFLW.J+(DT)*ANNNETCASFLW.KJ

N TRCULCASFLW=$-6.157*10^9$

(2) 收费公路累积利润 TRCULPRF

指案例高速公路的累积利润额,利润额的初值为 0,当累积净现金流量为正后,意味着以后逐年的净现金流量均为利润,收费公路累积利润就指换算为贴现到某一年份的累积利润额,与其相对应的速率变量为收费公路年净利润 ANNNETPRF。收费公路累积利润 TRCULPRF 的 Vensim 方程为。

L　TRCULPRF.K=TRCULPRF.J+(DT)＊ANNNETPRF.KJ

N　TRCULPRF=0

2) 速率方程

项目年净现金流量 ANNNETCASFLW 指案例高速公路年净现金流量。根据公式(6.8)和公式(6.9),净现金流量与年交通收入、年经营成本、所得税和年折旧额等有关。因为案例高速公路在其运营的第 8 年进行案例高速公路扩建工程,并投入 105.4 亿资金,从书写方程式方便的角度出发,本书将其列为第 8 年的负现金流。年净现金流量 ANNNETCASFLW 的 Vensim 方程式如下:

R　If Time=8 ANNNETCASFLW.KJ=ANNIMC.K＊(1－ANNINMTAXRATE)＋ANNDEP.K－1.054＊10^10

Else　ANNNETCASFLW.KJ＝ANNIMCM.K＊(1－ANNINMTAXRATE)＋ANNDEP.K

7.3.3　案例高速公路主要参数(辅助变量)及其 Vensim 方程

1) 收费公路年经营成本 TCOST

年经营成本指的是案例高速公路的年经营成本,包括道路维修、征收成本、路政成本和路线折旧等在内的年营业成本 COSTREVRATE、管理费用 ANNMGTRATE、财务费用 AVVINT、营业税 TAXRATE 等。

经过对案例高速公路公司 1997—2010 年各年度报告中的财务数据进行分析和整理,案例高速公路的实际年通行费收入、年营业成本、年管理费用、营业成本占通行费收入的百分比,管理费用占通行费用的百分比列于表 7.19。

表 7.19　案例高速公路 1997—2010 年度通行费收入、营业成本和管理费用列表

年份	案例高速公路年通行费收入(千元)	案例高速公路年营业成本(千元)	营业成本/通行费收入	案例高速公路年管理费用(千元)	管理费用/通行费收入
1997	573 079	105 425	18.40%		
1998	748 057	141 670	18.94%		
1999	872 373	254 709	29.20%	15 764	1.81%
2000	966 312	329 460	34.09%	16 977	1.76%
2001	1 152 162	360 806	31.32%	26 909	2.34%
2002	1 431 371	422 449	29.51%	39 865	2.79%
2003	1 735 510	476 167	27.44%	45 008	2.59%
2004	1 813 419	424 212	23.39%	15 467	0.85%
2005	1 080 621	342 962	31.74%	12 809	1.19%

续表7.19

年份	案例高速公路年通行费收入(千元)	案例高速公路年营业成本(千元)	营业成本/通行费收入	案例高速公路年管理费用(千元)	管理费用/通行费收入
2006	2 564 642	584 204	22.78%	14 660	0.57%
2007	3 412 152	740 267	21.70%	12 960	0.38%
2008	3 203 537	745 670	23.28%	63 569	1.98%
2009	3 552 245	764 930	21.53%	63 569	1.79%
2010	4 166 149	847 429	20.34%		
		营业成本/通行费收入平均值	25.26%	管理费用/通行费收入平均值	1.64%

资料来源：江苏宁沪高速公路公司1997—2010年年报[190]

本书中，案例高速公路的年营业成本和管理费用按照表7.19的统计结果，对前14年的年营业成本按收费收入的25%计算，年管理费用按年收费收入的2%计算。考虑到年营业成本和年管理费用相对稳定，但受通货膨胀的影响，因此对于未来的年营业成本和年管理费用，采用以最近年的费用为基数，考虑通货膨胀率后确定。从表7.19可知，案例高速公路2006年扩建完成后，经过一年调整，年营业成本趋于平稳，平均年增长率为4.7%，考虑到2011年4月中国人民银行发布的一年期存款利率为3.5%，年营业成本的通胀率定为3.5%。年管理成本的上涨率小于年营业成本，尤其是2008年和2009年，上涨幅度为零，但以往各年年增长率仍偏高，最终确定年管理费的通胀率为2%。

财务费用指用于案例高速公路建设投资利息。按照利息的计算方法，其值为贷款本金和利息的乘积，本书假设案例高速公路的年交通收入在支付了每年的经营成本、税金后，每年的项目利润在负债偿还期内全部用于支付贷款。根据历史利率，贷款利率1999年以前为10.98%，1999年以后为6%。对于1996年以前建设期的利息，因为建设投资是分期投入，本书采用将第1年利息翻倍的方式。

根据案例高速公路公司1997—2010年各年度报告[190]，1999—2007年间，案例高速公路的营业税率为5.7%，其余各年份则为3.42%。

案例高速公路年经营成本的Vensim方程为：

A TCOST.K=AVVINT.K+ANNREVE.K*(ANNMGTRATE+COSTREVRATE+TAXRATE)

A If Time<=14,ANNOPRCOST.K=ANNCOSTREVRATE*ANNREVE.K

Else ANNOPRCOST.K=847 429 000*(1+0.035)^(Time-14)

C COSTREVRATE=0.25

A If Time<=13,ANNMGT.K=ANNMGTRATE*ANNREVE.K

Else ANNMGT.K=63 569 000*(1+0.02)^(Time-13)

C ANNMGTRATE=0.02

A If Time=1 AVVINT=2*AVVLOAN.K*TAXRATE Else AVVINT=AVVLOAN.K*TAXRATE

C If Time>4 and Time<9 TAXRATE=0.057 Else TAXRATE=0.0342

A If TRCULCASFLW.K<0 AVVLOAN.K=TRCULCASFLW.K Else

AVVLOAN. K=0

2）收费公路年折旧额 ANNDEP

指案例高速公路总投资的折旧额，本书采用等额折旧的方式。因为案例高速公路有两次大的投资，一次是初次投资，金额为 61.57 亿元人民币，收费期为 30 年，该次投资的折旧 1D1 按 30 年分摊；第二次是在 2004 年案例公路扩建工程，投资是 105.4 亿元人民币，本次扩建后，案例高速公路的收费期延长至 35 年，扣除已运营的大约 6 年（实为 6.5 年），第二次投资的折旧 2D2 按 29 年分摊。案例高速公路年折旧额 Vensim 方程如下：

A If Time≤=6 ANNDEP. K=1D1 Else Time≤=30，ANNDEP. K=1D1+2D2 Else ANNDEP. K=2D2

C 1D1=2.052 3E+08

C 2D2=3.634 5E+08

3）收费公路所得税率 ANNINMTAXRATE

案例高速公路的所得税率，2006 年前，国家对收费公路实行税收优惠，为 15%，2006 年后，按照国家对收费公路的税收政策，为 25%。列收费公路所得税率 ANNINMTAXRATE 的 Vensim 方程：

C If Time<8 ANNINMTAXRATE=0.15 Else ANNINMTAXRATE=0.25

4）收费公路投资额 TRINV

为案例高速公路的总投资额。投资是有时间价值的，前已论述，本书将贴现的基准年限定为 2004 年，因此投资额也按照 2004 年折算。收费公路投资额 TRINV 的 Vensim 方程为：

C TRINV=6.157E+009*(1+0.1098)^3*(1+0.06)^5+1.054E+010

5）收费公路年净利润 ANNNETPRF

指案例高速公路的年净利润，该净利润等同于案例高速公路累积净现金流量为正后，年净现金流量的累加，但是因为考虑到时间因素，还要计算其贴现利润。关于贴现年份的选择，因为案例高速公路有两次重大投资，第一次为建设投资，第二次为扩建投资。为简化计算，第一次投资的贴现时间按开通年份计算，即 1996 年，但因为 1996 年只有下半年开通，本书的模拟时间推迟到 1997 年，因此贴现年份按 1997 年算起，按照案例高速公路定期报告中的财务报告，1997—1999 年利率为 10.98%，1999 年以后平均为 6%，所以以后各年的贴现率均取 6%。案例高速公路于 2004 年开始扩建工程，投资额为 105.4 亿元，为计算方便，本书取 2004 年为贴现基准年，其他各年的利润均贴现到 2004 年。收费公路年净利润 ANNNETPRF 的 Vensim 方程为：

R If TRCULCASFLW>0，ANNNETPRF. KJ=ANNNETCASFLW. K * NPFACTOR. K Else ANNNETPRF. KJ=0

C t=TIME

A If TIME<3 NPFACTOR. K=(1+0.1098)^t

Else TIME<8 NPFACTOR. K=(1+0.1098)^3 * (1+0.06)^(t-3)

Else NPFACTOR. K=1/(1+0.06)^(t-8)

6) 收费公路年交通费收入 ANNREVE

指案例高速公路的年交通费收入。年交通费收入由年交通量和单程全程收入共同决定。

年交通量为案例高速公路小汽车交通量和营运车辆之和。

单程全程收入由案例高速公路小汽车的全程收入和营运车辆的全程收入加权构成。案例高速公路可获得的客货车比例资料列于表7.20,根据表7.20的数据资料,案例高速客货车价格权重为67%:33%,但2005年例外,由于受道路扩建影响,案例高速公路在2005年度全年全程实施货车分流措施,使货车交通量急剧下降,自10月1日南京至常州横林段开放货车通行以来,道路交通流量才逐步开始回升,从表7.20也可看出,该年的客货车比例为93.23:6.77,所以2005年的价格权重取为90%:10%。收费公路年交通费收入 ANNREVE 的 Vensim 方程如下:

A ANNREVE.K=(TRTRAVLM.K+TRTTVLM.K)*WTOLL*365
A If Time=5 WTOLL=0.9*TRTOLL+0.1*TRTTOLL
Else WTOLL=0.67*TRTOLL+0.33*TRTTOLL

表7.20 2005—2009年案例高速公路客货车比例

年份	2009	2008	2007	2006	2005
客货车比例	68.6:31.4	66.6:33.4	66.3:33.7	70.85:29.15	93.23:6.77

资料来源:江苏宁沪高速公路公司年报[190]

7) 收费公路年交通净收入 ANNIMCM

年交通净收入由案例高速公路年交通收入 ANNREVE 和年经营成本 TCOST 共同决定。其 Vensim 方程如下:

A ANNIMCM.K=ANNREVE.K−TCOST.K

8) 收费公路投资利润率 TPROI

收费公路投资利润率 TPROI 按照公式(6.9)计算,等于案例高速公路累计投资利润 TRCULPRF 除以案例高速公路投资额 TRINV,案例高速公路投资利润率 TPROI 的 Vensim 方程为:

A TRPOI.K=TRCULPRF.K/TRINV

7.3.4 案例高速公路交通量供需关系子系统的模拟运营

由于案例高速公路供需关系子系统的模拟运营依赖于汽车量增长子系统和交通量分配子系统的模拟运营数据,所以这三个系统必须联动模拟。与交通量分配子系统模拟过程相似,本次模拟也是取案例高速公路1997年的运营数据为起始数据,来模拟1998—2010年案例高速公路交通收益情况。案例高速公路交通量供需关系子系统经运营模拟后,1998—2009年实际通行费收入,SD模拟通行费收入列于表7.21。为直观地表示实际值和模拟值的对比效果,作案例高速公路实际通行费收入和SD模拟交通收入对比图,如图7.8。从图中可知,案例高速公路的实际通行费收入和SD模拟收入发展趋势高度一致,证实了案例高速公路供需 Vensim 规范模型的准确性和可靠性。

表 7.21 案例高速公路实际交通费收入和 SD 模拟交通费收入对比

年份	案例高速公路实际通行费收入(千元/年)(1)	案例高速公路 SD 模拟收入(千元/年)(2)	实际值与模拟值的误差率[(2)−(1)]/(1)
1998	748 057	798 356	6.72%
1999	872 373	889 733	1.99%
2000	966 312	1 063 145	10.02%
2001	1 152 162	1 208 978	4.93%
2002	1 431 371	1 508 028	5.36%
2003	1 735 510	1 720 062	−0.89%
2004	1 813 419	1 739 606	−4.07%
2005	1 080 621	1 049 617	−2.87%
2006	2 564 642	2 592 497	1.09%
2007	3 412 152	3 483 322	2.09%
2008	3 203 537	3 336 349	4.15%
2009	3 552 245	3 677 702	3.53%
2010	4 166 149	4 069 814	−2.31%
平均误差率			2.29%
误差率绝对值的平均误差率			3.85%

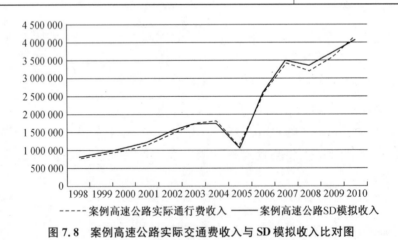

图 7.8 案例高速公路实际交通费收入与 SD 模拟收入比对图

7.3.5 案例高速公路交通量供需关系子系统规范模型的检测

本子系统选择案例公路的年交通收入作为检验变量,交通收入受交通费率和交通量的共同影响。由于交通收入是 BOT 公路运营的焦点问题,决定了公路是否可以成功运营,同时也决定了公路的收益,以及对今后交通收费、收费期、交通量的影响,该模拟变量的可靠性对整个案例高速公路动力学系统的可靠性具有决定性的影响。

从表 7.21 可以看出,案例高速实际通行费与 SD 模拟通行费收入的误差率的绝对值的平均误差率仅为3.85%,该误差率为复合误差率,子系统的实际误差率应该小于该误差率。但就这个值而言,模拟精度也非常高,说明案例高速公路年交通量供需关系子系统和案例高速公路动力学系统的可靠性都非常高,完全可以满足模拟要求。

由于该系统的运营依赖于汽车量增长模型和交通量分配子系统模型的模拟数据,该系统高度可靠性进一步证明了前述两个系统的准确和可靠性。

7.4 案例高速公路特许年限子系统的Vensim规范模型

在政府和案例高速公路签订的特许经营协议中,案例高速公路特许年限为收费期限,本书中,收费期限取决于投资收益率的上限,一旦达到投资收益率上限,则应考虑调整收费期限。特许年限的大小可直接通过投资收益率反馈,无具体的模型和Vensim规范方程式。

7.5 BOT公路项目运营系统动力学规范模型整体评价

7.5.1 评价标准

系统动力学模型是对客观的实际系统的描述和模拟,但任何模型都不能与实际系统完全一样,所以只能说明二者具有同构特性,系统动力学模型能够模拟实际系统,而不能做到完全精确地描述和模拟实际系统。但如将基于系统动力学模型模拟的结果用于实际系统的政策分析,建模者和用户都关心的实际问题是,这些模拟结果是否可靠,可信程度如何,实际上就是模型的正确性、有效性与信度如何。

王其藩(2009)[146]曾给出模型修改的建议,包括：

(1)"如果你确信模型已达到满足预定目的并与实际系统高度一致,则建模工作已完成";

(2)"如果你认为再花工夫修改模型得到的编辑效益已低于边际成本,则改进工作终止";

(3)"如果模型已变得越来越大,越来越复杂,甚至使你自己也感到茫然无措,则应立即停止修改和扩大,并使模型退回到适度规模"。

对模型的正确性,王其藩(2009)[146]认为可从两点进行评价：

(1)"模型是否适用于原来的目的和所要研究的问题";

(2)"模型是否和预定要描述的实际系统的那一部分一致"。

7.5.2 BOT公路项目运营系统动力学规范模型的正确性评价

1) 模型的修改问题

前述的模型,满足任何一条标准即可停止修改。对照三条标准,可以发现,BOT公路项目各子系统的运营模拟值与实际运营值高度一致,这些已经在各系统检验中进行过详细论述,所以,目前为止,BOT公路项目系统动力学规范模型满足模拟需要,可以停止修改。

2) 正确性评价

对照前述模型正确性评价标准，可知 BOT 公路项目系统动力学模型完全适用于原来的目的和所要研究的问题。本书建立 BOT 公路项目动力学系统的目的是模拟 BOT 公路项目在一定的通行费率、特许期限和公路服务水平下，投资回报率发展和变化的趋势，在考虑项目内外的风险因素并利用 MNL 交通分配率模型[式(6.21)]、净现金流量模型[式(6.8)]和净收益模型[式(6.9)]的基础上，已成功模拟了 1998—2010 年间案例项目（案例高速公路）的交通收入及其利润率。

BOT 公路项目运营系统动力学规范模型的各子系统在建模过程中，通过计算机运营模拟，已证明代表变量的模拟数据和历史数据高度一致，从而证明了模型各子系统高度可靠。

此外，通过检验交通量供需关系子系统的可靠性，可验证 BOT 公路项目运营系统动力学规范模型的整体可靠性。案例高速公路年交通量供需关系子系统是案例高速公路系统动力学模型的主模型，需要联动汽车增长量子系统、案例高速公路年交通量子系统共同运营。交通量供需关系子系统模型的运营，实际上是整个案例高速公路系统动力学系统的运营，该子系统模型已验证为高度可靠，说明案例高速公路整体运营系统动力学规范模型高度可靠。

上述分析表明，本书建立的 BOT 公路项目动力学系统各子系统和整体系统可靠性均很高，可以作为对 BOT 公路项目关键可变合同条件进行拟合预测的"实验室"。

8 基于系统动力学的公路项目 BOT 可变合同条件调整模拟

本章导读:本章利用上章依托案例公路建立的 BOT 公路项目运营系统动力学模型,对不同的合同调整方案,进行剩余收费期内运营模拟。合同调整方案分三种:(1) 目前通行费率与特许期限不变;(2) 目前通行费率或/和特许期限依投资回报率实时调整情况下的调整;(3) 目前通行费率或/和特许期限在固定间隔期依投资回报率改变情况下的调整。模拟结果表明,三种方案的服务水平均可达到良好,但第一种合同方案下,合同期满时,投资方的投资收益率过高;第二种方案下,合同期满时,投资收益率仍较高,且调整过于频繁;第三种方案,合同期满时,投资收益率在合理范围内,但后两年出现了负现金流。总结以上三种方案的优劣,对照合同调整原则,建议案例公路通行费率每 5 年调整一次,特许收费期缩短为 25 年,这种情况下,投资方投资回报率为 18%(略超上限值),公路服务水平良好。该案例证明,本书提出的柔性合同管理理论下的公路项目 BOT 可变合同条件调整模型,既可促进效率,又重视投资商和使用者的利益,可达到使利益相关者满意的调整目的。

8.1 公路项目 BOT 关键可变合同条件调整框架

1) 公路项目 BOT 关键可变合同条件调整策略

案例高速公路可变合同条件的调整框架按照 4.3 节确定的 BOT 公路项目可变合同调整框架进行。

通行费率的调整采取直接改变通行费率的方式进行模拟计算和观察。

特许期的调整在暂时固定通行费率的基础上,依投资回报率的数值,按照调整标准选定。

公路服务水平取决于通行速度和管理水平,无法通过改变参数的方法进行调整,本书拟采取的策略是通过改变通行费率或竞争条件的方法,调整其交通量,从而达到改善公路服务水平的目的。

2) 公路项目 BOT 关键可变合同条件调整政策

因为案例高速公路已经运营了 14 年,本书将针对未来的 21 年,进行以下三种情况的合同调整模拟实验。

(1) 目前通行费率与特许期限不变;
(2) 目前通行费率或/和特许期限依投资回报率实时调整;
(3) 目前通行费率或/和特许期限在固定间隔期依投资回报率调整。

3) 公路项目 BOT 关键可变合同条件调整结果检验变量

在对 BOT 公路长期运营状况进行模拟计算后,应选取检验变量,对 BOT 公路运营状况做评判,以确定是否已达调整目的。本书选取的检验变量为:

(1) 表示公路服务水平的变量:V/C 和平均行车速度;
(2) 投资回报率;
(3) 为验证模拟结果的合理性,本章模拟增加了交通量和交通收入作为参考检验变量,其结果与 6.4.3 所示的关键变量的参考模型进行对比,以便更好地确定可变合同的调整策略。

8.2 目前通行费率与特许期限不变的动力学模拟实验

8.2.1 参数选择

通行费率与特许期限取目前案例高速公路实际数值,即小汽车的通行费率为 0.45 元/(车·公里),营运车辆的平均通行费率为 1.485 元/(车·公里),特许期限为 35 年,假定在特许期限内,通行费率保持不变。

根据这一收费水平,与小汽车运行速度有关的成本系数 a11 和与收费水平有关的成本系数 a12 的取值不变,如表 7.4 和表 7.6 所示。

同理,与营运车辆运行速度有关的成本系数 Ta11 和与收费水平有关的成本系数 Ta12 的取值不变,如表 7.7 和表 7.9 所示。

8.2.2 案例高速公路关键变量模拟结果列表

在维持目前通行费率与特许期限不变的情况下,运行案例高速公路系统动力学模型,关键变量的运行结果列于表 8.1。

表 8.1 目前收费政策下的案例高速公路关键变量模拟结果

年份	收费公路小汽车基准费率(元/公里)	收费公路营运车基准费率(元/公里)	收费公路小汽车日均通行量(辆)	收费公路营运车日均通行量(辆)	收费公路小汽车通行速度(公里/时)	收费公路营运车通行速度(公里/时)	收费公路交通负荷	收费公路年净现金流量(元)	收费公路年投资回收率(%)
1998	0.4	1.1	6 220	7 745	111	85	0.07	−1.37E+09	0%
1999	0.4	1.1	6 886	8 678	111	85	0.08	−1.97E+08	0%
2000	0.4	1.1	8 728	9 870	110	85	0.09	−1.12E+08	0%
2001	0.4	1.1	9 559	11 590	110	84	0.10	2.95E+08	0%
2002	0.4	1.1	11 647	14 732	109	84	0.13	4.81E+08	0%
2003	0.4	1.1	13 307	16 782	109	83	0.15	−9.91E+09	0%
2004	0.45	1.1	15 415	13 481	109	83	0.14	1.32E+08	0%
2005	0.45	1.1	16 083	6 413	110	84	0.11	−2.56E+08	0%
2006	0.45	1.228 5	22 728	17 752	110	84	0.10	6.57E+08	0%

续表 8.1

年份	收费公路小汽车基准费率（元/公里）	收费公路营运车基准费率（元/公里）	收费公路小汽车日均通行量（辆）	收费公路营运车日均通行量（辆）	收费公路小汽车通行速度（公里/时）	收费公路营运车通行速度（公里/时）	收费公路交通负荷	收费公路年净现金流量（元）	收费公路年投资回收率（%）
2007	0.45	1.485	26 133	22 441	110	84	0.12	1.20E+09	0%
2008	0.45	1.485	27 235	19 427	110	84	0.11	1.18E+09	0%
2009	0.45	1.485	29 694	20 555	110	84	0.12	1.37E+09	0%
2010	0.45	1.485	34 067	22 240	109	84	0.14	1.65E+09	0%
2011	0.45	1.485	38 741	23 886	109	83	0.15	1.98E+09	0%
2012	0.45	1.485	41 680	24 495	108	83	0.16	2.44E+09	0%
2013	0.45	1.485	44 975	25 208	108	83	0.17	2.73E+09	0%
2014	0.45	1.485	47 991	25 928	108	82	0.18	3.03E+09	0%
2015	0.45	1.485	50 614	26 591	107	82	0.19	3.31E+09	0%
2016	0.45	1.485	52 772	27 168	107	82	0.19	3.49E+09	0%
2017	0.45	1.485	54 451	27 662	107	82	0.20	3.57E+09	8%
2018	0.45	1.485	55 694	28 083	107	82	0.20	3.63E+09	17%
2019	0.45	1.485	56 601	28 444	107	82	0.21	3.67E+09	24%
2020	0.45	1.485	57 370	28 758	106	82	0.21	3.69E+09	32%
2021	0.45	1.485	58 017	29 034	106	81	0.21	3.71E+09	39%
2022	0.45	1.485	58 559	29 275	106	81	0.21	3.72E+09	46%
2023	0.45	1.485	59 010	29 489	106	81	0.21	3.72E+09	52%
2024	0.45	1.485	59 384	29 682	106	81	0.22	3.71E+09	58%
2025	0.45	1.485	59 693	29 856	106	81	0.22	3.70E+09	63%
2026	0.45	1.485	59 950	30 014	106	81	0.22	3.69E+09	69%
2027	0.45	1.485	60 163	30 157	106	81	0.22	3.66E+09	74%
2028	0.45	1.485	60 340	30 285	106	81	0.22	3.59E+09	78%
2029	0.45	1.485	60 488	30 400	106	81	0.22	3.56E+09	83%
2030	0.45	1.485	60 613	30 505	106	81	0.22	3.53E+09	87%
2031	0.45	1.485	60 720	30 601	106	81	0.22	3.50E+09	91%
2032	0.45	1.485	60 812	30 690	106	81	0.22	3.46E+09	94%

8.2.3 关键合同条件变化趋势图

为直观显示表 8.1 的运行结果和便于分析，将系统动力学图示结果列于下。

1) 费率政策变化趋势图

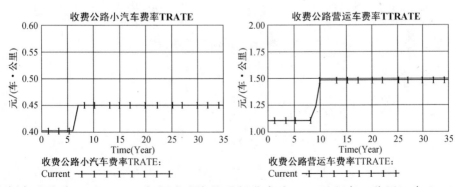

案例高速公路 1997—2003 年间小汽车的通行费率为 0.4 元/(车·公里)，自 2003 年后通行费率为 0.45 元/(车·公里)，相应地，营运车辆 2003 年平均通行费率为 1.1 元/(车·公里)，

2006年后通行费率为1.485元/(车·公里)。

2) 交通量增长变化趋势图

模拟结果显示,小汽车和营运车辆的交通量增长在第25年左右达到增长限值,交通量在第25年～第35年间保持动态平衡,交通量增长结果符合预期参考模式(图6.3)。

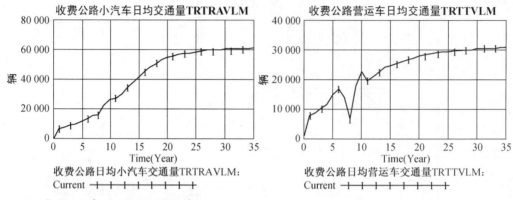

3) 交通服务水平变化趋势图

收费公路交通负荷在交通量达到限值后,V/C维持在0.22左右,表明交通负荷处于A级服务水平。小汽车的运行速度在交通量到达限值后,与设计通行速度之比值约为0.88,略低于A级交通标准,但大于B级相对交通速度的标准,表明行车有可能出现少量的延误,这一服务水平依旧比较高,因而算作接受。营运车辆在交通量限值处的相对行车速度为0.9,略高于小汽车,也看作接受(见下图)。

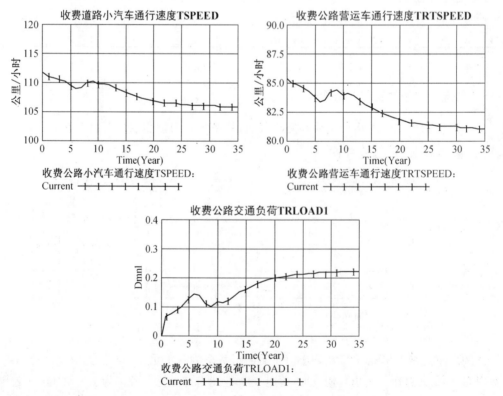

4) 交通收入年增长率和年投资利润率变化趋势图

交通收入的年增长率等同于案例高速公路的年净现金流量,由于维持高收费价格,在收费期间,年净现金流量一直维持高位运行,收费期结束后,案例高速公路的投资收益率可高达94％。相对于发改委建议的其他交通类项目,如铁路工程的基础投资收益率3％,这一结果是铁路项目的33.33倍!

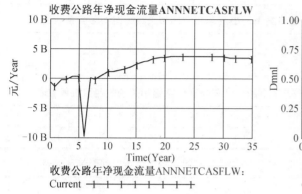
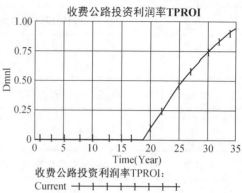

8.2.4 目前通行费率或/和特许期限不变情况下的合同条件调整建议

根据模拟运营结果,可看出,由于案例公路为双向八车道,在案例高速公路收费期内,交通负荷(V/C)较低,通行速度较高,所以,公路的服务水平较好,但由于收费水平一直较高,根据表7.5成本系数值,收费阻抗心理为1.4,即心理感知收费水平是实际收费的1.4倍,公路使用者对收费一直持抗拒状态。从投资者的角度,由于收费水平较高,年净现金流量一直在高位运行,收费运营期结束后,投资收益率高达94％,这对私人投资商来说是好事,但如此高的收益对公路使用者来说是不公平的。

很显然,在收费期内维持原收费价格的方案是不符合本书的合同设计原则的,如果维持原价,则应该缩短收费期限,根据表8.2和投资回收率的图示结果,收费期限应该到2018年结束。2018年,私人投资商的投资收益率可达到17％,高于研究假设的投资收益率上限,但考虑到运营期间的不确定因素,也可接受。对于公路使用者来说,如果收费在2018年结束,则实际的收费期为23年,远小于现在的35年,可节省509亿元通行费支出。

8.3 通行费率或/和特许期限依投资回报率实时调整的动力学模拟实验

8.3.1 参数选择

此方案为先维持现有费率标准收费,待达到基准收益率8％以后,自动按比例下调收费费率,收费调整标准见表8.2所示,该表影响系数依模拟结果拟定。

根据试运行结果,与小汽车运行速度有关的成本系数a11和与收费水平有关的成本,系数a12的取值做相应调整,如表8.3和表8.4所示。

营运车辆与运行速度有关的成本系数 $Ta11$ 和与收费水平有关的成本系数 $Ta12$ 的取值做相应调整,如表 8.5 和表 8.6 所示。

表 8.2 投资收益率对收费价格的影响系数

投资收益率	8%	10%	12%	15%	18%	20%
投资收益率对价格的影响系数	0.9	0.8	0.75	0.6	0.4	0.2

表 8.3 通行费率依投资回报率调整方案下的小汽车与时间相关运行时间影响系数表

时间系数	0.1	0.2	0.3	0.4	0.5	0.6	0.7	0.8	0.9	1
a11	1	0.95	0.95	0.9	0.9	0.9	1.6	1.6	0.85	0.85

表 8.4 通行费率依投资回报率调整方案下的小汽车与支付意愿相关的收费阻抗系数表

时间系数	0.1	0.2	0.3	0.4	0.5	0.6	0.7	0.8	0.9	1	1.1	1.3	2.1	2.2	2.4
a12	2	2	2	2	2	2.1	2	1.9	1.5	1.8	1.7	1.4	1.4	1.3	1.2

表 8.5 通行费率依投资回报率调整方案下的营运车与时间相关运行时间影响系数表

时间系数	0.1	0.2	0.3	0.4	0.5	0.6	0.7	0.8	0.9	1	1.1
Ta11	1	1	0.95	0.95	0.95	2.5	8.5	4	1	0.9	0.7

表 8.6 通行费率依投资回报率调整方案下的营运车与支付意愿相关的收费阻抗系数表

时间系数	0.1	0.2	0.3	0.4	0.5	0.6	0.7	0.8	0.9	1	1.1	1.3	2	2.1	2.2
Ta12	2.5	2.4	2.4	2.2	2.1	2.2	2.2	2.1	1.6	1.7	1.7	1.4	1.6	1.4	1.2

8.3.2 案例高速公路关键变量列表

根据以上调整方案,运行案例高速公路系统动力学模型,关键变量的运行结果列于表 8.7。

表 8.7 通行费率依投资回报率调整方案下的案例高速公路关键变量模拟结果

年份	收费公路小汽车基准费率(元/公里)	收费公路营运车基准费率(元/公里)	收费公路小汽车日均通行量(辆)	收费公路营运车日均通行量(辆)	收费公路小汽车通行速度(公里/时)	收费公路营运车通行速度(公里/时)	收费公路交通负荷	收费公路年交通收入(元)	收费公路年投资回收率(%)
1998	0.4	1.1	6 220	7 745	111	85	0.07	−1.37E+09	0%
1999	0.4	1.1	6 886	8 678	111	85	0.08	−1.97E+08	0%
2000	0.4	1.1	8 728	9 870	110	85	0.09	−1.12E+08	0%
2001	0.4	1.1	9 559	11 590	110	84	0.10	2.95E+08	0%
2002	0.4	1.1	11 647	14 732	109	84	0.13	4.81E+08	0%
2003	0.4	1.1	13 307	16 782	109	83	0.15	−9.91E+09	0%
2004	0.45	1.1	15 415	13 481	109	83	0.14	1.32E+08	0%
2005	0.45	1.1	16 083	6 413	110	84	0.11	−2.56E+08	0%
2006	0.45	1.229	22 728	17 752	110	84	0.10	6.57E+08	0%
2007	0.45	1.485	26 133	22 441	110	84	0.12	1.20E+09	0%
2008	0.45	1.485	26 080	20 445	110	84	0.11	1.17E+09	0%
2009	0.45	1.485	29 700	21 585	110	84	0.12	1.40E+09	0%
2010	0.45	1.485	34 024	22 729	109	84	0.14	1.67E+09	0%
2011	0.45	1.485	38 722	23 872	109	83	0.15	1.98E+09	0%

续表 8.7

年份	收费公路小汽车基准费率(元/公里)	收费公路营运车基准费率(元/公里)	收费公路小汽车日均通行量(辆)	收费公路营运车日均通行量(辆)	收费公路小汽车通行速度(公里/时)	收费公路营运车通行速度(公里/时)	收费公路交通负荷	收费公路年交通收入(元)	收费公路年投资回收率(%)
2012	0.45	1.485	41 681	24 496	108	83	0.16	2.44E+09	0%
2013	0.45	1.485	44 974	25 208	108	83	0.17	2.74E+09	0%
2014	0.45	1.485	47 991	24 791	108	82	0.18	2.97E+09	0%
2015	0.45	1.485	50 672	25 503	107	82	0.18	3.25E+09	0%
2016	0.45	1.485	52 826	26 089	107	82	0.19	3.43E+09	0%
2017	0.40	1.315	54 506	26 598	107	82	0.20	3.04E+09	8%
2018	0.26	0.870	58 362	28 966	106	81	0.21	1.93E+09	15%
2019	0.12	0.390	64 071	35 352	105	80	0.24	6.04E+08	19%
2020	0.09	0.297	71 281	39 892	104	80	0.27	3.73E+08	21%
2021	0.09	0.297	72 734	40 476	104	79	0.27	3.62E+08	21%
2022	0.09	0.297	73 240	40 544	104	79	0.28	3.36E+08	22%
2023	0.09	0.297	73 540	40 595	104	79	0.27	3.06E+08	23%
2024	0.09	0.297	72 708	40 107	104	79	0.27	2.57E+08	23%
2025	0.09	0.297	72 886	40 140	104	79	0.27	2.23E+08	23%
2026	0.09	0.297	72 970	40 142	104	79	0.27	1.87E+08	24%
2027	0.09	0.297	73 010	40 131	104	79	0.27	1.49E+08	24%
2028	0.09	0.297	73 013	40 106	104	79	0.27	5.73E+07	24%
2029	0.09	0.297	72 987	40 071	104	79	0.27	1.54E+07	24%
2030	0.09	0.297	72 940	40 028	104	79	0.27	−2.83E+07	24%
2031	0.09	0.297	72 876	39 979	104	79	0.27	−7.36E+07	24%
2032	0.09	0.297	72 800	39 927	104	79	0.27	−1.21E+08	24%

8.3.3 关键合同条件变化趋势图

1) 费率政策变化趋势图

该收费方案下,案例高速公路的投资回收率在 2017 年还清投资债务后,投资收益率迅速上升至 8%,因此小汽车费率下调到 0.40 元/(车·公里),营运车费率也下降到 1.31 元/(车·公里),因为投资债务已还完,2018 年和 2019 年投资收益率迅速累积,很快就超过 20%,使得价格稳定在小汽车 0.09 元/(车·公里),营运车 0.297 元/(车·公里)。

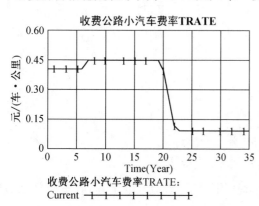
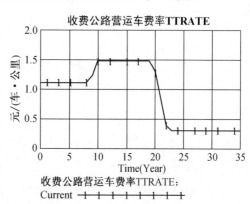

2) 交通量增长变化趋势图

小汽车和营运车辆在 2020 年左右达到交通量限值,并保持动态平衡,符合交通量增长的参考模式(图 6.3)。

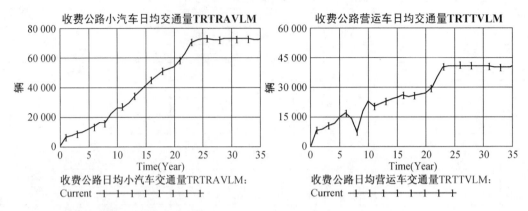

3) 交通服务水平变化趋势图

交通达到最大值时,交通负荷为 0.27,小汽车模拟通行速度与设计速度的比值为 0.86,营运车模拟通行速度与设计速度的比值为 0.87,服务水平较高,都在可接受范围内。

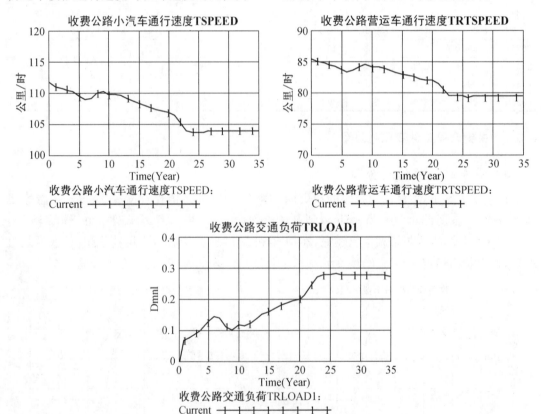

4) 交通收入年增长率和年投资利润率变化趋势图

表示交通年增长率的年交通净现金收入在费率下降后,数值逐渐下降,收费期接近结束时,年净现金收入接近为0,表示交通收入与年运营成本和税金等成本费用基本持平,但累计投资收益率仍偏高,为24%。

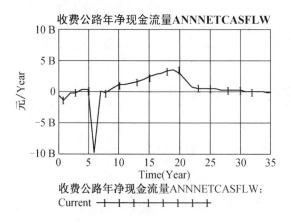

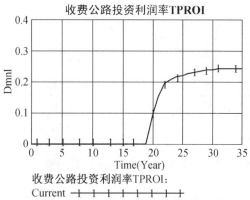

8.3.4 收费费率随投资回报率调整政策下的关键合同条件的调整建议

观察该收费政策方案的运营结果可知,该方案下服务水平依然较高,而且由于后期降低收费,公路使用者对收费的抗拒心理大为降低,但该方案尽管后期收费降低,减小了公路使用者的收费抗拒心理,但投资收益率仍高达24%,仍需进一步观察降低费率方案或缩短收费期。

观察表8.7或投资收益率运营模拟图,在现行收费费率水平下,案例高速公路将在2017年还清投资债务,并在当年投资收益率达到8%,第二年迅速上升到15%,即本书设定的投资收益率,根据这一结果,从达到基本投资收益率到到达最高收益率,费率调整的期限只有2年,因此在这种情况下,可采取与第一种方案同样的调整方法,即维持现行利率到2018年,投资收益率达到18%,然后终止收费,即将特许经营期降低为23年。

8.4 通行费率或/和特许期限在固定间隔期依投资回报率调整的动力学模拟实验

8.4.1 参数选择

从上面两个方案来看,如果维持现有收费方案,等达到投资收益率后再降低通行费率,投资收益率会在付清投资债务后,迅速达到15%以上,可供费率调整的时间很短。因此本方案的设想是,由于公路使用者普遍认为目前收费费率高,因此在投资债务还清前,就开始逐步下调收费费率,在收费期结束时,既可降低偏高的投资收益率,又可以将收费逐渐过渡到免费。因为案例高速公路已运营14年,因此此方案设想在第16～20年先将小汽车通行费率降低到0.3元/(车·公里),然后在第21～25年降低为0.2元/(车·公里),同时仍然考虑按投资收益率调整收费价格方案,即在按年限降低的收费价格和按投资收益率调整的收费价格之间取低值决定收费价格。投资收益率对收费价格的影响系数取值见表8.2。

根据试运行结果,与小汽车运行速度有关的成本系数 a11 不变,仍保持表8.3的取值,与收费水平有关的成本系数 a12 的取值做相应调整,如表8.8所示。

表 8.8 通行费率在固定间隔期随投资回报率调整方案下与支付意愿相关的收费阻抗系数表

时间系数	0.1	0.2	0.3	0.4	0.5	0.6	0.7	0.8	0.9	1	1.1	1.3	1.6	2.1	2.6
a12	2	2	2	2	2	2.1	2	1.9	1.5	1.8	1.7	1.4	1.3	1.2	1.1

营运车辆与运行速度有关的成本系数 $Ta11$ 不变,仍保持表 8.5 的取值,与收费水平有关的成本系数 $Ta12$ 的取值做相应调整,如表 8.9 所示。

表 8.9 通行费率固定间隔期随投资回报率调整方案下与支付意愿相关的收费阻抗系数表

时间系数	0.1	0.2	0.3	0.4	0.5	0.6	0.7	0.8	0.9	1	1.1	1.3	2	2.1	2.5
Ta12	2.5	2.4	2.4	2.2	2.1	2.2	2.2	2.1	1.6	1.7	1.7	1.4	1.6	1.4	1.2

8.4.2 案例高速公路关键变量列表

根据以上收费政策,运行案例高速公路系统动力学系统,关键变量的运行结果列于表 8.10。

表 8.10 通行费率固定间隔期随投资回报率调整方案下的案例高速公路关键变量模拟结果

年份	收费公路小汽车基准费率(元/公里)	收费公路营运车基准费率(元/公里)	收费公路小汽车日均通行量(辆)	收费公路营运车日均通行量(辆)	收费公路小汽车通行速度(公里/时)	收费公路营运车通行速度(公里/时)	收费公路交通负荷	收费公路年净现金流量入(元)	收费公路年投资回收率(%)
1998	0.4	1.1	6 220	7 745	111	85	0.07	−1.37E+09	0%
1999	0.4	1.1	6 886	8 678	111	85	0.08	−1.97E+08	0%
2000	0.4	1.1	8 728	9 870	110	85	0.09	−1.12E+08	0%
2001	0.4	1.1	9 559	11 590	110	84	0.10	2.95E+08	0%
2002	0.4	1.1	11 647	14 732	109	84	0.13	4.81E+08	0%
2003	0.4	1.1	13 307	16 782	109	83	0.15	−9.91E+09	0%
2004	0.45	1.1	15 415	13 481	109	83	0.14	1.32E+08	0%
2005	0.45	1.1	16 083	6 413	110	84	0.11	−2.56E+08	0%
2006	0.45	1.229	22 728	17 752	110	84	0.10	6.57E+08	0%
2007	0.45	1.485	26 133	22 441	110	84	0.12	1.20E+09	0%
2008	0.45	1.485	27 235	19 427	110	84	0.11	1.18E+09	0%
2009	0.45	1.485	29 694	20 555	110	84	0.12	1.37E+09	0%
2010	0.45	1.485	34 067	22 240	110	84	0.14	1.65E+09	0%
2011	0.45	1.485	38 741	23 886	109	83	0.15	1.98E+09	0%
2012	0.45	1.485	42 157	24 495	108	83	0.16	2.46E+09	0%
2013	0.3	0.99	45 953	25 193	108	83	0.17	1.55E+09	0%
2014	0.3	0.99	55 943	30 617	106	81	0.21	2.13E+09	0%
2015	0.3	0.99	58 567	30 953	106	81	0.22	2.30E+09	0%
2016	0.3	0.99	61 060	31 500	106	81	0.22	2.49E+09	0%
2017	0.3	0.99	62 985	31 940	106	81	0.23	2.59E+09	0%

8 基于系统动力学的公路项目 BOT 可变合同条件调整模拟

续表 8.10

年份	收费公路小汽车基准费率（元/公里）	收费公路营运车基准费率（元/公里）	收费公路小汽车日均通行量（辆）	收费公路营运车日均通行量（辆）	收费公路小汽车通行速度（公里/时）	收费公路营运车通行速度（公里/时）	收费公路交通负荷	收费公路年净现金流量入（元）	收费公路年投资回收率(%)
2018	0.185	0.611	64 414	32 304	105	81	0.23	1.35E+09	6%
2019	0.172	0.567	68 581	37 488	104	80	0.26	1.35E+09	9%
2020	0.152	0.502	69 635	38 093	104	80	0.26	1.11E+09	12%
2021	0.133	0.440	70 956	38 887	104	80	0.27	8.76E+08	14%
2022	0.117	0.385	72 066	39 548	104	80	0.27	6.55E+08	15%
2023	0.102	0.336	72 955	40 069	104	79	0.27	4.47E+08	16%
2024	0.092	0.304	72 619	39 867	104	79	0.27	2.81E+08	17%
2025	0.086	0.285	73 087	40 100	104	79	0.28	1.78E+08	18%
2026	0.083	0.274	73 338	40 215	104	79	0.28	1.00E+08	18%
2027	0.081	0.268	73 473	40 269	104	79	0.28	3.97E+07	18%
2028	0.081	0.266	73 522	40 277	104	79	0.28	−5.98E+07	18%
2029	0.082	0.269	73 510	40 253	104	79	0.28	−8.89E+07	18%
2030	0.083	0.273	73 427	40 188	104	79	0.28	−1.15E+08	18%
2031	0.084	0.279	73 319	40 112	104	79	0.27	−1.40E+08	18%
2032	0.086	0.285	73 192	40 027	104	79	0.27	−1.63E+08	18%

8.4.3 关键合同条件变化趋势图

1）费率政策变化趋势图

收费费率逐级下降，小汽车费率在第 16～20 年将为 0.3 元/(车·公里)，在第 21 年，在费率下降和投资收益率对费率的影响系数作用下，进一步下降，最后稳定在 0.084 元/(车·公里)左右，营运车的收费与小汽车类似，在第 16～20 年将为 0.99 元/(车·公里)，在第 21 年，在费率下降和投资收益率对费率的影响系数作用下，进一步下降，最后稳定在 0.274 元/(车·公里)左右。

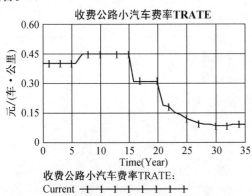
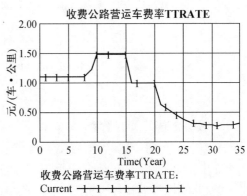

2) 交通量增长变化趋势图

小汽车和营运车辆在 2020 年左右达到交通量限值,并保持动态平衡,符合交通量增长的参考模式(图 6.3)。

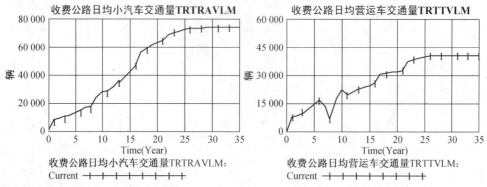

3) 交通服务水平变化趋势图

交通达到最大值时,交通负荷为 0.27,小汽车模拟通行速度与设计速度的比值为 0.86,营运车模拟通行速度与设计速度的比值为 0.87,服务水平较高,都在可接受范围内。

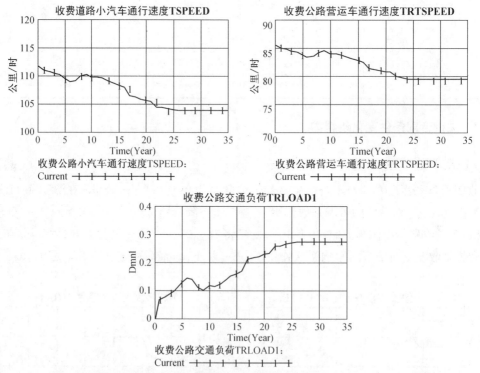

4) 交通收入年增长率和年投资利润率变化趋势图

由于后期交通收入年净增长率太低,从表 8.10 可看出,从 2028 年,第 31 年开始,交通年净现金流量为负值,意味着随着年运营成本的增加,交通年收费已不足以支付养护、税金等成本支出。也意味着,2028 年以后,投资商每年都是亏损运营的,虽然由于 2018 年以前已获得足够利润,但要求社会投资商亏损运营,是不现实的。但如果就此提高通行费率,则社会投资商的投资回报率会在2028年18%的基础上继续增加,不符合公路使用者的利益,所以,本调整方案不可行,需重新调整方案。

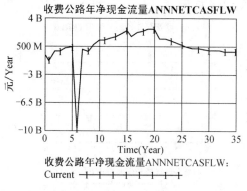

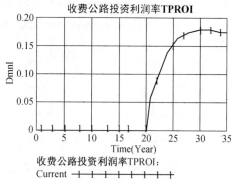

8.4.4 方案调整建议

观察表8.10和费率模拟调整图,可以发现,该方案的缺点在于,不仅从31年起,出现了负净现金流,而且在第20年后,费率调整过于频繁,不利于实际操作。

为使调整方案更加实用,做进一步调整如下,即小汽车的收费方案仍维持第16~20年为0.3元/(车·公里),第21~25年为0.2元/(车·公里)不变,第26年起费率调整为0.1元/(车·公里)。营运车的平均收费系数仍为3.3。费率的变化曲线可表示为:

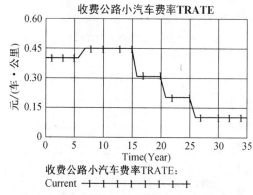

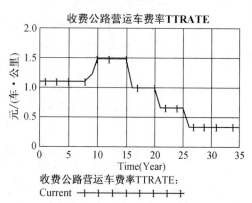

从这个图可看出,后期费率20年的费率调整期为前10年5年一次,后10年调整一次,调整间隔相对较固定。

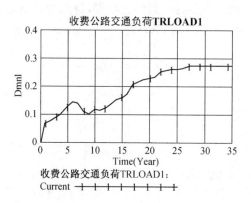

为考察公路服务水平,作交通负荷曲线如上图。从交通负荷曲线可以看出,交通负荷小于0.3,仍处于较高的服务水平。

最后考察公路年净现金流量和投资收益率曲线如下:

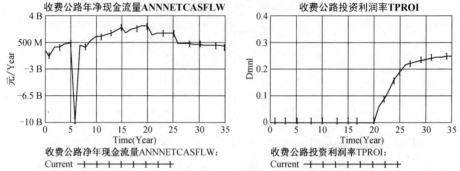

可看出公路年净现金流量全为正值,且逐渐趋向0,但是在收费期末投资收益率过大,为24%。

这些变化趋势表明,修改后的收费政策方案各项参数满意,只有投资收益率过大。观察投资收益率曲线,发现在第25年的投资收益率可达到18%,因此,如果将收费特许期缩短到25年,则各项参数都能达到理想状态。

将特许期限调整为25年,重新模拟,结果如下:

1) 费率变化趋势

从运营第16年起,费率呈阶梯状下调,调整间隔期为5年。

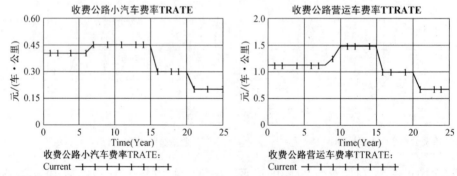

2) 交通量变化

交通量逐渐上升,在第22年左右达到动态稳定,符合交通量增长的参考模式(图6.4)。

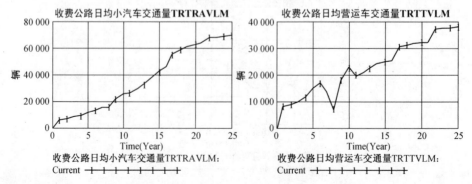

3）交通负荷

交通负荷小于 0.3，处于较高的服务水平。

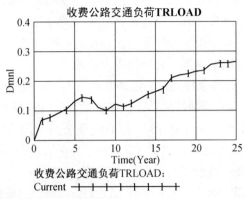

4）交通收入年增长率和投资收益率

年交通收入增长率都大于 0，表示收费期内每年净现金流量都为正值，收费期末投资收益率为 18%。

基于以上各关键变量的表现，案例高速公路未来的关键合同条件的调整方案为：

（1）现行费率高，应下降，具体方案为第 16～20 年为 0.3 元/(车·公里)，第 21～25 年为 0.2 元/(车·公里)。

（2）特许收费期应缩短为 25 年。

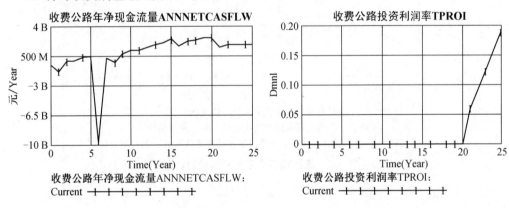

8.5　关键合同条件不同调整方案的分析与讨论

从以上三种不同的收费调整政策下各关键变量的表现来看，目前案例高速公路的费率水平偏高，收费年限过长。

三种不同的调整方案下，即使汽车增长量达到增长极限，公路的服务水平都比较高，这表明案例高速公路的通行能力满足沪宁两地之间的客货车交通需求，无需修建新的交通通道。

三种不同方案下差异比较大的有交通量和投资收益率。图 8.1 表示了三种调整方案下的交通量增长对比，图 8.2 表示了三种调整方案下的投资收益率对比图。从图 8.1 和图 8.2

中可以看出：

(1) 保持现有收费费率不变的方案，吸引到的交通量最小，但投资收益率却最高，表明了现有的收费费率和特许期限对投资者有利，而对公路使用者明显不公平。

(2) 通行费率或/和特许期限随投资收益率实时调整的方案，由于后期通行费率下调，所以吸引到了较多的交通量，但投资收益率也比较高，这表明，由于前期收费水平过高，此方案还是有利于投资商，收费前期损害了公路使用者的利益。

(3) 通行费率或/和特许期限按固定间隔调整的方案，除了已运营的14年，在剩余的21年里吸引到的交通量是最高的，同时，投资收益率也最低，接近投资收益率上限，交通服务水平良好，这表明这一方案不仅有利于投资者，也有利于公路使用者，最大限度地鼓励了对公路的充分利用。所以说这一方案既促进效率，又兼顾公平，能做到使利益相关者满意，本书提出的BOT可变合同条件调整模型是科学的、可靠的调整方法。

值得指出的是，由于风险是动态变化的，所以，BOT公路项目的系统动力学模拟也应在一定的间隔期内重复进行，关键合同的调整方案条件也应在模拟的基础上，随实际运营条件适时调整，本章所建议的关键合同条件的调整方案，只适应于目前经营条件下案例高速公路的关键合同条件的调整。为使将来的调整符合将来的运营状况，建议根据运营状况，实时调整相关参数，对现在提出的调整方案进行回顾和评价，以便在情况发生改变时，对合同条件做进一步的完善。

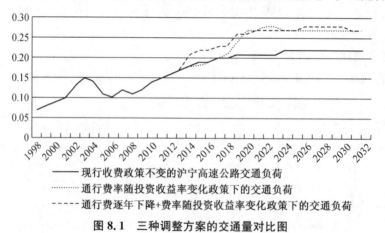

图8.1 三种调整方案的交通量对比图

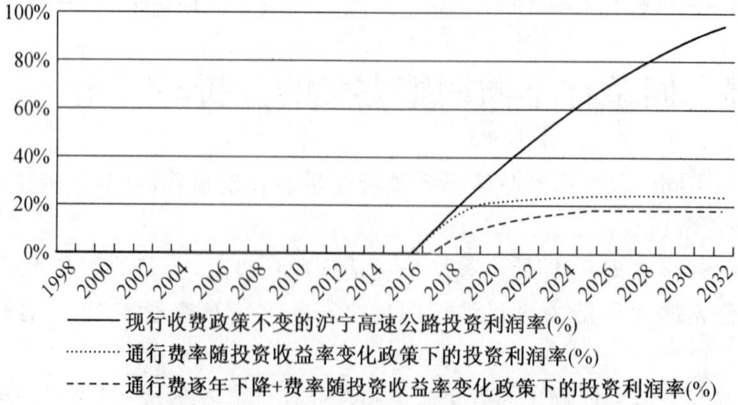

图8.2 三种调整方案的投资收益率对比图

9 结 论

9.1 本书主要研究成果

本书在合同管理理论和柔性管理理论的指导下,提出了柔性合同管理的概念。应用柔性合同管理的思想,设计了工程项目BOT柔性合同条件调整模型。应用该调整模型,本书在分析大量BOT公路项目案例的基础上,首先细化了公路项目BOT可变合同条件的调整原则,接着应用风险管理原理和方法对BOT公路项目的风险,从投资商和使用者角度分别进行了识别、评价和分析,确定了可变合同条件的内容和影响可变合同条件的关键风险因素,最后,基于风险分析的结果,结合汽车拥有量增长模型,柔性交通分配率模型和投资收益率模型等,建立了BOT公路项目运营系统的动力学模型,作为公路项目BOT可变合同条件调整的系统工具。

这些成果详细叙述如下:

1) 提出了柔性合同管理理论

在合同管理理论和柔性管理理论的指导下,在深入研究已有研究成果的基础上,提出了柔性合同管理的概念,柔性合同管理是在合同策划、合同文本、合同条款、合同控制和激励机制等过程中均采取灵活、快速的反应行动来应对变化的合同管理方式。

2) 设计了工程项目BOT可变合同模型

在柔性合同管理理论的指导下,设计了公路项目BOT可变合同模型,该模型包括三个方面的内容:(1) 体现柔性的BOT可变合同设计原则,即效率、公平和利益相关者满意;(2) 柔性的风险管理策略,包括风险的柔性评价和柔性分配原则;(3) 系统的合同条件调整机制,在全面考虑风险因素的个体影响和互相影响的基础上,基于系统动力学原理,建立BOT公路项目系统动力学模型,对关键合同条件进行调整。

3) 实证研究了公路项目BOT可变合同条件调整模型

(1) 调整原则设计。在吸收世界各国BOT特许合同可变合同条件设计和实践的经验和教训的基础上,结合我国BOT公路项目的实践,针对公路项目BOT特许合同中可变条款的不足,制定了具体的公路项目BOT可变合同条件调整原则:确定投资商的合理投资收益范围为0%~15%,设定上限是为了保护公路使用者的利益和社会利益,下限是为了保护投资商的投资利益。选定交通负荷(V/C)和平均行驶速度作为衡量公路交通服务水平的标准,以达到量化公路使用者的使用利益的目的。此外,为增加调整的适用性,建议制定合理的合同条件调整间隔期。

(2) 风险分析。在分析 BOT 公路项目运营特点的基础上,确定政府方、投资商和公路使用者为 BOT 公路项目的主要利益相关者。为确保公平,从投资商和公路使用者角度分别进行了全寿命期和公路运营期的风险识别。应用柔性评价方法对投资商角度的风险进行了评价,并采用柔性风险分配方法对投资商角度的风险在政府方和投资商之间进行分配。采用加权平均法对使用者的使用质量风险进行了评价。在对政府方、投资商和使用者三方承担风险进行讨论的基础上,得出特许期限、通行费率和服务质量(服务水平)是平衡投资商和公路使用者利益的杠杆的结论。此为基础,本书提出特许期限、通行费率和服务质量(服务水平)应该作为可变合同条件的调整对象,并分析确定了交通量、可调整成本和使用者支付意愿为影响它们的主要风险因素。

(3) 系统的合同条件调整机制。基于风险分析结果,结合汽车拥有量增长模型、柔性交通分配率模型和投资收益率模型等,应用系统动力学原理,建立 BOT 公路项目运营系统的 Vensim 动力学模型。该系统动力学模型包括四个子系统,供需子系统、交通量增长子系统、特许年限子系统和汽车量增长子系统。

选取某高速公路为案例公路进行 Vensim 规范模型建模,应用 Vensim 软件对案例公路已运营的 14 年的运营情况进行模拟,模拟结果证明,案例高速公路自运营开始的模拟运营数据与实际数据高度一致,BOT 公路项目运营系统的动力学模型精确、可靠。

4) 例证了公路项目 BOT 可变合同条件调整模型的应用

选取某高速公路为案例公路,应用 BOT 公路项目运营系统的系统动力学模型,对案例高速公路在不同的合同条件方案下长期运营情况进行了模拟,依据模拟结果,对案例高速公路的关键合同条件进行了调整。调整结果表明,在现有国家政策、经济发展水平和运营环境下,案例高速公路现行的收费政策应该从现在起每 5 年逐级下调通行费率,逐渐过渡到收费期结束后实现免费通行,特许收费期应从现在的 35 年缩短为 25 年。在该调整方案下,案例高速公路服务水平良好,投资商的投资收益率可达到 18%,达到了合同调整目的。

9.2 本书创新之处

(1) 本书的可变合同条件实现了对公路使用者利益的保护。相对于传统的刚性合同管理方法,柔性合同管理的目的是促进合同双方的合作气氛和达到双赢,主张应根据风险的变化,采用变通和灵活的方式,达到对风险的快速应对。本书将这一思想用到了公路项目 BOT 可变合同条件的调整上,主张 BOT 合同应在强调效率的基础上,注重公平,即通过对合同条件的调整,既保护投资商的利益,又注重公路使用者的利益。采用灵活的合同条件应对风险,加强风险管理,目的是在变化的条件下重新平衡各方权益。这一设计思想,弥补了以往合同调整过程中只注重投资商利益,而忽视使用者利益的状况。

(2) 本书改进模糊层次法,提高了评价结果的准确性。讨论模糊层次分析法的文章很多,本书在应用模糊层次法过程中的创新之处在于,引入了模糊数来模拟人脑判断问题的模糊性。该方法从模拟人脑思维的特点出发,采用模糊比率对风险的重要性进行模糊判断。

在风险重要性比较的过程中,引进了专家的工作经验和能力系数,以及风险态度系数对得出的模糊结论进行独特的去模糊计算,在一定程度上减轻了专家的主观判断对结果造成的影响。评价结果表明,该方法可提高风险评价的准确性。本书应用该方法来评价BOT公路项目全寿命期的风险可提高确定合同调整因素的合理性。

(3) 本书改进了交通分配率模型Logit模型,使用平均效用来进行交通分配。本书中使用的平均效用既考虑交通属性变量,如时间、成本等,也考虑公路使用者的消费心理和行为,如与公路舒适度、公路收费水平相关的心理因素等,公路使用者基于对公路效用值的综合判断,做出交通路径选择的决策。平均效用的使用,使得在BOT公路项目特许合同条件的调整过程中,不仅考虑与投资商关系密切的经济因素,同时也考虑到公路使用者的使用心理。因为公路使用者的使用心理取决于公路的服务水平、通行费率的高低等,所以应用MNL模型可真正将对公路使用者的利益关注落实在合同条件的调整过程中。

(4) 本书采用系统动力学,实现了对可变合同条件系统和定量的调整。以往公路项目BOT合同的调整条件,有的只考虑个别因素对合同条件的影响,难以实现可变合同条件对风险的全面应对,有的只列出了定性的、模糊的调整条件,使得合同调整条件缺乏执行性。本书使用系统动力学进行合同条件的调整,可实现合同条件对多个风险的同时应对,使合同调整和风险分析结果高度契合。由于有科学的交通分配模型做支撑,也可以通过系统动力学模型考虑到多个风险因素的综合作用,使调整更加具有系统性,克服了以往合同调整过程中只考虑有限风险因素的影响,且调整中无法考虑风险因素间的互相作用的缺陷,同时,也使得合同条件通过定量分析,克服以往可变合同条件模糊、缺乏可执行性的缺点。

9.3 研究展望

1) 系统模拟范围可进一步拓展

本书中,BOT公路项目系统动力学模型的模拟范围主要集中在BOT公路项目的运营期,还没有对BOT公路的建设期进行模拟运行,今后可望建立BOT公路项目建设期的系统动力学模型,以达到模拟BOT公路项目全寿命期运营过程的目的。

2) 系统模型的适用性可进一步加大

本书在建模过程中,由于时间和精力关系,一些经验系数的取值主要根据案例公路的运营情况确定。为了提高模型的适用性,今后的研究中,可增加案例项目数量,以便统计某一区域内经验系数的平均值。在确定这些基础数据的基础上,BOT公路项目系统动力学模型可用于模拟待建公路项目的运营情况,为待建公路的BOT特许合同的制定提供科学依据。

附件 A：BOT 公路项目访谈记录

1) 京沈高速公路

问：收费还贷公路和 BOT 公路在实际运营过程中，这两种方式的收费公路在政策和收费方式上有没有区分？

答：我公司属内地各省市政府与港商合作企业，和其他国营高速公路（收费还贷公路）收费的费率是一样的，可能在税收上，由于是合作企业，前几年是采取 3 免 5 减政策。我公司为独立核算企业，收费总额减去开办费及养护费用等为利润，按约定进行平均分配。国营高速公路（收费还贷）是收支两条线，收费上缴财政部门或上级主管部门，养护费用及办公费用支出需报预算由上级部门进行核准。

问：京沈公路的价格一般是多长时间调整一次？调整时是只调整货车的通行费率呢还是小客车和其他车辆的也调？如果不同时调，那它们各自调整的时长大概是多少？

答：调整时间没有规定，以前天津市一型小客车费率较高[0.71 元/（车·公里）]，但其他二三车型收费较低。由于社会反响较大，于 2006 年调整为一型小客车 0.55 元/（车·公里），但其他二三车型收费提高，总体上收费额未受影响，基本平衡。2008 年 1 月 18 日实行计重收费，只有货车受影响，小客车（一型车）及其他客车未受影响。货车实行计重收费后，有出行选择的路线影响不大，但对于必须走高速的路段，对路面损害严重，因为超载得到了认可（计重收费）。

问：价格调整时一般考虑什么因素，请勾选和补充：

答：(1) 参考其他收费公路的费率调整。　　　　　　　　　　　　　　　　（√）
　　(2) 考虑物价上涨因素。　　　　　　　　　　　　　　　　　　　　　（　）
　　(3) 考虑汇率升高因素。　　　　　　　　　　　　　　　　　　　　　（　）
　　(4) 考虑银行利率上涨因素。　　　　　　　　　　　　　　　　　　　（　）
　　(5) 考虑物价消费指数的变化。　　　　　　　　　　　　　　　　　　（　）
　　(6) 适当提高，以防止交通流量过大，出现交通阻塞。　　　　　　　　（　）
　　(7) 其他因素为考虑社会和谐，不能造成社会影响太大。

问：价格调整时，按车公里单价计，调整的幅度（按百分比计算）大概为多少？

答：幅度不好说，针对某一车型可以计算，统筹无法计算，因为上级是要考虑总体收费不受影响。

问：公路遇大修或扩建，导致行车速度降低时，是否会考虑降低通行费率？如不考虑，是否是因为担心交通量过大，行车会拥挤的原因？

答：不会降低通行费率，可以考虑给予优惠或拥堵太严重免费放行（变相降低通行费率)。

问:自运营以来,京沈公路(或京沈公路天津段)大修过几次,每次的大修费用大概为多少?

答:维修因前期建设基础质量及通行车辆(超载车是否严重)不同而不同。京沈天津段每年维修费用在2 000万左右。而京沈河北段由于为国有事业单位,一次性投入较高,其他年份只是基础维修。

问:自通车以来,每年平均的交通量增长幅度大概为多少(以百分数计)?

答:目前一直增长在30%左右(1999年至2007年)。2008年受奥运会安保影响及目前经济危机影响,交通量下降5%左右。

2) 南京长江三桥

问:三桥收费的定价原则是什么?

答:地方统一定价。

问:影响交通量的主要不利因素是什么,比如说通行费用高,存在竞争道路或使用者对收费持反对态度?

答:主要是存在竞争道路。

问:有哪些有利于交通量增长的因素?

答:经济和车辆的自然增长以及路网的完善。

问:能说说主要车型的交通量增长情况吗?

答:小汽车约为10%/年,货车约为5%/年。

问:三桥的长度为多少,养护费用每年大概投入多少?

答:路线长度为15.6公里,养护费用约为600万~800万元/年。

问:收费上有优惠措施吗?

答:车辆排队超过200米可免费放行,其他规定的车辆也可免费放行。

问:养护费用增长的幅度是多少? 增长的主要原因是什么?

答:养护费用增长幅度约为10%/年,增长的主要原因是路面损坏严重。

问:路面损坏严重的主要原因是什么?

答:货车超载严重和公路质量问题。

附件 B：BOT 公路全寿命期风险调查问卷

调查问卷
BOT 项目的风险因素识别和评价

1. 填表人信息

姓名_____ E-mail：_____ 电话_____

您所在的单位：_____

您以前/现在是否从事过 BOT 工程？是（   ） 否（   ）

您来自：政府部门（　） 咨询单位（　） 建筑企业（　） 银行（　） 其他（请填写：　　　　）

2. PPP 工程常见风险因素列表（在您认为符合实际的常见风险因素后打"√"，如不足，请您补充）

（1）规划阶段

  规划缺陷 （　）

  征地和补偿费用高 （　）

  缺乏公众意见的参与 （　）

  立项审批时间过长 （　）

  其他：

（2）招标阶段

  评标过程不透明 （　）

  符合条件的投标人过少 （　）

  投标费用高 （　）

  其他：

（3）融资阶段

  法律改变 （　）

  融资成本高 （　）

  通货膨胀率加大 （　）

  融资市场不发达 （　）

  融资利率上升 （　）

  融资结构不合理 （　）

  项目对资本的吸引力小 （　）

  其他：

(4) 设计阶段
　　设计灵活性小　　　　　　　　　　　　　　　（　）
　　设计存在缺陷　　　　　　　　　　　　　　　（　）
　　设计变动过多　　　　　　　　　　　　　　　（　）
　　批准设计的时间过长　　　　　　　　　　　　（　）
　　其他：

(5) 施工阶段
　　资金到位困难　　　　　　　　　　　　　　　（　）
　　建设成本超支　　　　　　　　　　　　　　　（　）
　　通货膨胀率加大　　　　　　　　　　　　　　（　）
　　工期延误　　　　　　　　　　　　　　　　　（　）
　　工程变更　　　　　　　　　　　　　　　　　（　）
　　施工安全风险　　　　　　　　　　　　　　　（　）
　　环境破坏　　　　　　　　　　　　　　　　　（　）
　　发生不可抗力　　　　　　　　　　　　　　　（　）
　　其他：

(6) 运营阶段
　　政策改变　　　　　　　　　　　　　　　　　（　）
　　运营和养护成本高　　　　　　　　　　　　　（　）
　　交通量下降　　　　　　　　　　　　　　　　（　）
　　通货膨胀率高　　　　　　　　　　　　　　　（　）
　　利率上升　　　　　　　　　　　　　　　　　（　）
　　运营管理水平低　　　　　　　　　　　　　　（　）
　　服务水平低　　　　　　　　　　　　　　　　（　）
　　交通事故率高　　　　　　　　　　　　　　　（　）
　　PPP合同期内终止　　　　　　　　　　　　　　（　）
　　环境破坏或污染　　　　　　　　　　　　　　（　）
　　其他：

(7) 移交阶段
　　移交失败　　　　　　　　　　　　　　　　　（　）
　　工程使用价值严重下降　　　　　　　　　　　（　）
　　其他：

3. 风险评价

评价说明：根据对风险因素影响力大小的判断，进行两两比较。

(1) 阶段间比较

请在相应的位置填写：很重要—1　重要—2　相当—3　不重要—4　很不重要—5（注：比较顺序为横向比纵向，只填对角线以上部分）

	规划阶段	招标阶段	融资阶段	设计阶段	施工阶段	运营阶段	移交阶段
规划阶段	1						
招标阶段		1					
融资阶段			1				
设计阶段				1			
施工阶段					1		
运营阶段						1	
移交阶段							1

（2）阶段内比较

A. 规划阶段

请在相应的位置填写：很重要—1　重要—2　相当—3　不重要—4　很不重要—5（注：比较顺序为横向比纵向，只填对角线以上部分）

	规划缺陷	征地和补偿费用高	立项审批时间过长
规划缺陷	1		
征地和补偿费用高		1	
立项审批时间过长			1

B. 招标阶段

请在相应的位置填写：很重要—1　重要—2　相当—3　不重要—4　很不重要—5（注：比较顺序为横向比纵向，只填对角线以上部分）

	评标过程不透明	投标费用高
评标过程不透明	1	
投标费用高		1

C. 融资阶段

请在相应的位置填写：很重要—1　重要—2　相当—3　不重要—4　很不重要—5（注：比较顺序为横向比纵向，只填对角线以上部分）

	法律改变	融资成本高	融资利率上升	项目对资本的吸引力小
法律改变	1			
融资成本高		1		
融资利率上升			1	
项目对资本的吸引力小				1

D. 设计阶段

请在相应的位置填写：很重要—1　重要—2　相当—3　不重要—4　很不重要—5（注：比较顺序为横向比纵向，只填对角线以上部分）

	设计灵活性小	设计缺陷
设计灵活性小	1	
设计缺陷		1

E. 施工阶段

请在相应的位置填写:很重要—1 重要—2 相当—3 不重要—4 很不重要—5(注:比较顺序为横向比纵向,只填对角线以上部分)

	资金到位困难	成本超支	工期延误	施工安全风险	环境破坏
资金到位困难	1				
成本超支		1			
工期延误			1		
施工安全风险				1	
环境破坏					1

F. 运营阶段

请在相应的位置填写:很重要—1 重要—2 相当—3 不重要—4 很不重要—5(注:比较顺序为横向比纵向,只填对角线以上部分)

	运营和养护成本高	交通量下降	运营管理水平低	服务水平低	通货膨胀率高	利率上升	交通事故率高
运营和养护成本高	1						
交通量下降		1					
运营管理水平低			1				
服务水平低				1			
通货膨胀率高					1		
利率上升						1	
交通事故率高							1

G. 运营阶段

请在相应的位置填写:很重要—1 重要—2 相当—3 不重要—4 很不重要—5(注:比较顺序为横向比纵向,只填对角线以上部分)

	移交失败	工程使用价值严重下降
移交失败	1	
工程使用价值严重下降		1

附件 C:BOT 公路驾车人调查表

收费公路驾车人调查表

尊敬的填表人,本表旨在调查驾车人在使用收费公路时,对公路收费的态度、公路的使用质量进行调查,您只需按实际感受填写问卷即可,谢谢您的配合!

填表人信息:
您的性别:男_____ 女_____
您的驾龄:0~5年_____ 6~10年_____ 11~15年_____ 其他:_____年
您的车辆:小汽车_____ 货车_____ 客车_____

问卷正文

一、对收费公路的态度(请在符合条件的条目后打钩)
  1. 您认为公路收费是否可以促进公路建设:是_____ 否_____ 不知道_____
  2. 您对收费的态度:赞成_____ 反对_____ 无所谓_____

二、对使用质量的感受(请在选择栏里对您认可的条目打钩,对不认可的条目可不选,有要补充的请补充在后面,然后,请在排序栏里对你选择的条目,按照严重到不严重的顺序,用数字 1,2,3,…进行排序)

编号	条目	选择	排序
1	交通拥挤		
2	通行速度低(低于设计速度)		
3	通行费率高		
4	逃费车辆多		
5	收费年限长		
6	超载严重		
7	管理水平低(如对超载,车辆分道行驶等管理不力)		
8	车道经常关闭(由于维修等原因)		
9	收费等待时间长		
10	驾车舒适度低(路面颠簸、标志不清、服务区少等)		
补充			

谢谢您的支持!

参考文献

[1] Yang H, Meng Q. Highway pricing and capacity choice in a road network under a build-operate-transfer scheme[J]. Transportation Research Part A, 2000, 34(3): 207-222

[2] Singh L B, Kalidindi S N. Traffic revenue risk management through Annuity Model of PPP road projects in India[J]. International Journal of Project Management, 2006, 24(7): 605-613

[3] World Bank Report. Private investment in transport returns to pre-crisis levels in 2010[DB/OL]. http://ppi.worldbank.org/features/Archive/ppi_Archive.aspx?SectionID=2, July 2011

[4] Kuranami C, Winston P B, et al. Asian Toll Road Development Program[R]. The World Bank and Ministry of Construction of Japan, 1999

[5] Jett A. Private investment in transport recovered but became highly concentrated on India in 2010[DB/OL]. http://ppi. PPI data update note 50, Worldbank.org, July 2011

[6] Stainback J, Donahue B M. Outside the Budget Box—Public/Private Partnership as a Creative Vehicle for Finance and Delivery of Public School Facilities[J]. Journal of Professional Issues in Engineering Education and Practice, ASCE, 2005, 131(4): 292-296

[7] 王守清,柯永建. 特许经营项目融资(BOT、PFI 和 PPP)[M]. 北京:清华大学出版社,2008

[8] Franck Bousquet, Alain Fayard. Road infrastructure concession practice in Europe[R]. World Bank Institute. Governance, Regulation, and Finance Division, 2001: 47

[9] 中华人民共和国交通部. 国家高速公路网规划[EB/OL]. http://www.china.com.cn/chinese/PI-c/755501.htm

[10] 中华人民共和国交通部. 2001—2012 年公路水路交通行业发展统计公报[DB/OL]. http://www.moc.gov.cn/zhuzhan/fenxigongbao/hangyegonggao

[11] 审计署. 18 个省市收费公路建设运营管理情况审计调查结果[EB/OL]. http://www.gov.cn/zwgk/2008-02/27/content_902834.htm

[12] Lee J, Zhao G B. People's Republic of China: Toll Roads Corporatization Strategy—Towards Better Governance[R]. Asia Development Bank, 2006

[13] World Bank. An Overview of China's Transport Sector—2007[DB/OL]. http://www.worldbank.org/eaptransport

[14] 中华人民共和国建设部令第 126 号. 市政公用事业特许经营管理办法[EB/OL]. http://www.mohurd.gov.cn/zcfg/jsbgz/200611/t20061101_159064.htm

[15] 中华人民共和国国务院令. 收费公路管理条例[EB/OL]. http://www.gov.cn/zwgk/2005-05/23/content_241.htm

[16] 国务院(国发〔2005〕3 号). 关于鼓励支持和引导个体私营等非公有制经济发展的若干意见[EB/OL]. http://www.gov.cn/zwgk/2005-08/12/content_21691.htm

[17] 国务院办公厅. 国务院常务会议部署鼓励引导民间投资发展政策措施[EB/OL]. http://www.gov.cn/ldhd/2010-03/24/content_1563896.htm

[18] 国务院(国发〔2013〕36 号). 关于加强城市基础设施建设的意见[EB/OL]. http://www.gov.cn/zwgk/2013-09/16/content_2489070.htm

[19] 中华人民共和国国家发展和改革委员会法规司. 加快推进特许经营立法 促进民间投资稳定经济增长[EB/OL]. http://fgs.ndrc.gov.cn/fgslfgz/201406/t20140605_614314.html

[20] 新京报. 交通部：不收费公路将占全国总里程 96％以上[EB/OL]. http://news.cn.yahoo.com/ypen/20110324/273487.html

[21] 北京晨报. 全球 14 万公里收费公路 10 万在中国 官员呼吁整顿[EB/OL]. http://biz.cn.yahoo.com/ypen/20110309/248571.html

[22] World Bank. China's Expressways: Connecting People and Markets for Equitable Development [DB/OL]. http://www.worldbank.org/eaptransport, December 2007

[23] 北京晨报. 成都至北京货车高速路收费近 5 千占近半成本[EB/OL]. http://news.cn.yahoo.com/ypen/20110415/309344.html

[24] 东方网. 我国公路存收费标准混乱等现象 成恶化民生推手[EB/OL]. http://biz.cn.yahoo.com/ypen/20110317/264049.html, 2011-01-28

[25] 崔世海. 福州政府遭遇 9 亿纠纷[J]. 中国经济周刊, 2004(30): 24-25

[26] 世华财讯. 德意志银行认为中国收费公路值得投资[EB/OL]. http://news.hexun.com/2008-03-17/104518156.html

[27] Chinadaily. 路桥收费业也成暴利业行业 后续营收能力被低估[EB/OL]. http://www.chinadaily.com.cn/dfpd/2010-03/26/content_9647701.htm

[28] Duncan T. Retrospective Analysis of the Road Sector, 1997—2005[R]. Asian Development Bank, August 2007

[29] 东方网. 刘晓忠：超高价过路费已成经济民生之敌[EB/OL]. http://view.news.qq.com/a/20110112/000014.htm

[30] 扬子晚报. 28 日南京迎来交通变局 长江隧道计划收费通行[EB/OL]. http://news.163.com/10/0526/09/67JOBA4F000146BC.html

[31] 南方日报. 南京长江隧道定价惹争议 公司回应称收费合法[EB/OL]. http://news.qq.com/a/20110201/000551.htm

[32] 法制网.1.4公里高速路收费5元 博士起诉了律师再诉[EB/OL]. http://finance.sina.com.cn/xiaofei/puguangtai/20060117/09562281801.shtml,2006-01-17

[33] 大洋网.广深高速收回成本仍收费 回应称费用不高不降价[EB/OL]. http://news.cn.yahoo.com/ypen/20110623/430175.html,2011-06-23

[34] 王丽丽.好一朵带刺的玫瑰——著名BOT专家王守清教授访谈[J].建筑企业管理,2006,214(6):2-4

[35] 成虎.工程管理概论[M].北京:中国建筑工业出版社,2007

[36] Zou P X W, Li J. Risk identification and assessment in subway projects: case study of Nanjing Subway Line 2[J]. Construction Management and Economics, 2010, 28(12): 1219-1238

[37] 章勇武.高速公路建设工程进度的柔性化管理研究[D]:[博士学位论文].上海:同济大学经济与管理学院,2005

[38] 成虎,等.沪宁高速公路工程管理创新研究[G].南京:东南大学,2008

[39] 张尚.项目群合同体系柔性管理研究[D]:[博士学位论文].南京:东南大学土木工程学院,2011

[40] Wallace, Walter L. The logic of Science in Sociology[M]. Chicago: Aldine, 1971

[41] Das S K. The Measurement of Flexibility in Manufacturing Systems [J]. International Journal of Flexible Manufacturing Systems, 1996, 8(1): 67-93

[42] Benjaafar S, Ramakrishnan R. Modelling, Measurement and Evaluation of Sequencing Flexibility in Manufacturing Systems[J]. International Journal of Production Research, 1996, 34(5): 1195-1220

[43] Corrêa H L, Slack N. Framework to Analyse Flexibility and Unplanned Change in Manufacturing Systems[J]. Computer Integrated Manufacturing Systems, 1996, 9(1): 57-64

[44] Popper K R. The Logic of Scientific Discovery [M]. 2nd ed, New York: Happer, 1968

[45] 陈晓萍,徐淑英,樊景立.组织与管理研究的实证方法[M].北京:北京大学出版社,2008

[46] Kerf M, Gray R D, Irwin T, et al. Concessions for infrastructure A guide to their design and award[R]. World Bank Technical paper no. 399, 1998

[47] HM treasury, Standardisation of PFI Contracts (Version 4)[R]. March 2007, http://www.hm-treasury.gov.uk/d/pfi_sopc4pu101_210307.pdf

[48] Partnership Victoria. Risk Allocation and Contractual Issues [R]. Melbourne: the Department of Treasury, June 2001

[49] Carlos Oliveira Cruz, Rui Cunha Marques. Flexible contracts to cope with uncertainty in public-private partnerships[J]. International Journal of Project Management, 2013, 31(3): 473-483

[50] Tischer L M, Charpentier G. Financing of Road Infrastructures Guide for New Methods

of Financing and Public/Private Partnership[R]. PIARC Committee, 1999
[51] European Commission Directorate-General Regional Policy. Guidelines for Successful Public-Private Partnerships, March 2003
[52] Crampes C, Estache A. Regulatory Trade-offs in Designing Concession Contracts for Infrastructure [R]. The World Bank (Economic Development Institute Regulatory Reform and Private Enterprise Division), 1997
[53] HM treasury. PFI: Strengthening Long-Term Partnerships[R]. United Kingdom, March, 2006
[54] Bon-Gang Hwang, Xianbo Zhao, Mindy Jiang Shu Gay. Public private partnership projects in Singapore: Factors, critical risks and preferred risk allocation from the perspective of contractors[J]. International Journal of Project Management, 2013, 31(3): 424 - 433
[55] Salman A F M, Skibniewski M J, Basha I. BOT viability model for large-scale infrastructure projects[J]. Journal of Construction Engineering and Management, 2007, 133(1): 50 - 63
[56] Grimsey D, Lewis M K. Evaluating the risks of public private partnerships for infrastructure projects[J]. International Journal of Project Management, 2002, 20: 107 - 118
[57] Akintoye A, Craig T, Eamon F. Risk analysis and management of Private Finance Initiative projects[J]. Engineering Construction and Architectural Management, 1998, 5(1): 9 - 21
[58] Odeck J, Brathen S. Travel demand elasticities and users attitudes: A case study of Norwegian toll projects[J]. Transportation Research Part A: Policy and Practice, 2008, 42(1): 77 - 94
[59] Holguin-Veras Jose, Cetin Mecit, Xia Shuwen. A comparative analysis of US toll policy[J]. Transportation Research Part A: Policy and Practice, 2006, 40(10): 852 - 871
[60] Podgorski V K, Kockelman M K. Public perceptions of toll roads: A survey of the Texas perspective[J]. Transportation Research Part A: Policy and Practice, 2006, 40(10): 888 - 902
[61] Hensher A D, Goodwin P. Using values of travel time savings for toll roads: avoiding some common errors[J]. Transport Policy, 2004, 11(2): 171 - 181
[62] Xiao F, Yang H, Han D R. Competition and efficiency of private toll roads[J]. Transportation Research Part B: Methodological, 2007, 41(3): 292 - 308
[63] Gwilliam K. Transport Project Appraisal at the World Bank[R]. The World Bank, 1999
[64] AIPCR/PIARC. The Quality of Road Service: Evaluation, Perception and Response Behaviour of Road Users[R]. 192 pages, 1999, French/English
[65] Ashuri B, Kashani H, Molenaar K R, et al. Risk-Neutral Pricing Approach for

Evaluating BOT Highway Projects with Government Minimum Revenue Guarantee Options[J]. Journal of Construction Engineering and Management, 2012, 138(4): 545-557

[66] Yin Y F, Lou Y Y. Dynamic Tolling Strategies for Managed Lanes[J]. J. Transp. Engrg., 2009, 135(2): 45-52

[67] Subprasom K, Chen A. Effects of Regulation on Highway Pricing and Capacity Choice of a Build-Operate-Transfer Scheme[J]. J. Constr. Engrg. and Mgmt., 2007, 133(1): 64-71

[68] Sullivan E, Burris M. Benefit-Cost Analysis of Variable Pricing Projects: SR-91 Express Lanes[J]. J. Transp. Engrg., 2006, 132(3): 191-198

[69] Burris W M. Application of Variable Tolls on Congested Toll Road[J]. J. Transp. Engrg., 2003, 129(4): 354-361

[70] Yu C Y, Ka chi Lam, Yung P. An Investigation on the Influential Factors of Concession Period length of Tunnel Project under BOT Contract[J]. Journal of Management in Engineering, ASCE, January 25, 2013.

[71] Khanzadi M, Nasirzadeh F, Alipour M. Integrating system dynamics and fuzzy logic modeling to determine concession period in BOT projects[J]. Automation in Construction, 2012, 22: 368-376

[72] Zhang X Q. Web-Based Concession Period Analysis System[J]. Expert Systems with Applications, 2011, 38: 13532-13542

[73] Ng S T, Xie J Z, Cheung Y K, et al. A simulation model for optimizing the concession period of public-private partnerships schemes[J]. International Journal of Project Management, 2007, 25: 791-798

[74] 张水波,康飞,高颖. 国际PPP项目合同网络及其承购合同的安排[J]. 国际经济合作, 2011(2):47-51

[75] Yuan J F, Skibniewski J M, Li Q M, et al. Performance Objectives Selection Model in Public-Private Partnership Projects Based on the Perspective of Stakeholders [J]. Journal of Management In Engineering, ASCE, 2010, 26(2): 89-104

[76] Li J, Zou P X W, Cheng H, et al. Contract conditions of BOT projects in China [C]. Proceeding CRICOM 2007 International Research Symposium on Advancement of Construction Management and Real Estate, Sydney, 8-13 Aug., 2007: 966-979

[77] 路晶晶,成虎. BOT项目特许权协议中应注意的问题[J]. 建筑经济,2007(4):63-65

[78] 赵国富,李威,谭鹏程,等. 某BOT项目特许权协议关键要素设计[J]. 建筑经济,2007(11):61-64

[79] 邓小鹏,申立银,李启明,等. 基于行政法学角度的PPP合同属性研究[J]. 建筑经济, 2007(1):38-41

[80] 毛青松. BOT特许协议的合同性质探究[J]. 建筑经济,2007(11):81-83

[81] 赵立力,谭德庆,黄庆.对 BOT 项目收益模型的帕累托改进[J].西南交通大学学报,2006,41(6):769-773

[82] 亓霞,柯永建,王守清.基于案例的中国 PPP 项目的主要风险因素分析[J].中国软科学,2009(5):107-113

[83] Li J, Peng Y, Zou P X W. A life cycle risk assessment framework for PPP infrastructure using fuzzy analytical hierarchy process (AHP)[C]. Proceeding of CRICOM 2007 International Research Symposium on Advancement of Construction Management and Real Estate, Sydney, 8-13 Aug., 2007:1000-1016

[84] 宋宏镇.路桥 BOT 项目投资风险应对探讨[J].建筑经济,2007(10):31-34

[85] 欧显涛,刘玉峰,钟韵.BOT 项目的风险转移实证分析[J].建筑经济,2004(9):91-93

[86] 王辉,何伯森.BOT 模式项目融资的风险研究[J].中国软科学,1999(5):113-118

[87] Li J, Zou P X W. Fuzzy AHP—Based Risk Assessment Methodology for PPP Projects[J]. Journal of Construction Engineering and Management, ASCE, 2011, 137(12):1205-1209

[88] 富宁.我国高速公路建设采取 BOT 融资方式的风险评价[J].公路,2006,4(4):192-198

[89] 戴大双,于英慧,韩明杰.BOT 项目风险量化方法与应用[J].科技管理研究,2005(2):98-100

[90] 马力,常相全.BOT 项目风险评价体系研究[J].济南大学学报,2001,11(2):90-92

[91] 柯永建,王守清,陈炳泉.英法海峡隧道的失败对 PPP 项目风险分担的启示[J].土木工程学报,2008,41(12):97-102

[92] 刘新平,王守清.试论 PPP 项目的风险分配原则和框架[J].建筑经济,2006(2):59-63

[93] 刘先涛,杨萍,高军.BOT 项目风险分担模式研究[J].科技管理研究,2006(10):185-187

[94] 孙淑云,戴大双,杨卫华.高速公路 BOT 项目特许定价中的风险分担研究[J].科技管理研究,2006(10):154-157

[95] 陈国容.浅析岑梧高速公路 BOT 合同中的主要风险条款[J].隧道建设,2005,25(5):73-75

[96] 孙慧,范志清,石烨.BOT 公路排他性条件对定价及社会效益影响研究[J].系统工程学报,2011(2):68-73

[97] 赵国富,王守清.BOT/PPP 项目社会效益评价指标的选择[J].技术经济与管理研究,2007(2):31-32

[98] 杨宏伟,周晶,何建敏.在 BOT 模式下收费道路的收益和社会效益研究[J].管理工程学报,2004(1):27-30

[99] 杨卫华.基于风险分担的高速公路项目特许定价研究[D]:[博士学位论文].大连:大连理工大学,2007

[100] 杨宏伟,何建敏,周晶.在 BOT 模式下收费道路定价和投资的博弈决策模型[J].中

国管理科学,2003,11(2):29-33

[101] 杨兆升,杨志宏,赵丹华.长平高速公路最优收费标准制定方法[J].交通运输工程学报,2003,3(1):57-61

[102] 袁剑波,张起森.公路收费标准制定的基本方法研究[J].中国管理科学,2001,9(6):36-42

[103] 刘伟,吕俊娜,邹庆.收益不确定下交通 BOT 项目特许期决策模型[J].系统工程,2012(12):51-56

[104] 王东波,宋金波,戴大双,等.弹性需求下交通 BOT 项目特许期决策[J].管理工程学报,2011,25(3):116-121

[105] 吴孝灵,周晶,洪巍.基于有效运营期的 BOT 项目特许权期决策模型[J].系统工程学报,2011(3):374-379

[106] 秦旋.基于 CAPM 的 BOT 项目特许期的计算模型[J].管理工程学报,2005(2):60-63

[107] 杨宏伟,周晶,何建敏.基于博弈论的交通 BOT 项目特许权期的决策模型[J].管理工程学报,2003(3):93-95

[108] 李启明,申立银.基础设施 BOT 项目特许权期的决策模型[J].管理工程学报,2000(1):43-47

[109] Xu Y L, Sun C S, Skibniewski M J, et al. System Dynamics (SD)—based concession pricing model for PPP highway projects[J]. International Journal of Project Management, 2012, 30(2):240-251

[110] 李启明,熊伟,袁竞峰.基于多方满意的 PPP 项目调价机制的设计[J].东南大学学报(哲学社会科学版),2010(1):16-21

[111] Li J, Zou P X W, Hu C. Balancing parties' benefits and understanding the risks in PPP highway projects[C]. Proceedings of CRIOCM 2009 14th International Research Symposium on Advancement of Construction Management and Real Estate, 29-31 Oct 2009, Nanjing China:2452-2459

[112] 李平.公路通行费征收管理研究[M].郑州:河南人民出版社,2008

[113] 尹建坤,王喜荣,朱小勇.高速公路收费价格听证研究[J].交通企业管理,2008(2):38-39

[114] 任英伟.高速公路可变收费对货车出行选择影响研究[D]:[博士学位论文].南京:东南大学,2006

[115] 赵立力,黄庆,谭德庆.基础设施 BOT 项目的产品价格调整机制研究[J].预测,2006(2):74-77

[116] 徐瑗瑗,李铁柱.高速公路收费标准的动态调整分析[J].交通运输系统工程与信息,2004,3(4):118-121

[117] 曹植英.高速公路收费定价的价格弹性研究[J].公路,2004,8(8):337-340

[118] 裴玉龙,高月娥.收费弹性价格在高等级公路上的应用[J].中南公路工程,2003,28(4):39-42

[119] 简迎辉,梅明月,鲍莉荣.考虑工期—投资相关性的BOT项目特许期决策研究[J].建筑经济,2014(3):44-47

[120] 宋金波,党伟,孙岩.公共基础设施BOT项目弹性特许期决策模式——基于国外典型项目的多案例研究[J].土木工程学报,2013(4):142-150

[121] 国家发展和改革委员会投资司.政府和社会资本合作项目通用合同指南[EB/OL].http://www.sdpc.gov.cn/gzdt/201412/w020141204398139719768.pdf

[122] Wiendahl H P, Scholtissek P. Management and Control of Complexity in Manufacturing[J]. Annals of the CIRP, 1994, 43(2): 1-8

[123] Schirn J, Efstathiou J, Calinescu A, et al. A model for assessing the costs and benefits of manufacturing flexibility [C]. Proc. of 15th National Conf. on Manufacturing Research (NCMR 2001): Advances in Manufacturing Technology XIII, Univ. of Bath, U. K., 1999, 301-305

[124] 张迪.非凡的欧洲隧道工程步履维艰[J].国际融资,2003(7):43-45

[125] 王大愚,仝胜强,朱同然,等.奥运鸟巢项目工期计划与实施比较[J].低温建筑技术,2009(3):115-116

[126] 成虎.工程合同管理[M].北京:中国建筑工业出版社,2005

[127] Zou X W, Wang S Q, Fang D P. A Life-cycle Risk Management Framework for PPP Infrastructure Projects[J]. Journal of Financial Management of Property and Construction, 2008, 13(2): 123-142

[128] Charles R GLagola, William Malcolm Sheedy. Partnering on defense contracts[J]. Journal of Construction Engineering and Management, 2002, 128(2): 127-138

[129] Clifton C, Duffield F C. Improved PFI/PPP service outcomes through the integration of Alliance principles[J]. International Journal of Project Management, 2006, 24: 573-586

[130] Gallagher P, Hutchinson A. Project alliances: an overview[R]. Alchemie Pty Ltd and Phillips Fox Lawyers; March 2003.

[131] 英国土木工程师学会编.新工程合同条件(NEC)[M].方志达,译.北京:中国建筑工业出版社,1999

[132] FIDIC. Conditions of Contract for Construction [M]. Beijing: China Machine Press, 1999

[133] Mariano Gallo, Paul D. Gardiner, Triggers for a flexible approach to project management within UK financial services[J]. International Journal of Project Management, 2007, 25(5): 446-456

[134] 张云波.面向敏捷制造的供应链柔性管理[D]:[博士学位论文].成都:西南交通大学经济与管理学院,2004

[135] 阿瑟·奥肯.平等与效率——重大的抉择[M].王奔洲,译.北京:华夏出版社,1987

[136] AS/NZS ISO31000. Risk Management: Principles and Guidelines[M]. Standards Australia and Standards, New Zealand, 2009

[137] SA/SNZ HB 436:2013. Risk Management Guidelines – Companion to AS/NZS ISO31000:2009[M]. Standards Australian / Standards New Zealand.

[138] Saaty T L. The Analytic Hierarchy Process[M]. New York:McGraw–Hill,1980

[139] Nigim K N,Suryanarayanan S,Gorur R,et al. The application of analytical hierarchy process to analyse the impact of hidden failures in special protection schemes[J]. Electric Power System Research,2003,67:191–196

[140] Deng H P. Multicriteria analysis with fuzzy pairwise comparison[J]. International Journal of Approximate Reasoning,1999,21(3):215–231

[141] Buckley J J. Fuzzy Hierarchical Analysis[J]. Fuzzy Sets and Systems,1985,17:233–247

[142] Laarhoven P J M,Pedrycz W. A fuzzy extension of Saaty's priority theory[J]. Fuzzy Sets and Systems,1983,11:229–41.

[143] Kaufmann A,Gupta M M. Introduction to Fuzzy Arithmetic Theory and Application[M]. New York:Van Nostrand Reinhold,1985

[144] Cheng X H. A research based on fuzzy AHP for multicriteria supplier selection in supply chain[D]:[Masters thesis]. Taibei:Taiwan "National" Science and Technology University,2005

[145] 常大勇,张丽丽. 经济管理中的模糊数学方法[M]. 北京:北京经济学院出版社,1995

[146] 王其藩. 系统动力学[M]. 上海:上海财经大学出版社,2009

[147] Mashayekhi A N. Project cost dynamics for development policy-making[J]. Journal of the Operational Research Society,2000,51:301–310

[148] Lee S,Han S,Pena-Mora F. Hybrid system dynamics and discrete event simulation for construction management[C]. ASCE International Workshop on Computing in Civil Engineering,2007:232–239

[149] 金晓斌,周寅康,尹小宁,等. 南京市住宅产业发展系统动力学研究[J]. 地方经济社会发展研究,2004(9):87–92

[150] 魏淑甜,廖先玲. 北京市商品房市场分析与调控对策[J]. 北京市经济管理干部学院学报,2006,21(3):11–14

[151] Li J,Zou P X W. System Dynamics Based Adjustable Toll Rate Conditions in Built-Operate-Transfer Expressway Projects[C]. Proceeding of CRICOM 2008 International Research Symposium on Advancement of Construction Management and Real Estate,Bei Jing,2008:275–280

[152] 新华每日电讯 7 版. 南京长江三桥也成"高龄路",投资失利谁埋单[EB/OL]. http://news.xinhuanet.com/mrdx/2009-11/07/content_12403059.htm

[153] 新华报业网——扬子晚报. 南京三桥因收费无车走 政府确定收费延长 30 年[EB/OL]. http://news.sohu.com/20091104/n267943513.shtml

[154] 宋金波,宋丹荣,王东波. 泉州刺桐大桥 BOT 项目的运营风险[J]. 管理案例研究与评论,2009,3(2):196–204

[155] 国家发展改革委建设部. 建设项目经济评价方法与参数[M]. 北京:中国计划出版社,2006

[156] Chiara N, Garvin J M, Vecer J. Valuing Simple Multiple-Exercise Real Options in Infrastructure Projects[J]. Journal of Infrastructure Systems, ASCE, 2007, 13(2): 97-104

[157] Tiong L K R. Risks and Guarantees in BOT Tender[J]. Journal of Cons. Eng. and Mgt. ASCE, 1995, 121(2): 183-188

[158] 王玮,邓卫,杨琪. 公路网络规划建设与管理方法[M]. 2版. 北京:科学出版社,2006

[159] Zou P X W, Zhang G M, Wang J Y. Understanding the key risks in construction projects in China[J]. International Journal of Project Management, 2007, 25: 601-614

[160] Project Management Institute. A Guide to the Project Management Body of Knowledge (PMBOK GUIDE)[M]. Pennsylvania: Project Management Institute, Inc., 2008

[161] Smith N J, Merna T, Jobling P. Managing risk in Construction Projects[M]. UK: Blackwell, 2006

[162] Australian Government, Department of Finance. PPP Guideline: Commonwealth policy principles for the use of private financing Risk management[R]. Australian government, 2005

[163] Pakkala P. Innovative Project Methods for Infrastructure: An International Perspective[R]. Finnish Road Enterprise, http://alk.tiehallinto.fi/julkaisut/pdf/pakkalae5.pdf, Helsinki, Finland, 2002

[164] Thomas A V, Kalidindi S N, Ananthanarayanan K. Risk perception analysis of BOT road project participants in India[J]. Construction Management and Economics, 2003, 21(6): 393-407

[165] 李洁,邹小伟. 承包商对PPP工程的风险认知调查[J]. 建筑经济,2008(8):30-34

[166] Shen L Y, Platten A, Deng X P. Role of public private partnerships to manage risks in public sector projects in Hong Kong[J]. International Journal of Project Management, 2006, 24(7): 587-594

[167] Li B, Akintoye A, Edwards P J, et al. The allocation of risk in PPP/PFI construction projects in the UK[J]. International Journal of Project Management, 2005, 23(1): 25-35

[168] Lemos T, Eaton D, Betts M, et al. Risk management in the Lusoponte concession—a case study of the two bridges in Lisbon, Portugal[J]. International Journal of Project Management, 2004, 22(1): 63-73

[169] Jefferies M, Gameson R, Rowlinson S. Critical success factors of the BOOT procurement system: reflections from the Stadium Australia case study[J]. Engineering Construction and Architectural Management, 2002, 9(4): 352-361

[170] Wang S Q, Tiong R L K, Ashley D. Evaluation and management of foreign Exchange and revenue risks in China's BOT projects[J]. Construction Management and Economics, 2000, 18: 197-207

[171] Wood D G, Ellis C T R. Risk management practices of leading UK cost consultants[J]. Engineering, Construction and Architectural Management, 2003, 10(4): 254-262

[172] Dey K P, Ogunlana O S. Selection and application of risk management tools and techniques for build-operate-transfer projects[J]. Industrial Management & Data System, 2004, 104(4): 334-346

[173] Sun Y, Fang D P, Wang S Q, et al. Safety Risk Identification and Assessment for Beijing Olympic Venues Construction[J]. Journal of Management in Engineering, 2008, 24(1): 41-48

[174] 杨开云,张亮,王晓敏,等.城乡水务 BOT 项目风险分析[J].中国农村水利水电, 2007(4):69-72

[175] 赵国富,王守清.城市基础设施 BOT/PPP 项目社会评价方法研究[J].建筑经济, 2006(12):113-117

[176] PPIAF. Toolkit for Private Public Partnership in Highways[EB/OL]. http://rru.worldbank.org/Documents/Toolkits/Highways/2_carac/23/23_.htm

[177] Ke Y J, Wang S Q, Chan P C A, et al. Preferred risk allocation in China's public-private partnership (PPP) projects[J]. International Journal of Project Management, 2010, 28(5): 482-492

[178] 闻冰华.高速公路经营公司成本控制问题研究[D]:[硕士生论文].西安:长安大学,2005

[179] McFadden D, Reid F. Aggregate travel demand forecasting from disaggregated behavioral models[R]. Working paper no. 228, University of California, Berkeley, 1974

[180] McFadden D. Conditional logit analusis of qualitative choice behavior[R]. working paper no. 199/BART 10, University of California, Berkeley, 1973

[181] Domencich A T, McFadden D. Urban Travel Demand: a behavioral analysis[M]. Amsterdam: North-Hollabd Publishing Company, 1975

[182] McFadden D, Talvitie P A, et al. Demand Model Estimation and Validation[R]. Urban Travek Demand Foresting Project Phase 1 Final Report Series, Vol. V., University of California, Berkeley, 1977

[183] 李汉军,何亚伯.项目融资的动态风险分析[J].数量经济技术经济研究,2000(5):46-48

[184] 刘伟铭,王哲人,郑西涛.高速公路收费系统理论与方法[M].北京:人民交通出版社,2003

[185] 维基百科.各国人均汽车拥有量列表[EB/OL]. http://zh.wikipedia.org/wiki/各国人均汽车拥有量列表

[186] 人民网——《江南时报》.专家:中国汽车保有量的极限是 1.5 亿辆[EB/OL]. http://paper.people.com.cn/jnsb/html/2010-11/02/content_660248.htm

[187] 腾讯汽车.8500 万辆,中国汽车保有量超日追美[EB/OL]. http://auto.qq.com/a/20101025/000065.htm

[188] 中国经济导报.没必要攀比千人汽车拥有量指标[EB/OL]. http://www.ceh.com.cn/ceh/cjxx/2010/6/29/65324.shtml

[189] 解放网——新闻晨报.中国汽车保有量权威预测极限 4.5 亿辆[EB/OL]. http://auto.hexun.com/2011-02-21/127439253.html

[190] 江苏宁沪高速公路有限公司.江苏宁沪高速公路股份有限公司年度报告[EB/OL]. http://www.jsexpressway.com/html/touzizheguanxi/xinxipilu/dingqibaogao/

[191] TOM 汽车.984 款车型真实油耗曝光[EB/OL]. http://auto.tom.com/2009-06-25/0D5G/12712020.html

[192] 荣朝和.西方运输经济学[M].北京:经济科学出版社,2002

[193] 符韦苹,靳文舟,林福成.基于 MNL 模型的城市公共交通出行时间价值估计[J].交通运输系统工程与信息,2010,10(2):148-152

[194] 赵胜川,王喜文,张羽祥,等.私家车出行者通勤出行时间价值[J].交通运输系统工程与信息,2009,9(1):109-112

[195] 王军华,高峰,叶燕仙.基于计重收费数据库的高速公路网货物运输量计算[J].现代交通技术,2009(2):73-77

[196] 百度知道.华菱 340 卡车和豪沃 334 卡车在待速状态下一小时油耗是多少升[EB/OL]. http://zhidao.baidu.com/question/90111385.html?si=9,2009-3-18

[197] 宗芳,隽志才,张慧永,等.出行时间价值计算及应用研究[J].交通运输系统工程与信息,2009,9(3):104-109

[198] 田志立,周海涛.费用模型在容量限制交通分配中的应用[J].公路交通科技,1995(3):41-47